AF464375

GUIDE

DES

CAISSES D'ÉPARGNE

ET DE LEURS DÉPOSANTS

PAR

Léopold ARNAUD

COMMIS PRINCIPAL A LA DIRECTION CENTRALE DE LA CAISSE NATIONALE D'ÉPARGNE

(Ministère du Commerce, de l'Industrie et des Colonies)

DEUXIÈME ÉDITION, REVUE ET MISE AU COURANT DE LA LÉGISLATION

Ouvrage honoré de souscriptions des Ministères du Commerce, de l'Industrie et des Colonies, des Finances, de l'Instruction publique, des Affaires étrangères, des Travaux publics, de la Direction générale des Postes et des Télégraphes, de la Direction centrale de la Caisse Nationale d'Épargne, de la Caisse des Dépôts et Consignations, de la Chambre Syndicale des Agents de Change de Paris, de la Chambre de Commerce de Paris, de la plupart des Gouvernements étrangers, etc.

2e Édition

A. LAHURE, ÉDITEUR

9, rue de Fleurus, 9

PARIS

MDCCCXCIV

GUIDE

DES

CAISSES D'ÉPARGNE

ET DE LEURS DÉPOSANTS

GUIDE

DES

CAISSES D'ÉPARGNE

ET DE LEURS DÉPOSANTS

PAR

Léopold ARNAUD

COMMIS PRINCIPAL A LA DIRECTION CENTRALE DE LA CAISSE NATIONALE D'ÉPARGNE

(Ministère du Commerce, de l'Industrie et des Colonies)

DEUXIÈME ÉDITION, REVUE ET MISE AU COURANT DE LA LÉGISLATION

Ouvrage honoré de souscriptions des Ministères du Commerce, de l'Industrie et des Colonies, des Finances, de l'Instruction publique, des Affaires étrangères, des Travaux publics, de la Direction générale des Postes et des Télégraphes, de la Direction centrale de la Caisse Nationale d'Épargne, de la Caisse des Dépôts et Consignations, de la Chambre Syndicale des Agents de Change de Paris, de la Chambre de Commerce de Paris, de la plupart des Gouvernements étrangers, etc.

A. LAHURE, ÉDITEUR
9, rue de Fleurus, 9
PARIS

MDCCCXCIV

AVANT-PROPOS

La publication du *Guide des Caisses d'Épargne et de leurs Déposants* était à peine achevée que déjà une nouvelle édition devenait nécessaire. Un tel résultat autorise à penser que ce traité comblait une lacune, répondait à un besoin.

Ce n'est pas que d'intéressants travaux n'aient été jusque-là accomplis dans cette voie (1); mais ils sont épars dans des revues diverses et, par suite, ne peuvent guère être consultés sans de longues recherches et sans perte de temps.

C'est à cet inconvénient que nous avons eu l'intention de remédier, et nous croyons voir la preuve que nous y avons réussi dans l'accueil si favorable qui a été fait à notre étude.

Rappelons que nous nous sommes principalement attaché à faciliter l'examen des affaires d'épargne de nature contentieuse et à mettre en relief, à cet effet, les dispositions de droit commun concernant les diverses catégories de déposants : mineurs, femmes mariées, veuves ou divorcées, interdits, aliénés, militaires, faillis, détenus, sociétés et autres.

Sans négliger les questions de doctrine et de théorie, nous avons fait une part plus large à la pratique.

Le *Guide des Caisses d'Épargne* contient, sous forme d'appendices, la législation complète sur ces établissements, des modèles de certificats de propriété, d'actes de notoriété et de procurations.

Nous y avons reproduit, en outre, les arrêts et jugements rendus sur des points controversés, afin de permettre au lecteur d'appré-

(1) Notamment par le *Journal des Caisses d'Épargne.*

cier le sens dans lequel la jurisprudence s'est ou paraît s'être fixée.

Ce livre n'est pas seulement destiné à abréger le labeur du personnel des Caisses d'épargne; il s'adresse aussi aux juges de paix et aux officiers ministériels — avoués, notaires, huissiers, — au point de vue de la délivrance des certificats de propriété, des significations d'oppositions et des démarches à faire dans l'intérêt de leurs clients.

Il sera également consulté avec fruit par les comptables des administrations publiques, qui y trouveront, entre autres renseignements, les règles à observer en matière de saisie-arrêt et l'indication des pièces qui sont nécessaires pour justifier de la légalité et de la réalité des payements effectués en vertu de décisions de justice.

Enfin, les déposants y puiseront la connaissance exacte des formalités inhérentes aux diverses opérations d'épargne: versements, retraits de fonds, achats de rente, etc.

L'utilité de notre œuvre est du reste garantie par les importantes souscriptions dont les Ministères français, les Caisses d'épargne et la plupart des Gouvernements étrangers l'ont honorée.

Avant de terminer, nous voulons acquitter une dette en remerciant ceux de nos lecteurs qui ont eu la pensée de nous faire part de leurs observations et qui ont ainsi contribué à féconder nos efforts personnels.

GUIDE DES CAISSES D'ÉPARGNE
ET DE LEURS DÉPOSANTS

CHAPITRE I

ABSENCE

1. — Au point de vue du droit, le mot *absent* a une signification plus restreinte que celle qu'on lui attache dans le langage du monde : il désigne une personne qui a disparu de son domicile ou de sa résidence depuis un certain temps et dont l'existence est douteuse.

2. — La loi distingue trois périodes en matière d'absence :
1° La présomption d'absence ;
2° La déclaration d'absence ;
3° L'envoi en possession définitif. (Code civil, art. 112 à 129.)

3. — Pendant la première période, le remboursement du compte d'épargne du présumé absent ne peut être accordé qu'au curateur commis par le tribunal à l'administration des biens, et qui justifie avoir été investi expressément, en cette qualité, du pouvoir d'effectuer le retrait des dépôts.

Cette justification doit être exigée dans tous les cas, en raison de ce que les actes des curateurs sont généralement limités à des mesures conservatoires.

4. — Lorsque l'absence est déclarée, le remboursement du compte d'épargne est autorisé au profit des envoyés en possession provisoire, sur la production des pièces suivantes :

1° L'expédition du jugement d'envoi en possession[1] ;

2° L'expédition des actes de soumission et d'acceptation, par le tribunal ou le procureur de la République, de la caution exigée pour la sûreté de l'administration des envoyés en possession provisoire.

Ces pièces peuvent être remplacées par un certificat de propriété, visant la grosse du jugement d'envoi en possession provisoire, déposée pour minute au notaire, et la minute d'un intitulé d'inventaire ou d'un acte de notoriété, établissant les qualités des héritiers présomptifs du déclaré absent.

5. — L'envoi en possession définitif, qui peut être obtenu trente ans après la déclaration d'absence, ou s'il s'est écoulé cent ans depuis la naissance de l'absent, constitue la troisième et dernière période de l'absence.

Les envoyés en possession définitive sont fondés à demander le remboursement du livret de l'absent sur la seule production de la grosse[2] du jugement.

6. — Lorsque des envoyés en possession sont décédés ou ont transporté leurs parts, il y a lieu d'exiger des nouveaux intéressés un certificat de propriété, visant la grosse du jugement d'envoi en possession, délivré par le notaire détenteur des actes établissant leurs droits.

[1] On entend par *expédition* la copie légale de la minute d'un acte, d'un jugement, etc, non délivrée en forme exécutoire.

[2] On entend par *grosse* la copie d'un acte authentique délivrée en forme exécutoire.

7. — La femme titulaire d'un livret pris avec l'assistance de son mari ne peut, au cas d'absence de celui-ci, réclamer valablement le retrait de ses dépôts que si elle a préalablement obtenu un jugement qui la nomme administratrice de la communauté et lui donne le pouvoir de retirer les sommes par elle versées.

8. — En l'absence de son mari, la femme ne peut recueillir, par voie de succession, une somme provenant d'un livret d'épargne qu'avec l'autorisation de justice[1]. (Code civil, art. 776.)

A défaut de cette autorisation, il lui est ouvert d'office un livret dont le remboursement est subordonné au concours de son conjoint.

Si l'héritière est déjà titulaire d'un livret pris avec l'assistance de son mari, la somme est transportée par virement au crédit de ce compte.

9. — Le remboursement du livret d'épargne de la femme présumée absente n'est régulier et libératoire, s'il est effectué entre les mains du mari, que lorsque ce dernier a été autorisé par la justice à recevoir les fonds.

Au cas d'absence déclarée, le mari n'a pas de droits plus étendus que ceux d'un envoyé provisoire ; il doit, par suite, produire les justifications énumérées à l'article 4 précédent.

10. — Le livret d'épargne du mineur dont le père a disparu est remboursé, à la demande de la mère, sur la remise d'un certificat, établi sur papier libre, par le maire ou le juge de paix, constatant que le père a dis-

[1] Cette disposition n'est pas applicable aux biens paraphernaux dont la femme dotale a l'administration. (Code civil, art. 1576.)

paru depuis au moins six mois et que la mère est chargée de l'entretien et de l'éducation de l'enfant.

La loi reconnaît, en effet, à la mère, lorsque le père a disparu, tous les droits de ce dernier, quant à l'éducation et à l'administration des biens de leurs enfants mineurs. (Code civil, art. 141.)

11. — Aux termes de l'article 136 du Code civil, la part revenant dans une succession à un absent est dévolue exclusivement à ceux avec lesquels il aurait eu le droit de concourir, ou à ceux qui l'auraient recueillie à son défaut ; mais la doctrine et la jurisprudence sont divisées quant à l'époque de l'absence à laquelle cette disposition est applicable. Il convient donc, lorsque des absents sont exclus d'une succession et que des doutes sérieux ne s'élèvent pas sur leur existence, de retenir leurs parts sur le montant du livret, sauf à s'en rapporter à la justice, si les héritiers présents assignent la Caisse d'épargne en remboursement à leur profit de la totalité du compte.

CHAPITRE II

ACTES DE NOTORIÉTÉ

12. — L'acte de notoriété a pour objet la constatation légale d'un fait. Il est établi soit par un magistrat, soit par un officier ministériel, avec le concours de témoins responsables de leur déclaration.

13. — Il est généralement admis qu'un acte de notoriété peut suffire pour établir la qualité et les droits des appelés à une succession, et que les Caisses d'épargne se libèrent valablement en payant sur la production de cette pièce.

14. — Dans ce cas, l'acte de notoriété doit exprimer les nom, prénoms, profession et domicile du défunt ; le lieu et la date de son décès ; le degré de parenté avec le *de cujus* de chacun des héritiers, et la part leur revenant dans la succession.

15. — Si, parmi les successeurs, il y a des femmes mariées ou veuves, ledit acte doit indiquer les noms et prénoms des maris ; il doit faire connaître également s'il se trouve des mineurs ou des interdits parmi les successeurs et, le cas échéant, faire mention de leurs tuteurs.

16. — Les actes de notoriété en brevet [1] et les expéditions d'actes de même nature en minute produits à l'appui des payements ne peuvent être rendus aux parties.

17. — Les actes de notoriété dressés pour la rectification des erreurs commises dans les noms, prénoms, date et lieu de naissance des déposants doivent être délivrés par un notaire, lorsqu'il s'agit de comptes supérieurs à 150 francs ; ils peuvent être établis par le maire ou le commissaire de police lorsqu'il s'agit de comptes inférieurs à cette somme.

[1] Les actes délivrés en brevet sont ceux dont les notaires ne gardent pas les originaux au rang de leurs minutes.

CHAPITRE III

ACTES NOTARIÉS

18. — Les actes notariés produits pour la justification des droits des déposants ou de leurs ayants cause doivent porter l'empreinte du sceau des notaires qui les ont dressés et être légalisés s'ils proviennent d'un département autre que celui où s'effectue le payement.

Toutefois, ceux délivrés par les notaires résidant au chef-lieu d'une Cour d'appel sont valables sans légalisation dans le ressort de cette même Cour. (Loi du 25 ventôse an XI, art. 28.)

19. — Les actes notariés ne doivent contenir ni surcharge, ni interligne, ni addition. Les mots qui sont rayés doivent l'être de manière que le nombre puisse en être constaté à la marge de leur page correspondante ou à la fin de l'acte, et approuvé de la même manière que les mots écrits en marge. (Loi du 25 ventôse an XI, art. 16.)

L'approbation des mots rayés doit être signée tant par les notaires que par les autres signataires figurant à l'acte. (Loi du 25 ventôse an XI, art. 15.)

20. — Les actes notariés dressés à l'étranger doivent être légalisés à la chancellerie de France établie dans le pays et, en dernier lieu, par le ministre des Affaires étrangères en France.

Ceux délivrés en Alsace-Lorraine sont légalisés soit par le président du tribunal, soit par le juge de paix ou son suppléant, en vertu de la convention du 14 juin 1872, passée entre la République Française et l'Empire d'Allemagne.

CHAPITRE IV

ADMINISTRATION LÉGALE

22. — Pendant le mariage, le père, administrateur légal, gère en une double qualité, comme mandataire légal et comme usufruitier, les biens de ses enfants mineurs[1]. (Code civil, art. 389).

22. — L'administration légale est distincte de la tutelle[2], laquelle ne s'ouvre qu'au moment de la dissolution du mariage; elle n'est pas soumise à l'intervention et au contrôle du conseil de famille et ne comporte pas le concours d'un subrogé tuteur.

[1] Voir *Mineurs*, article 277.
[2] Voir *Tutelle*, articles 501 à 504.

CHAPITRE V

AGENTS ET OUVRIERS DE L'ADMINISTRATION CENTRALE ET DES MAGASINS ADMINISTRATIFS DE LA GUERRE

23. — Les retenues exercées sur le salaire de certains agents ou ouvriers de l'Administration centrale et des magasins administratifs de la Guerre, âgés de plus de cinquante-cinq ans, peuvent être versées aux Caisses d'épargne. (Arrêtés des 27 janvier 1887 et 30 juillet 1889.)

24. — Les versements des retenues sont effectués par les soins de l'officier-comptable, qui présente à l'appui deux bordereaux distincts : l'un sur lequel sont inscrites les sommes versées à titre de premiers versements ; l'autre, les sommes versées au nom de personnes déjà titulaires d'un livret.

25. — Le remboursement de ces dépôts ne peut avoir lieu que sur autorisation du chef de service, appuyée d'une empreinte du timbre officiel, ou sur justification, par les intéressés, de leur sortie de l'Administration centrale ou des magasins de la Guerre.

26. — Indépendamment du compte destiné à recevoir le montant des retenues exercées sur leur salaire, les agents et ouvriers de l'Administration centrale et des magasins de la Guerre peuvent posséder un compte

d'épargne pour les fonds provenant de leurs économies personnelles.

CHAPITRE VI

ALIÉNÉS NON INTERDITS

27. — Les receveurs ou économes des asiles publics d'aliénés peuvent placer aux Caisses d'épargne les fonds appartenant aux malades en traitement dans ces établissements.

28. — Lors du premier versement, ils doivent déclarer le nom de la personne qui remplit auprès de l'aliéné les fonctions d'administrateur provisoire, ainsi que la date de sa nomination en cette qualité.

Ce dernier renseignement doit toujours être exigé au point de vue du retrait des fonds, notamment lorsque l'administrateur provisoire a été nommé par le tribunal, la durée de ses fonctions étant, dans ce cas, limitée à trois ans[1].

29. — La partie versante doit également faire connaître si les sommes versées représentent des fonds de *pécule* ou des fonds en *dépôt*.

30. — Les fonds de pécule constituent la rémunération accordée par les asiles aux aliénés qui travaillent.

[1] Cette disposition n'est pas applicable aux administrateurs provisoires donnés aux personnes entretenues dans un établissement privé,

Le receveur ou économe peut en obtenir le remboursement sur sa seule signature, appuyée du timbre administratif de l'asile, et ils reviennent de plein droit à l'établissement au décès des aliénés, conformément aux dispositions de l'article 163 du Règlement officiel du service intérieur des asiles publics d'aliénés, en date du 20 mars 1857.

31. — Les fonds en dépôt, qui appartiennent en propre aux aliénés, sont remboursés à la demande des administrateurs provisoires; les receveurs ou économes ne peuvent les retirer qu'en justifiant d'un mandat spécial ou général desdits administrateurs.

32. — Aux termes de l'article 8 de la loi du 27 février 1880, les administrateurs provisoires, nommés en exécution de la loi du 30 juin 1838, ne peuvent aliéner, sans y être préalablement autorisés par la commission administrative, les rentes, actions, parts d'intérêts, obligations et autres meubles incorporels appartenant aux aliénés.

Cette disposition est-elle applicable aux fonds d'épargne?

L'affirmative paraît douteuse. En effet, les dépôts d'épargne constituent un placement essentiellement temporaire ; leur retrait revêt, dès lors, non le caractère d'une aliénation, mais d'un simple acte d'administration [1].

33. — Les administrateurs provisoires désignés par les commissions administratives n'ont pas qualité pour obtenir le remboursement des fonds en dépôt apparte-

[1] Une circulaire du ministre de l'Intérieur du 4 juin 1889 confirme cette opinion.

nant à des aliénés étrangers placés dans des hospices ou établissements publics d'aliénés.

Le retrait de ces fonds n'est valablement effectué qu'entre les mains du représentant officiel en France du pays du titulaire.

34. — La personne placée dans un asile public d'aliénés qui n'y est plus retenue peut continuer seule ses opérations d'épargne, sur la présentation d'un certificat délivré par le préposé responsable de l'asile, constatant sa guérison et sa sortie de l'établissement.

35. — Le remboursement du compte d'épargne de l'aliéné non interné dans un asile public ou placé dans un établissement privé n'est accordé qu'à l'administrateur provisoire commis par le tribunal pour prendre soin de sa personne et de ses biens, et lorsque d'ailleurs il a été expressément autorisé à recevoir les fonds [1].

CHAPITRE VII

ALTÉRATION DE LIVRETS D'ÉPARGNE

36. — Le titulaire d'un compte d'épargne ne doit apporter aucun changement aux indications portées sur son livret, soit par grattage, surcharge, suppression de feuillets ou autre procédé.

[1] Les juges ont, quant à la détermination des droits à conférer à l'administrateur provisoire, un pouvoir discrétionnaire ; il est utile, par suite, d'exiger toujours un extrait du jugement pour connaître l'étendue de ces droits.

Toute altération ou falsification ayant pour but de majorer le crédit d'un compte exposerait son auteur à une action judiciaire.

CHAPITRE VIII

CANTONNIERS

37. — Les retenues exercées sur les salaires des cantonniers âgés de plus de soixante ans et maintenus en activité sont versées aux Caisses d'épargne. (Circulaire de la Direction générale de la Comptabilité publique du 29 juillet 1885.)

38. — Ces versements sont effectués par les soins du conducteur-régisseur, qui fournit à l'appui deux états nominatifs distincts, certifiés par l'ordonnateur, indiquant : l'un, les sommes versées au nom des cantonniers n'ayant pas encore de compte d'épargne ouvert ; l'autre, les sommes versées au nom des cantonniers déjà titulaires d'un livret.

39. — Les sommes ainsi versées ne sont remboursées aux intéressés qu'avec le concours de leur chef de service (ingénieur ou agent voyer en chef), à moins qu'ils ne fassent la preuve de leur sortie de l'Administration.

40. — Les cantonniers peuvent se faire ouvrir pour

les fonds provenant de leurs économies personnelles un compte distinct de celui alimenté par les retenues opérées sur leurs salaires.

CHAPITRE IX

CARACTÈRE JURIDIQUE DES CAISSES D'ÉPARGNE

41. — La Caisse nationale d'épargne est un établissement public.

42. — Les Caisses d'épargne ordinaires valablement établies sont des établissements d'utilité publique.

43. — Les Caisses d'épargne nationale et ordinaires sont soumises au droit commun dans leurs contestations avec les déposants.

CHAPITRE X

CATÉGORIES DE REMBOURSEMENTS

44. — Les remboursements sont partiels ou intégraux.

45. — Pour qu'un remboursement soit considéré comme partiel, il faut que la somme demandée soit inférieure d'un franc au moins au crédit du compte en capital.

46. — Un déposant ne peut être admis à retirer la totalité de son capital pour laisser en dépôt seulement les intérêts *non capitalisés* de l'année courante.

47. — Le remboursement intégral s'applique à la totalité du capital et aux intérêts acquis ; il entraîne le retrait du livret.

48. — Les divers modes de remboursement employés par la Caisse nationale d'épargne sont indiqués à l'appendice XI.

CHAPITRE XI

CERTIFICATS DE PROPRIÉTÉ [1]

49. — Le certificat de propriété est un acte par lequel un officier public atteste le droit de propriété ou de jouissance d'un ou plusieurs individus dans certains cas déterminés par les lois.

50. — Lorsque cet acte s'applique à des fonds versés dans les Caisses d'épargne, il est délivré dans les formes [2] et suivant les règles prescrites par la loi du 28 floréal an VII, relative aux mutations d'inscriptions de rente sur l'État. (Loi du 7 mai 1853, art. 3.)

[1] La plupart des dispositions qui suivent ont été tirées de la *Note sur la délivrance des certificats de propriété*, émanant du Ministère des Finances.

[2] Voir les modèles donnés aux appendices III et IV.

51. — Sont appelés à délivrer les certificats de propriété :

1° Les notaires ;

2° Les juges de paix ;

3° Les greffiers des tribunaux de première instance et d'appel ;

4° Et, à l'étranger, les magistrats autorisés par les lois de leur pays.

1° Notaires

52. — Le droit de délivrance appartient au notaire détenteur de la minute de l'un des quatre actes désignés par l'article 6 de la loi du 28 floréal an VII — inventaire après décès, partage, donation entre vifs, testament — ou de la minute d'un acte translatif quelconque ayant trait à la propriété du livret d'épargne, tel que : contrat de mariage, transport de droits successifs, acceptation de donation, délivrance de legs, dépôt, avec reconnaissance d'écriture, d'actes sous seing privé, etc.

53. — Sauf l'exception indiquée à l'article 60, le notaire qui n'est détenteur d'aucune minute d'acte déclaratif ou translatif de propriété n'a pas qualité, lors même qu'il aurait reçu en dépôt les expéditions des actes justificatifs des droits des parties, pour délivrer un certificat de propriété.

54. — Le notaire détenteur de la minute du dernier acte qui a fixé la propriété du livret d'épargne n'a pas un droit exclusif, mais un simple droit de préférence pour la délivrance du certificat de propriété. (Délibération de la Chambre des notaires de Paris du 9 ventôse an XIII.)

Par suite, si deux ou plusieurs actes ont été dressés par des notaires différents, et que ces officiers ministériels ne croient pas devoir concourir ensemble à la délivrance du certificat, ou qu'ils ne puissent le faire, comme n'étant pas du même ressort, le droit de délivrance appartient indistinctement au notaire détenteur de l'une quelconque des minutes, à la condition de viser les expéditions ou extraits à lui déposés pour minute, de tous actes reçus par d'autres notaires et qui seraient nécessaires pour compléter l'établissement des droits des nouveaux propriétaires du livret d'épargne.

55. — Le dépôt pour minute est autorisé, même pour des actes reçus par des notaires de la même résidence ou du même ressort que le notaire certificateur. (Statuts de la Chambre des notaires, 1er mai 1870.)

La représentation que le notaire certificateur se ferait faire des expéditions ou extraits de ces actes serait insuffisante et ne pourrait tenir lieu de dépôt; il en serait de même, par conséquent, de la simple énonciation de ces actes.

56. — Deux notaires peuvent concourir à la délivrance d'un seul et même certificat de propriété, à la condition que leur certification soit collective, et qu'ils datent l'acte de la commune où ils ont tous deux le droit d'instrumenter.

57. — La minute d'un simple acte de notoriété dressé, à défaut d'inventaire, pour établir les qualités héréditaires des parties, ou constater l'absence d'héritiers réservataires, en cas de donation universelle ou de legs au même titre, ne peut suffire pour conférer au notaire

qui en est détenteur la faculté de dresser le certificat de propriété, dès lors qu'il existe, dans une autre étude, la minute soit de l'un des actes visés en la loi de floréal, soit d'un acte quelconque translatif de propriété.

Ce notaire n'aurait donc pas qualité pour agir, même en se faisant déposer l'expédition ou l'extrait de ce dernier acte.

58. — Toutefois, lorsque la mutation n'a pas d'autre cause que le fait du décès, cas dans lequel le juge de paix semble être le seul fonctionnaire désigné par la loi, le certificat de propriété délivré par un notaire et basé uniquement sur la minute d'un acte de notoriété ou sur le brevet original d'un acte de notoriété déposé pour minute, est reconnu comme suffisant.

59. — Lorsque la mutation s'est opérée en vertu d'un jugement, le notaire peut avoir qualité, ainsi que le greffier, pour délivrer le certificat de propriété, si les droits des parties qui ont été l'objet d'une contestation peuvent résulter partiellement d'actes ayant précédé ou suivi le jugement.

En pareil cas, le notaire détenteur de la minute de l'un de ces actes doit réclamer le dépôt de la grosse du jugement, les pièces constatant son exécution ou qu'il est passé en force de chose jugée, et les expéditions ou extraits de tous actes authentiques utiles, dont il n'aurait pas les minutes.

60. — Quand il s'agit d'actes reçus à l'étranger et même dans les colonies françaises, un notaire français est également compétent pour délivrer le certificat de

propriété, en se faisant déposer ces actes eux-mêmes, ou leurs expéditions ou extraits dûment légalisés.

61. — Les actes et pièces établissant les droits des parties sont mentionnés par ordre de date et analysés sommairement dans le certificat de propriété ; le notaire atteste qu'il a en sa possession ces actes et ces pièces.

62. — Lorsque le certificat de propriété est dressé en vertu d'un partage, le notaire déclare qu'il détient la minute ou une expédition déposée dans son étude, soit d'un inventaire fait après le décès du titulaire du livret d'épargne, soit d'un acte de notoriété, en l'absence d'inventaire.

63. — S'il est fait mention dans le certificat de propriété d'un jugement susceptible d'appel, le notaire atteste que ce jugement n'a été attaqué ni par la voie de l'appel ni par la voie de l'opposition, dans les délais fixés par la loi.

64. — Quand l'attribution de propriété d'un livret d'épargne est fondée sur un testament authentique, et que l'ayant droit se trouve en concours avec des héritiers réservataires, le notaire mentionne dans le certificat qu'il a été donné délivrance du legs, soit judiciairement, soit à l'amiable, par lesdits héritiers. (Code civil, art. 1004.)

Si l'ayant droit ne se trouve pas en concours avec des héritiers réservataires, le notaire se borne à déclarer dans le certificat de propriété que le titulaire du livret d'épargne n'a laissé aucun héritier à réserve. (Code civil, art. 1006.)

65. — Dans le cas de legs universel et lorsque le droit au montant d'un livret résulte d'un testament olographe ou mystique, le notaire vise dans le certificat de propriété le procès-verbal dressé par le président du tribunal qui en a constaté l'état et ordonné le dépôt dans son étude ; il y mentionne, en outre, quand l'ayant droit se trouve en concours avec des héritiers réservataires, que la délivrance du legs a été donnée, soit judiciairement, soit à l'amiable, par lesdits héritiers.

Si l'ayant droit ne se trouve pas en concours avec des héritiers réservataires, le notaire vise, avec le procès-verbal dont il est parlé ci-dessus, l'acte de notoriété établissant qu'il n'existe pas d'héritiers à réserve et l'ordonnance du président, rendue sur requête, qui envoie l'ayant droit en possession de la succession. (Code civil, art. 1008.)

66. — Lorsque le droit au montant d'un livret résulte d'une donation faite par contrat de mariage ou entre vifs, le notaire vise cette pièce dans le certificat de propriété ; il indique aussi s'il existe des héritiers à réserve.

67. — Le légataire à titre universel et le légataire particulier ne sont pas saisis de plein droit de la chose léguée[1]; ils sont tenus d'en demander la délivrance ou l'envoi en possession (Code civil, art. 1011 et 1014) ; par suite, le notaire doit déclarer, dans le certificat de propriété, que cette formalité a été accomplie.

[1] Le légataire universel n'a lui-même la saisine qu'à défaut d'héritiers à réserve.

68. — Si le droit au montant d'un livret d'épargne est dévolu à des successeurs irréguliers, le notaire vise dans le certificat de propriété le jugement qui les envoie en possession. (Code civil, art. 770.)

Sont considérés comme successeurs irréguliers : les enfants naturels du défunt ; le conjoint survivant et l'État. (Code civil, art. 723 et 724.)

Les hospices sont également considérés comme successeurs irréguliers.

Dans la pratique, la formalité de l'envoi en possession n'est pas requise lorsqu'il s'agit de sommes inférieures à 150 francs.

69. — Tout certificat de propriété délivré au profit d'un exécuteur testamentaire doit indiquer si celui-ci a la saisine de la succession.

70. — Lorsque les cohéritiers d'un absent font nommer un notaire pour le représenter, en exécution de l'article 113 du Code civil, le certificat de propriété indique la date du jugement de nomination, ainsi que les nom et prénoms du notaire commis.

71. — La signature des notaires est légalisée par le président du tribunal, lorsqu'il est fait usage du certificat de propriété hors du département où ils exercent [1]. Elle peut l'être aussi par le juge de paix de leur canton, lorsqu'ils n'exercent pas dans les chefs-lieux de département ou d'arrondissement. (Loi du 2 mai 1861, art. 1er.)

[1] Les certificats de propriété délivrés par les notaires résidant au chef-lieu d'une Cour d'appel sont valables sans légalisation dans le ressort de cette même Cour. (Loi du 25 ventôse, an XI art. 28).

72. — Il est à remarquer que l'obligation faite aux notaires de prêter leur ministère toutes les fois qu'ils en sont requis ne s'applique pas aux certificats de propriété, qui ne sont point des actes notariés proprement dits ; ces officiers ministériels peuvent refuser la délivrance des certificats de cette nature, si le droit dont on leur réclame la constatation n'est pas suffisamment établi.

2° Juges de paix

73. — Les juges de paix ne sont compétents pour délivrer les certificats concernant les titulaires de livrets d'épargne décédés dans leur ressort qu'en l'absence de tout acte déclaratif ou attributif de propriété, et lorsque les droits des nouveaux propriétaires résultent uniquement des dispositions de la loi, sans être modifiés ou constatés par aucun acte antérieur ou postérieur au décès du titulaire.

74. — Ainsi, ils n'ont pas qualité pour intervenir lorsqu'il existe :

1° Un acte notarié quelconque ayant trait à l'hérédité ;

2° Un jugement en vertu duquel la mutation s'est opérée ou qui a prononcé soit l'envoi en possession provisoire ou définitive par suite d'absence, soit la déclaration de vacance ou de déshérence d'une succession, soit encore l'envoi en possession au profit d'un conjoint survivant ou de tout autre successeur irrégulier appelé à succéder à défaut d'héritiers légitimes ;

3° Un acte quelconque dressé au greffe d'un tribunal : acte d'acceptation ou de renonciation soit de communauté, soit d'une succession ;

4° Un acte sous seing privé contenant partage ou transport de droits successifs ; ces sortes d'actes ne peuvent servir de base à l'établissement des droits des parties qu'autant qu'ils sont devenus authentiques par le dépôt, avec reconnaissance d'écritures, en l'étude d'un notaire, ou que cette reconnaissance ait eu lieu en justice, un greffier de justice de paix ne pouvant recevoir régulièrement le dépôt d'actes sous seing privé et les ranger dans les minutes du greffe. (Arrêt de la Cour de cassation, Chambre civile, audiences des 13 et 14 février 1866.)

75. — Les juges de paix délivrent les certificats de propriété sur l'attestation de deux témoins ; ils doivent les établir dans la même forme que ceux rédigés par les notaires. (Voir l'appendice IV.)

76. — Tout certificat de propriété établi par le suppléant du juge de paix doit faire mention de l'absence ou de l'empêchement de ce magistrat.

77. — La signature des juges de paix est légalisée par le président du tribunal civil de l'arrondissement, lorsqu'il est fait usage du certificat de propriété hors du département dans lequel ils remplissent leurs fonctions.

3° Greffiers

78. — Le certificat de propriété est délivré par le greffier du tribunal civil ou de la Cour d'appel, lorsque les droits et la qualité des héritiers ont été établis par un jugement ou un arrêt. (Loi du 28 floréal an VII.)

79. — La signature du greffier du tribunal ou de la Cour d'appel est légalisée par le président du tribunal ou de la Cour (Voir l'appendice V).

4° Maires

80. — Lorsque le montant d'un livret d'épargne est inférieur à 50 francs, le remboursement peut être autorisé, après le décès du titulaire, sur la production d'un certificat du maire [1] énonçant que les parties y dénommées ont seules le droit de toucher la somme en qualité d'héritiers.

81. — La signature du maire, dans les départements autres que celui de la Seine, doit être légalisée par le préfet ou le sous-préfet.

5° Notaires ou magistrats étrangers et consuls

82. — En ce qui concerne les successions ouvertes à l'étranger, les certificats de propriété peuvent être délivrés par les magistrats, notaires ou autres fonctionnaires autorisés par les lois de leur pays, sur la justification d'un certificat de coutume attestant que les signataires desdits certificats ont qualité à cet effet.

83. — Les consuls étrangers en France peuvent également délivrer des certificats de propriété pour les livrets d'épargne qui dépendent des successions de leurs nationaux, mais seulement lorsque le droit d'instru-

[1] Voir l'appendice VI.

menter leur a été formellement reconnu par une convention diplomatique [1].

84. — De même, les consuls français hors de France sont admis à délivrer des certificats de propriété pour les successions de leurs nationaux décédés dans l'étendue de leur juridiction.

85. — La majorité, acquise à l'âge de vingt et un ans pour les sujets français des deux sexes, n'étant pas fixée également dans tous les autres pays, il est nécessaire que les certificats de propriété constatent formellement si les ayants droit étrangers y dénommés sont majeurs ou mineurs, et, dans ce dernier cas, qu'ils fassent mention des tuteurs.

86. — Les certificats délivrés par les magistrats ou fonctionnaires étrangers sont légalisés en premier lieu par les autorités du pays et ensuite par les consuls français et au ministère des Affaires étrangères en France. (Ordonnance du 25 octobre 1833, art. 6 et 7.)

Ceux que délivrent les consuls étrangers ou français sont légalisés au ministère des Affaires étrangères en France. (Ordonnance du 25 octobre 1833, art 9.)

6° Règles communes à tous les certificats de propriété

87. — Les certificats de propriété doivent énoncer en tête les numéros du ou des livrets qui en font l'objet, ainsi que les noms et prénoms des titulaires.

[1] Voir à l'appendice I les clauses relatives aux pouvoirs des consuls en matière de succession.

88. — Lorsque le titulaire d'un livret d'épargne est nommé ou prénommé autrement que dans ledit livret, le notaire ou le juge de paix, selon le cas, déclare, dans le certificat de propriété, que, nonobstant cette différence, il y a identité de personne.

89. — Il n'est pas nécessaire de dresser des certificats séparés et distincts pour chaque livret d'épargne dépendant d'une même succession.

90. — Le certificat de propriété qui concerne un déposant marié doit indiquer si ce dernier est décédé veuf ou si son conjoint lui a survécu : l'époux survivant peut, en effet, avoir droit à une partie du livret, les sommes placées aux Caisses d'épargne par les personnes mariées étant, à moins de circonstances spéciales dont il faut justifier, des biens d'acquêt ou de communauté.

91. — Le certificat doit faire connaître, lorsqu'il y a plusieurs ayants droit, la portion revenant à chacun d'eux, à moins qu'il ne conclue à des droits communs et indivis.

92. — Dans la disposition finale où se trouve la certification du droit de propriété, le notaire doit désigner les nouveaux propriétaires par noms et prénoms.

Si parmi eux il y a des héritiers mineurs, des aliénés, des interdits, il est fait mention des noms, prénoms et domiciles des tuteurs, administrateurs provisoires, curateurs ou conseils judiciaires.

Pour les femmes mariées, le notaire doit indiquer qu'elles sont autorisées de leurs maris ou par la justice. (Code civil, art. 217 et 218.)

93. — Lorsqu'un livret d'épargne revient pour l'usufruit à une personne, et pour la nue propriété à une autre personne, l'usufruitier doit être désigné avant le nu propriétaire.

94. — Les certificats de propriété sont produits en originaux et non en expédition.

Ils doivent porter l'empreinte du sceau des notaires ou des magistrats qui les ont établis.

95. — Ces actes ne doivent présenter ni surcharge ni interligne. Les renvois écrits en marge sont approuvés, ainsi que la constatation des mots rayés. (Loi du 25 ventôse an XI, art. 15 et 16.)

96. — Les certificats de propriété que produisent, en cas de décès du titulaire d'un livret d'épargne, les héritiers du déposant sont exempts des formalités du timbre et de l'enregistrement. (Décision du ministre des Finances du 11 juin 1888.)

97. — Les Caisses d'épargne ne doivent pas exiger à l'appui des certificats de propriété les expéditions ou extraits de pièces d'où découlent les droits des parties, ni substituer leur appréciation à celle que le notaire doit faire de ces actes ; leur rôle se borne à reconnaître si lesdits certificats sont réguliers dans la forme et non au fond.

Les certificats de propriété ne peuvent être rendus aux parties ; ils doivent rester à l'appui des quittances.

CHAPITRE XII

CESSION

98. — Le livret d'épargne qui n'a pas été soumis à la condition d'incessibilité peut être cédé par le titulaire au profit d'un tiers.

99. — La cession a lieu soit par acte authentique [1], soit par acte sous seing privé [2], sur papier timbré et enregistré. Elle doit être signifiée par ministère d'huissier. (Code civil, art. 1690.)

100. — Le livret cédé et les documents relatifs au compte sont revêtus de la mention suivante : Cession faite au profit de M... (nom, prénoms et domicile du cessionnaire) par acte (authentique ou sous seing privé) en date du..., enregistré à..., le..., et signifié le..., par M... (nom), huissier à...

101. — Le livret est ensuite rendu à l'huissier avec l'original de l'exploit de signification dûment visé.

102. — Le remboursement des fonds inscrits au livret ainsi cédé s'effectue sur la justification de l'identité du cessionnaire, qui, à cet effet, fournit :

1° En cas de cession par acte authentique en minute, une expédition de l'acte de cession ;

2° En cas de cession par acte authentique en brevet, l'original de l'acte de cession et de la signification ;

[1] Acte reçu par un notaire ou par un fonctionnaire avec les solennités requises par la loi.

[2] Acte fait entre particuliers sans l'intervention d'un officier ministériel.

3° En cas de cession par acte sous seing privé, l'original de l'acte de cession et de la signification.

103. — Les significations de cession ou transport n'ont d'effet que pendant cinq années à compter de leur date ; elles doivent être renouvelées avant l'expiration de ce délai, sous peine de péremption. (Loi du 9 juillet 1836, art. 14 [1].)

CHAPITRE XIII

CHANGEMENT DE QUALITÉ

104. — Lorsqu'un changement survient dans la qualité civile d'un déposant, il est nécessaire d'en faire mention sur les documents relatifs à son compte d'épargne, tels que : livret, registre matricule, demande de livret, etc., afin d'éviter toute difficulté lors du retrait des fonds.

105. — Pour la fille mineure ou majeure qui s'est mariée et pour la femme qui s'est remariée depuis l'ouverture de son compte d'épargne, le changement de qualité s'opère sur la production d'un bulletin de mariage ou de tout autre acte public, sur papier libre, établissant sa nouvelle situation.

[1] Cette disposition n'est applicable qu'aux sommes versées à la Caisse nationale d'épargne ; elle ne s'étend pas à celles déposées aux Caisses d'épargne ordinaires.

106. — A l'égard de la femme devenue veuve, son changement de qualité s'exécute sur la présentation d'un bulletin de décès de son conjoint.

Pour la femme divorcée ou séparée judiciairement de biens, une expédition du jugement de divorce ou de séparation doit être représentée.

107. — S'il s'agit du changement de tutelle d'un mineur, il y a lieu d'exiger un certificat de notoriété, délivré par le maire ou par le juge de paix, ou un extrait de la délibération du conseil de famille qui a provoqué la mesure.

Les mêmes pièces sont exigées pour la justification du maintien de la mère dans la tutelle légale de ses enfants mineurs, en cas de convol et de l'adjonction du nouveau mari en qualité de cotuteur.

108. — L'émancipation d'un mineur se justifie au moyen d'un certificat délivré par le juge de paix qui a reçu la déclaration du père ou de la mère, ou présidé le conseil de famille. (Code civil, art. 477 et 478.)

La même formalité est requise lorsque l'émancipation est révoquée et que le mineur rentre en tutelle.

109. — Quand un titulaire est atteint d'aliénation mentale, son incapacité est relatée sur la production de la grosse du jugement qui l'a pourvu d'un administrateur provisoire, ou en vertu d'un certificat émanant du préposé responsable de l'asile public où le déposant a été interné.

La radiation des mentions relatives aux aliénés internés non interdits peut avoir lieu en vertu d'un certificat délivré par le préposé responsable de l'établissement où le titulaire était placé et constatant sa guérison et sa sortie.

110. — La nomination d'un conseil judiciaire à un déposant est consignée sur les documents relatifs à son compte d'épargne, sur la remise d'une expédition du jugement et des certificats de signification et de non appel [1].

Les mêmes pièces doivent être réclamées pour la justification de la mainlevée du conseil judiciaire [1].

111. — En cas d'interdiction légale, les documents sont annotés sur la production d'une expédition de l'arrêt de la cour d'assises ou du conseil de guerre [1].

La mention d'interdiction légale est retranchée des documents sur le vu de pièces établissant que le condamné a subi sa peine et que, par suite, il a repris l'exercice de ses droits. (Code pénal, art. 30 [1].)

112. — Quant aux interdits ordinaires, leur changement de qualité s'opère sur la production d'une expédition ou d'un extrait de la délibération du conseil de famille qui a nommé le tuteur, et visant le jugement ou arrêt qui a prononcé l'interdiction [1].

113. — La mention d'interdiction ordinaire est retranchée des documents, lorsque l'intéressé produit soit un certificat de propriété délivré par le notaire détenteur des pièces établissant qu'il a repris l'exercice de ses droits, soit une expédition du jugement qui a prononcé la mainlevée de son interdiction [1].

[1] Ces pièces peuvent être remplacées par un extrait, délivré par le greffier compétent, du jugement ou de l'arrêt portant soit interdiction ou nomination de conseil judiciaire, soit mainlevée d'interdiction ou de conseil judiciaire. (Loi du 16 mars 1893 et décret du 9 mai suivant.)

114. — La situation des titulaires condamnés par contumace, dont les biens sont séquestrés et régis comme bien d'absents par l'Administration des domaines, est relatée sur les documents en vertu de certificats de propriété délivrés par les greffiers des cours d'assises.

CHAPITRE XIV

CLAUSE DE SAUVEGARDE

115. — L'article 12 de la loi du 9 avril 1881 dispose qu'un décret peut, en cas de force majeure, et le Conseil d'État entendu, autoriser les Caisses d'épargne à n'opérer le remboursement des dépôts que par acompte de 50 francs et par quinzaine.

116. — Cette clause, qui donne au Gouvernement la possibilité d'échelonner les remboursements dans les moments de crise, doit être inscrite à la place la plus apparente des livrets d'épargne, afin de prévenir toute méprise.

CHAPITRE XV

CONSEIL JUDICIAIRE

117. — Lors du premier dépôt au nom d'une personne pourvue d'un conseil judiciaire, la partie versante doit déclarer les noms et prénoms dudit conseil judiciaire.

118. — L'individu pourvu d'un conseil judiciaire ne peut, sans l'assistance de ce conseil, accomplir certains actes civils énumérés limitativement par la loi. (Code civil, art. 513.)

Au nombre de ces actes est compris celui de recevoir un capital mobilier et d'en donner décharge.

119. — Il suit de là que toute demande de remboursement formée au nom d'un déposant qui se trouve dans ces conditions n'est recevable qu'autant qu'elle est revêtue de la signature du titulaire et de celle de son conseil, et appuyée d'un extrait du jugement contenant nomination de ce dernier.

120. — Les formalités ci-dessus ne sont pas applicables aux demandes de remboursement portant exclusivement sur les intérêts ; l'individu majeur soumis à l'autorité d'un conseil judiciaire conserve la capacité de droit commun pour toucher, sur sa seule quittance, ses intérêts et revenus.

CHAPITRE XVI

CONSIGNATION DE LIVRETS D'ÉPARGNE

121. — Les livrets émis par les Caisses d'épargne sont au nombre des valeurs mobilières susceptibles d'être reçues à titre de consignations. (Instruction générale sur le service des Consignations, art. 146.)

CHAPITRE XVII

DÉCHARGE DES DOCUMENTS AYANT PLUS DE TRENTE ANS DE DATE

122. — Les Caisses d'épargne sont autorisées par l'article 14, § 7, de la loi du 9 avril 1881 à se décharger de toutes quittances et pièces et de tous livrets soldés qui ont plus de trente ans de date.

CHAPITRE XVIII

DÉCHÉANCE TRENTENAIRE

123. — Le montant d'un livret n'ayant donné lieu depuis trente ans à aucun versement, à aucun remboursement, ni à aucune autre opération faite sur la demande du déposant, cesse d'être productif d'intérêt et doit être remboursé à l'ayant droit.

124. — Si l'ayant droit ne peut être connu, ou si, par une cause quelconque, le remboursement ne peut être opéré, la somme inscrite à son crédit est convertie en un titre de rente sur l'État, qui est consigné à la Caisse des dépôts et consignations.

125. — A partir du moment de la consignation et jusqu'à la réclamation du déposant, le service des arrérages de la rente est suspendu.

126. — Quant aux soldes restés disponibles après la conversion en rentes des comptes abandonnés, ils sont définitivement acquis aux Caisses d'épargne, ainsi que les dépôts qui, à raison de leur faible importance, n'auraient pu donner lieu à un achat de rente.

127. — A l'égard des versements faits sous la condition stipulée par le donateur que le donataire n'en pourra disposer qu'après une époque déterminée, le délai de trente ans ne court qu'à partir de cette époque.

CHAPITRE XIX

DÉLITS TENDANT A PROVOQUER LES RETRAITS DE FONDS DES CAISSES D'ÉPARGNE

128. — Aux termes de l'article 1er de la loi du 3 février 1893, sera puni des peines prévues par l'article 420 du Code pénal quiconque, par des faits faux ou calomnieux semés à dessein dans le public ou par des voies ou moyens frauduleux quelconques, aura provoqué ou tenté de provoquer des retraits de fonds des Caisses publiques ou des établissements obligés par la loi à effectuer leurs versements dans les Caisses publiques.

129. — L'article 463 du Code pénal est applicable aux délits prévus par la loi précitée.

CHAPITRE XX

DÉPOTS CONDITIONNELS

130. — Les livrets ouverts par suite de versements faits par un tiers à titre de libéralité peuvent être soumis aux conditions suivantes : 1° le livret est déclaré incessible ; 2° le remboursement est différé[1]. Ces conditions peuvent exister simultanément.

131. — La mention d'incessibilité n'a pas pour effet de suspendre le remboursement des dépôts ; elle comporte seulement l'interdiction pour le titulaire de céder son livret soit par un acte authentique, soit par un acte sous seing privé.

132. — Pour les remboursements différés, s'il s'agit d'un majeur, le terme du délai doit être une date fixe ; s'il s'agit d'un mineur, on peut indiquer soit le jour de sa majorité, soit une date quelconque plus éloignée, soit la célébration du mariage.

Cette dernière condition peut alterner avec une date fixe plus éloignée que celle de la majorité.

[1] Si le donateur d'une somme à remboursement différé, versée au nom d'un mineur, désire soumettre les intérêts à la même condition, il est utile qu'il le spécifie d'une manière précise lors du premier versement. Cette précaution est justifiée par le jugement rendu par le Tribunal civil de Dax, le 24 mars 1892. (Voir : *Jurisprudence*.)

133. — Toutes conditions de remboursement autres que celles indiquées ci-dessus doivent être écartées.

Ainsi, il n'y a pas lieu d'admettre de clauses de réversibilité ou de retour des fonds au donateur, pour quelque cause que ce soit : décès du bénéficiaire avant le terme indiqué pour le remboursement, prédécès du donataire, inexécution d'un contrat, indignité, etc.

Doit également être repoussée la clause par laquelle un bienfaiteur subordonnerait à sa mort ou à la mort d'autres personnes le remboursement des dépôts : l'ajournement au décès ne peut être considéré comme ayant le caractère de date fixe exigé par l'article 13 du décret du 31 août 1881.

134. — La personne qui effectue un premier versement au nom d'un tiers doit déclarer en quelle qualité elle agit : administrateur légal, tuteur, donateur ou mandataire. Toute fois le donateur a la faculté de garder l'anonyme.

135. — Aucune modification ou révocation des clauses de remboursement stipulées par des tiers ne doit être admise qu'en faveur du titulaire du livret, pour permettre le remboursement, ou abréger le délai pendant lequel le retrait des fonds est suspendu.

136.—Le droit de modifier ou de révoquer la clause de remboursement n'appartient qu'à celui qui l'a stipulée.

Toutefois, il est fait exception à cette règle lorsqu'il s'agit d'un dépôt qui a été effectué par un tuteur agissant en cette qualité et qui vient à décéder ou à être remplacé ; la personne qui lui succède dans la tutelle possède également la faculté de changer ou d'annuler la clause mise au retrait des fonds.

Ce droit n'est pas reconnu à la partie versante qui a déclaré agir en qualité de mandataire.

Il s'ensuit que la clause de remboursement ne peut être ni modifiée ni révoquée :

1° Si le mandataire n'a pas fait connaître le nom du mandant au moment du premier dépôt ;

2° Si le donateur est inconnu ou décédé.

137. — La révocation ou la modification de la clause s'opère sur une déclaration, établie sur papier libre, par la personne autorisée à cet effet.

138. — Les sommes versées à titre de libéralité sont considérées comme dons manuels ; elles sont définitivement acquises au bénéficiaire majeur ou mineur et, après son décès, quelles que soient les conditions de remboursement stipulées, à ses héritiers ou légataires.

139. — Ainsi, un donateur ne serait pas fondé à demander le montant d'un livret remboursable à la majorité du titulaire, lors même que celui-ci serait décédé avant d'avoir accompli sa vingt et unième année.

Dans ce cas, le livret tombe dans la succession du défunt, et ses héritiers en sont saisis de plein droit ou après envoi en possession, comme du reste de la masse successorale.

140. — De même, le donateur d'un livret remboursable au mariage du titulaire ne pourrait réclamer les sommes inscrites audit livret, en alléguant que la condition peut n'être jamais remplie par le bénéficiaire.

Tant que ce dernier ne contracte pas mariage, les fonds restent indisponibles ; après son décès, ils sont remboursés à ses héritiers selon les règles du droit commun en matière de succession.

141. — Les dispositions qui précèdent ne font pas obstacle au droit qu'un donateur ascendant tient de l'article 747 du Code civil de succéder, à l'exclusion de tous autres, aux choses par lui données à ses enfants ou à leurs descendants décédés sans postérité.

142. — Les sommes versées à titre de libéralité, sans le concours et l'acceptation du bénéficiaire, demeurent-elles la propriété du donateur lorsque les livrets restent en sa possession?

Jusqu'à ce jour, les tribunaux ont conclu affirmativement. (Lyon, 24 mars 1888; Castres, 8 janvier 1889; Saint-Étienne, 18 mai 1889 ; Laur, 22 janvier 1890).

Mais ces décisions paraissent contestables, à ce point de vue qu'elles sont en opposition avec les dispositions légales en vertu desquelles un déposant ne peut être titulaire de plus d'un livret; elles ouvrent, en effet, aux donateurs, en leur reconnaissant la faculté de retirer les fonds inscrits aux livrets ouverts par leurs soins sous le nom de tiers, la possibilité d'échapper à la prohibition contenue dans le § 3 de l'article 6 de la loi du 9 avril 1881.

Dans ces conditions, les Caisses d'épargne, dont le premier devoir est de respecter et faire respecter les lois qui les régissent, doivent, nonobstant les sentences contraires visées plus haut, considérer les donateurs comme irrévocablement dessaisis de la propriété des fonds du moment où ils en ont effectué le dépôt, et ne les leur rembourser que sur décision de justice.

143. — Toutefois, les fonds sont reversés au donateur, lorsque le dépôt en a été opéré postérieurement au décès du bénéficiaire, une donation ne pouvant avoir d'effet à l'égard du donataire et n'emportant attribution de propriété à son profit qu'autant qu'elle a été consentie de son vivant.

Cette règle découle de l'article 906 du Code civil.

Dans ce cas, les fonds sont remboursés au donateur sur la seule production d'un extrait de l'acte de décès du donataire.

144. — A moins d'une réserve contraire, expressément formulée par le donateur au moment du dépôt, les intérêts des sommes versées aux Caisses d'épargne, à titre de libéralité, au nom d'un mineur, et remboursables à sa majorité, peuvent être touchés par le père durant le mariage, et, après la dissolution du mariage, par le survivant des père et mère, jusqu'à ce que le mineur ait atteint sa dix-huitième année ou jusqu'à son émancipation. (Code civil, art. 384 et 387.)

Lorsque le mineur a été émancipé ou a atteint sa dix-huitième année, le père ou la mère n'en continue pas moins à percevoir les intérêts comme administrateur ou tuteur légal.

Le tuteur non usufruitier légal ne peut exiger le remboursement des intérêts des sommes ainsi versées, si le droit ne lui en a pas été reconnu par la partie versante, lors du premier dépôt.

145. — Les intérêts des sommes versées au nom d'un mineur et remboursables à son mariage sont, sauf stipulation contraire du donateur, payés au titulaire, sur sa demande, lorsqu'il a été émancipé ou lors-

qu'il est devenu majeur, et bien que la condition mise au remboursement du capital n'ait pas été réalisée.

146. — Le mineur émancipé ne reçoit pas, même avec l'assistance de son curateur, le capital d'un livret pris à son profit, alors que le remboursement a été subordonné à l'accomplissement de sa vingt et unième année. (Code civil, art. 481 et 482.)

147. — Lorsqu'un dépôt fait par un tiers à titre de libéralité n'est pas accepté par le bénéficiaire, le remboursement du livret peut être autorisé au profit du donateur, sur la production d'une pièce constatant le refus du titulaire ou de la personne chargée de sa tutelle.

Cette pièce est mise à l'appui de la quittance.

148. — Le titulaire d'un livret dont le montant n'est disponible qu'après un certain délai doit, pour en obtenir le remboursement, fournir la preuve de l'expiration du délai.

Si le remboursement a été subordonné à la condition du mariage, un extrait, sur papier libre, de l'acte de célébration doit être produit.

149. — Un même déposant peut posséder à la fois un livret dont les fonds sont disponibles et un ou plusieurs livrets soumis à des clauses différentes de remboursement, à la condition que le total des sommes déposées n'excède pas le maximum légal de 2,000 francs.

CHAPITRE XXI

DÉPOTS EFFECTUÉS EN VERTU DE DISPOSITIONS TESTAMENTAIRES

150. — La partie versante doit produire un certificat du notaire dépositaire du testament, lorsqu'un premier versement est effectué en vertu de dispositions testamentaires.

L'accomplissement de cette formalité est mentionné sur les documents.

151. — Les dépôts ainsi effectués peuvent donner lieu à l'établissement de livrets immatriculés pour la nue propriété au nom d'une personne, et, pour l'usufruit, au nom d'une autre personne.

Ces livrets sont ouverts au nom des nus propriétaires, avec immatriculation complémentaire au nom des usufruitiers.

Les demandes de livret ou le registre matricule reçoivent les mentions suivantes : *Fonds légués par testament, suivant certificat de M*e (nom), *notaire à* (siège de l'étude). — *Capital indisponible jusqu'au décès de M.* (nom, prénoms et date de naissance de l'usufruitier), *qui a droit aux intérêts.*

Les livrets sont remis aux usufruitiers pour l'exercice de leur jouissance.

CHAPITRE XXII

DONATION ENTRE VIFS

152. — Le titulaire d'un livret peut faire donation entre vifs du montant de son titre, par acte notarié, au profit d'un tiers qui l'accepte.

Dans ce cas, le remboursement est accordé au donataire sur la production d'un certificat de propriété du notaire détenteur de la minute de l'acte de donation.

153. — Lorsque la partie prenante est une femme mariée, son conjoint intervient par sa signature à la quittance.

Si le bénéficiaire est un mineur, il est représenté par la personne chargée de sa tutelle, qui a seule qualité pour donner décharge.

CHAPITRE XXIII

ENFANTS ABANDONNÉS

154. — L'Assistance publique a la tutelle des enfants trouvés abandonnés et orphelins qu'elle recueille. (Loi du 10 janvier 1849, art. 3.)

Elle confie quelquefois ces enfants à des particuliers, à charge d'opérer des versements d'épargne au profit des pupilles confiés à leur garde; mais cette circonstance n'entraîne pas de plein droit délégation de tutelle au profit des patrons des enfants assistés.

155. — La tutelle de l'Assistance publique est exclusivement mentionnée sur les documents; elle est exercée, à Paris, par le directeur de cette Administration, et, dans les départements, par les commissions administratives des hospices ou par l'inspecteur départemental délégué du service des enfants assistés.

156. — Aucun remboursement n'est effectué à cette catégorie de déposants avant leur majorité, sans le consentement de la tutelle.

157. — En vertu de la loi du 15 pluviôse an XIII, article 8, les sommes ayant appartenu à des enfants assistés décédés avant majorité reviennent, à défaut d'héritiers, à l'Assistance publique, sous la condition d'un envoi en possession préalable.

158. — Dans la pratique, la formalité de l'envoi en possession n'est pas exigée, pour cette considération que les frais qu'elle entraînerait absorberaient généralement la majeure partie de l'actif de la succession; l'Assistance publique en est dispensée contre engagement de restituer immédiatement la somme remboursée avec les intérêts courus depuis le retrait, dans le cas où cette somme serait réclamée pour quelque cause et à quelque titre que ce soit.

Afin que la somme ainsi restituée demeure en dépôt

à la Caisse d'épargne, jusqu'à ce qu'il ait été décidé, à qui, de l'Administration hospitalière ou du réclamant, elle sera acquise définitivement, l'Assistance publique met opposition au remboursement par ministère d'huissier.

CHAPITRE XXIV

ENREGISTREMENT ET TIMBRE

159. — Les imprimés, écrits et actes de toute espèce nécessaires pour le service des Caisses d'épargne sont exempts des formalités du timbre et de l'enregistrement. (Loi du 9 avril 1881, art. 20.)

160. — Cette double exemption a été rendue applicable, par une décision du ministre des Finances, en date du 11 juin 1888, aux certificats de propriété et actes de notoriété que produisent, en cas de décès du titulaire d'un livret, les héritiers du déposant.

161. — Les affiches au moyen desquelles les Caisses d'épargne publient le relevé de leurs opérations et les heures d'ouverture et de clôture des bureaux sont affranchies du timbre. (Solution de l'Enregistrement, 30 mars 1882.)

162. — La dispense des formalités du timbre et de l'enregistrement a un caractère limitatif : elle ne s'étend pas aux actes et écrits rédigés dans le seul intérêt des parties.

163. — Les Caisses d'épargne n'ont pas à suivre les réclamations qui leur sont adressées concernant les certificats de propriété et actes de notoriété soumis à tort aux formalités du timbre et de l'enregistrement par les notaires et les juges de paix ; elles sont sans action sur les officiers ministériels et magistrats investis par la loi du droit de dresser ces actes.

Il appartient aux intéressés de saisir eux-mêmes l'autorité qui est compétente pour statuer sur ces réclamations.

CHAPITRE XXV

FAILLITE [1]

164. — Le remboursement du livret d'épargne d'un déposant en état de faillite est accordé, à la demande du syndic de la faillite, sur la production d'un extrait du jugement déclaratif de la faillite contenant sa nomination en qualité de syndic.

165. — Lorsque plusieurs syndics ont été nommés, il est nécessaire qu'ils agissent de concert.

166. — Les fonds versés au nom de la femme du failli doivent être remboursés au syndic qui produit les justifications visées ci-dessus : la présomption légale est que les biens acquis par la femme du failli appartiennent à son mari, ont été payés de ses deniers et

[1] Voir à l'appendice I les pouvoirs conférés, en matière de faillite, aux agents consulaires des États de Mascate, du royaume de Siam et de la Suisse.

doivent être réunis à la masse de son actif, sauf à la femme à fournir la preuve du contraire. (Code de commerce, art. 559.)

167. — Le failli ne perd pas ses droits sur l'administration des biens de sa femme et de ses enfants mineurs tant que le tribunal n'a pas prononcé contre lui la séparation de biens et la destitution de la tutelle ; jusque-là, il est fondé à assister sa femme et ses enfants dans leurs opérations d'épargne.

168. — Le failli rétabli à la tête de ses affaires et remis en possession de ses biens doit en faire la preuve au moyen d'un certificat de propriété délivré par le notaire détenteur de la grosse du jugement de réhabilitation et de l'original de l'acte de reddition de compte du syndic.

Ce certificat peut être remplacé par les pièces suivantes :

1° L'expédition du concordat ;

2° L'expédition du jugement d'homologation ;

3° L'expédition ou l'extrait du procès-verbal dressé par le juge-commissaire, conformément au § 2 de l'article 519 du Code de commerce, pour constater que les fonctions du syndic et du juge-commissaire ont pris fin, et que le jugement d'homologation est passé en force de chose jugée.

169. — Les remboursements faits à des commissaires désignés dans un concordat à l'effet de recouvrer les deniers d'une faillite doivent être appuyés :

1° De l'expédition du concordat ;

2° De l'expédition du jugement d'homologation.

CHAPITRE XXVI

FEMMES

170. — La femme qui verse pour la première fois doit déclarer sa capacité civile.

171. — Les documents relatifs au compte d'épargne reçoivent, selon le cas, l'une des mentions suivantes:

1° *Fille majeure;*
2° *Femme de M...* (prénoms et nom du mari) ;
3° *Veuve de M...* (prénoms et nom du mari décédé);
4° *Femme de M...*(prénoms et nom du mari), *veuve en premières noces de M...* (prénoms et nom du mari décédé) ;
5° *Femme séparée de biens de M...* (prénoms et nom du mari), *en vertu de son contrat de mariage, passé devant M°... (nom), notaire à ...;*
6° *Femme séparée de corps et de biens de M...* (prénoms et nom du mari), *en vertu d'un jugement* (ou arrêt) *du tribunal* (ou de la cour) *de... en date du*[1] *...;*
7° *Femme divorcée*[2].

[1] Il est à remarquer que le jugement qui prononce la séparation de corps ou un jugement postérieur peut interdire à la femme de porter le nom de son mari ou l'autoriser à ne pas le porter. (Code civil, art. 311, modifié par la loi du 6 février 1893.)

[2] Pour la femme divorcée, il n'est fait mention ni du jugement qui a prononcé le divorce, ni du nom de l'ex-conjoint.

Par l'effet du divorce, chacun des époux reprend l'usage de son nom. (Code civil, art. 299, modifié par la loi du 6 février 1893.)

172. — La femme mariée ou devenue veuve doit déclarer, au moment du premier versement, son nom d'alliance et son nom de famille; toutefois, elle n'est pas tenue de faire figurer le premier de ces noms dans sa signature: cette formalité n'est rendue obligatoire par aucune disposition légale et l'on ne serait pas fondé à l'exiger.

173. — La femme mariée, quel que soit le régime de son contrat de mariage, est admise à se faire ouvrir un compte d'épargne sans l'assistance de son mari. (Loi du 9 avril 1881, art. 6.)

174. — Lorsque la femme mariée entend se prévaloir de la capacité exceptionnelle que lui a conférée la loi de verser sans l'assistance de son mari, elle doit en faire la déclaration au moment du dépôt.

Dans ce cas, les documents reçoivent, outre l'une des indications prévues à l'article 171, §§ 2 et 4, la mention : *Femme non assistée de son mari, en exécution de la loi du 9 avril 1881, article 6.*

Dans le cas contraire, les documents sont revêtus de la mention: *Femme assistée de son mari.*

175. — La femme mariée doit intervenir personnellement pour obtenir l'ouverture d'un compte d'épargne à son nom.

176. — Les versements proposés par des tiers au nom de femmes mariées ne doivent être admis qu'autant que ces tiers déclarent agir en qualité de mandataires des bénéficiaires.

177. — Lorsque la femme a fait son premier verse-

ment sans l'assistance de son mari, elle signe seule toute demande et toute quittance de remboursement.

Si elle a déclaré être assistée de son mari, le remboursement est fait en présence et sur la signature des deux conjoints.

Toutefois, si un seul des époux est présent, le remboursement est accordé sur la production du consentement écrit et signé de l'autre.

Ce consentement peut être rédigé dans les termes suivants : *Je, soussigné...* (prénoms et nom), *déclare consentir à ce qu'il soit remboursé à ma femme* (ou à mon mari) *la somme de...* (en lettres), *sur celles inscrites au livret n°* ...

178. — En cas d'opposition de la part du mari, le remboursement ne peut être fait à la femme seule; mais il peut avoir lieu entre les mains du mari et de la femme, et sans que mainlevée ait été donnée de l'opposition : le consentement du mari au remboursement tient lieu de cette formalité.

179. — La femme qui s'est mariée ou remariée ne peut réclamer le bénéfice de l'article 6 de la loi du 9 avril 1881 pour un livret d'épargne ouvert à son nom antérieurement à son mariage, son changement de situation ayant pour effet de la placer sous le régime du droit commun.

Toutefois, si le mari déclare par écrit qu'il consent à ce que les fonds déposés par sa femme soient considérés comme ayant été versés sans son assistance, ces fonds peuvent être remboursés à la titulaire sur sa seule signature.

180. — Les Caisses d'épargne sont valablement libérées par la seule signature de la femme mariée qui a déclaré verser avec l'assistance de son conjoint et qui, d'après son contrat de mariage, est séparée de biens.

Dans l'espèce, la déposante est apte à administrer ses fonds d'épargne. (Code civil, art. 1536.)

181. — Le mari peut-il, en vertu des dispositions de l'article 1428 du Code civil, retirer, sur opposition, les fonds placés par sa femme sous le régime de l'article 6 de la loi du 9 avril 1881?

La jurisprudence est divisée sur ce point.

La doctrine admet, en général, que l'opposition a seulement pour effet de rendre les fonds indisponibles, et qu'elle n'oblige pas les Caisses d'épargne à se dessaisir des deniers sans le consentement des parties ou sans autorisation de justice.

182. — Lorsque des époux ont été séparés judiciairement de biens, la femme reprend la libre disposition de ces derniers, sauf en ce qui concerne les immeubles (Code civil, art. 1449); elle a, par suite, le droit de retirer ses dépôts d'épargne sur son seul acquit.

Elle justifie de ce droit par la production d'un certificat de propriété délivré par un notaire et dans lequel sont visés et analysés le jugement de séparation et la minute de l'acte de liquidation des reprises ou les pièces et actes constatant l'exécution de la séparation. (Code civil, art. 1444 et 1445.)

183. — La séparation de corps, qui emporte toujours la séparation de biens, a en outre pour effet de rendre à la femme le plein exercice de sa capacité civile, sans

qu'elle ait besoin de recourir à l'autorisation de son mari ou de la justice. (Code civil, art. 311, modifié par la loi du 6 février 1893.)

184. — S'il y a cessation de séparation de corps par la réconciliation des époux, la capacité de la femme est modifiée pour l'avenir, et ses dépôts d'épargne ne peuvent plus lui être remboursés qu'avec l'assistance de son mari.

Cette modification n'est opposable aux tiers que si la reprise de la vie commune a été constatée par acte passé devant notaire avec minute. (Code civil, art. 311, modifié par la loi du 6 février 1893.)

185. — La femme divorcée depuis l'ouverture de son livret n'a d'autre justification à produire, pour obtenir le remboursement des fonds, que l'acte de célébration du mariage annoté d'une mention constatant le divorce, ou une pièce établissant qu'il résulte de la liquidation de biens intervenue à la suite du jugement de divorce qu'elle demeure seule propriétaire du livret. (Code civil, art. 258 et 264.)

186. — La femme divorcée ou séparée judiciairement de corps n'est fondée à retirer les dépôts d'épargne effectués au nom de ses enfants mineurs que si, dans la liquidation de communauté qui a suivi le jugement de divorce ou de séparation, ces dépôts lui ont été attribués, ou encore si l'administration légale des enfants a été retirée au père pour être confiée à la mère.

La garde des enfants, lorsqu'elle est attribuée à la mère, n'implique pas le droit d'administration des biens, mais seulement le droit de jouissance légale, et si, d'ailleurs, le divorce a été prononcé contre le mari. (Code civil, art. 386.)

Dans ces divers cas, la femme divorcée ou séparée judiciairement de corps justifie de ses droits par la production d'un extrait du jugement.

187. — La femme qui s'est fait ouvrir un livret dans les conditions de l'article 6 de la loi du 9 avril 1881 peut, après la mort de son mari, retirer seule les fonds qu'elle a placés, sauf opposition, soit de la part de ses propres créanciers, soit de la part des créanciers ou des héritiers de son mari. (Avis du Conseil d'État en date du 10 novembre 1886.)

188. — Lorsqu'il y a lieu de rembourser tout ou partie d'un livret dépendant d'une succession à une femme mariée, celle-ci doit être assistée de son mari, ou produire une autorisation délivrée par lui[1].

189. — A défaut du concours du mari ou d'une autorisation de justice, la part revenant à l'intéressée est convertie en un versement d'office à son nom suivant les règles tracées à l'article 8 précédent.

190. — Le mari, en sa qualité d'administrateur de tous les biens personnels de sa femme, a capacité pour recevoir seul les sommes échues à celle-ci par succession. (Code civil, art. 1428.)

191. — Lorsque l'héritière est mariée sous le régime dotal avec condition expresse du remploi des sommes qu'elle recevra pendant le mariage, la Caisse d'épargne

[1] Voir la loi du 9 juin 1893, relative aux actes de procuration et d'autorisation maritale dressés aux armées ou dans le cours d'un voyage maritime.

ne fait le remploi elle-même que s'il doit avoir lieu en rentes sur l'État[1].

Le payement à un tiers chargé d'effectuer le remploi est valable lorsqu'il a été autorisé par le contrat de mariage.

192. — Une quittance notariée doit être exigée pour le remboursement des fonds à remployer lorsque le certificat de propriété a été délivré par un juge de paix.

193. — Il n'y a pas à se préoccuper du remploi des fonds, lorsqu'il s'agit de sommes inférieures à 150 francs. (Avis du ministre des Finances du 31 janvier 1862.)

CHAPITRE XXVII

IDENTITÉ

194. — Il peut arriver que le rapprochement des signatures apposées, d'une part, sur les demandes de livret ou le registre matricule et, d'autre part, sur les demandes de remboursement ne donne pas la certitude que ces signatures émanent des titulaires.

[1] Lorsque la Caisse d'épargne ne fait pas le remploi elle-même, elle doit surveiller l'accomplissement de cette formalité. A cet effet, elle peut inviter l'intéressée à donner au notaire qui a délivré le certificat de propriété le pouvoir de toucher les fonds ; ce pouvoir est donné par la femme seule s'il y a eu séparation de biens, et, dans le cas contraire, avec le concours du mari. Les fonds sont remboursés au notaire sur la production d'un engagement aux termes duquel il se porte garant de leur remploi, suivant les stipulations du contrat de mariage, qui doit être expressément désigné par l'indication de sa date et de l'officier ministériel qui l'a reçu.

La responsabilité du notaire est ainsi substituée à celle de la Caisse d'épargne.

Dans ce cas, il convient d'exiger la production de pièces justificatives d'identité au moment de la remise des fonds [1].

La Caisse nationale d'épargne en fait une obligation à ses agents [2].

195. — Sont admises comme suffisantes pour établir l'identité des parties prenantes les pièces suivantes : carte électorale, diplôme d'un grade universitaire, patente, permis de chasse ou port d'armes, passeport, titre de propriété, titre de valeur nominatif, titre de pension, carte d'identité photographique, livret militaire ou de famille et, en général, tout titre authentique ou administratif quelconque [3].

196. — La légalisation de la signature de la partie prenante doit être réclamée lorsque cette signature n'est pas connue.

La légalisation est effectuée soit par le maire, soit par le commissaire de police du domicile de l'intéressé [4].

[1] En négligeant cette formalité, les payeurs s'exposeraient à compromettre leur responsabilité. (Voir les jugements du Tribunal de la Seine des 22 janvier 1887, 4 décembre 1888 et 10 juin 1890.)

[2] Instruction générale sur le service de la Caisse nationale d'épargne, article 270.

[3] A défaut de titres, l'identité peut s'établir à l'aide du témoignage de deux personnes connues du payeur.

[4] Les Caisses d'épargne ordinaires n'admettent que la légalisation par le maire, sauf en ce qui concerne les signatures apposées sur les déclarations de perte de livrets.

CHAPITRE XXVIII

ILLETTRÉS

197. — Lorsqu'un déposant qui effectue un premier versement déclare ne savoir signer, cette déclaration est mentionnée sur les documents.

198. — Les payements faits à des illettrés assistés de témoins ne sont libératoires qu'autant que la partie prenante a reçu les deniers en présence des témoins et que ceux-ci ont signé avec le payeur la déclaration par eux faite que le bénéficiaire ne sait pas signer. (Arrêt de la Cour des comptes du 20 février 1892.)

199. — Les Caisses d'épargne ordinaires sont en droit, si elles le jugent convenable, de refuser à un déposant qui ne sait ou ne peut signer le bénéfice de cette manière de procéder, et de n'effectuer le remboursement que sur une quittance revêtue de la signature d'un mandataire porteur d'une procuration passée devant un notaire ou devant le maire de la résidence du titulaire du livret. (Instruction du 4 juin 1857, art. 31.)

200. — Toutes les fois qu'il s'agit de rembourser à un illettré une somme supérieure à 100 francs, la Caisse nationale d'épargne exige que le titulaire soit représenté par un fondé de pouvoir porteur d'une procuration établie comme il est dit à l'article précédent.

CHAPITRE XXIX

INTERDICTION AUX AGENTS DES CAISSES D'ÉPARGNE D'OPÉRER POUR DES TIERS

201. — Il est absolument interdit aux agents de tous grades de l'Administration des postes et des télégraphes et des Caisses d'épargne ordinaires de se rendre dépositaires ou porteurs de livrets appartenant à des tiers, et même de recevoir, à titre privé, la procuration de ceux-ci pour faire quelque opération d'épargne que ce soit.

202. — Toutefois, les facteurs des postes sont autorisés à se charger d'effectuer pour le compte des déposants des versements ou des retraits de fonds à la Caisse nationale d'épargne; mais ces opérations ayant lieu du libre consentement des parties n'ont pas pour effet d'engager la responsabilité de ladite Caisse.

CHAPITRE XXX

INTERDITS

203. — L'interdiction emporte la privation de l'exercice des actes de la vie civile.

204. — L'interdit est assimilé au mineur pour sa personne et pour ses biens. (Code civil, art. 509.)

205. — Le premier effet de l'interdiction est la nomination d'un tuteur et d'un subrogé tuteur à l'interdit.

206. — La tutelle des interdits est dative, à moins qu'il ne s'agisse d'une femme mariée, auquel cas la tutelle appartient de droit au mari. (Code civil, art. 506.)

Le père de l'interdit peut ne pas être son tuteur, et le conseil de famille a la faculté de nommer à la tutelle tout autre parent ou allié.

207. — Lorsqu'un premier versement est effectué au nom d'un interdit, la partie versante doit déclarer le nom de la personne chargée de la tutelle.

208. — Toute demande de remboursement formée au nom d'un interdit doit être signée par le tuteur du bénéficiaire.

209. — Lorsque la signature du tuteur n'est pas connue, ou lorsque l'interdiction a été prononcée postérieurement au premier dépôt, la demande de remboursement doit être appuyée des pièces suivantes :

1° Un extrait, délivré par le greffier compétent, du jugement ou de l'arrêt qui a prononcé l'interdiction ;

2° Un certificat délivré par le directeur de l'établissement où l'interdit est placé, constatant l'existence de celui-ci.

La dernière justification n'est requise que lorsque l'interdit est interné dans une maison hospitalière.

210. — Le mari est tuteur de droit de sa femme interdite. Il reçoit valablement les fonds d'épargne déposés par celle-ci, sur la production d'un extrait du jugement ou de l'arrêt qui a prononcé l'interdiction.

211. — La femme peut être nommée tutrice de son mari (Code civil, art. 507) ; elle peut également être appelée à l'exercice de la puissance paternelle, qui comprend l'administration légale.

Le cas échéant, elle est fondée à retirer les fonds d'épargne versés au nom de son mari ou de ses enfants mineurs sur la production des justifications énumérées à l'article 209.

212. — L'interdit ordinaire ne reprend l'exercice de ses droits que lorsqu'un jugement a prononcé la main-levée de son interdiction.

Il peut alors effectuer lui-même des retraits de fonds sur son compte d'épargne en produisant une expédition du jugement.

213. — L'interdiction légale, constituée par l'art. 29 du Code pénal, exclut de toute administration et jouissance de ses biens l'individu condamné à la peine des travaux forcés à temps, de la détention ou de la réclusion.

Il résulte de cette disposition que le déposant qui tombe sous le coup d'une interdiction légale perd la libre disposition des fonds inscrits à son livret d'épargne ; pendant la durée de sa peine, ces fonds ne peuvent être retirés que par la personne nommée, dans les formes prescrites pour les nominations des tuteurs aux interdits, à l'effet de gérer et d'administrer ses biens.

214. — Toutefois, le Gouvernement peut accorder aux condamnés aux travaux forcés à temps le droit de jouir ou de disposer de tout ou partie de leurs biens. (Loi du 30 mai 1854.)

Les déposants condamnés qui se prévaudraient d'un bénéfice de cette nature devraient en faire la preuve pour obtenir le remboursement de leurs dépôts.

215. — Les biens des condamnés par contumace aux travaux forcés à temps sont séquestrés et régis comme biens d'absents par l'Administration des domaines. (Code d'instruction criminelle, art. 471.)

CHAPITRE XXXI

INTÉRÊTS

216. — Aux termes de l'article 3, § 2, de la loi du 9 avril 1881, l'intérêt servi aux déposants part du 1er ou du 15 de chaque mois, après le jour du versement; il cesse de courir à partir du 1er ou du 16 qui a précédé le jour du remboursement.

Autrement dit, si un versement a lieu le 1er, l'intérêt ne commence à courir qu'à partir du 16, et à partir du 1er du mois suivant s'il a lieu le 16.

Pour les sommes remboursées, l'intérêt doit être arrêté au 16 du mois précédent, si le retrait a été effectué le 1er, et au 1er du même mois, si le retrait a été opéré le 16.

217. — L'intérêt est arrêté de la même manière pour les achats de rente opérés d'office ou sur la demande des déposants.

218. — Lorsqu'il s'agit d'un retrait intégral non effec-

tué à vue, on fixe par avance une date de remboursement pour régler le compte en capitaux et intérêts ; cette date est calculée sur l'époque probable du payement.

219. — Au 31 décembre de chaque année, l'intérêt acquis s'ajoute au capital et devient lui-même productif d'intérêts.

220. — Les fractions de francs ne produisent pas d'intérêts.

CHAPITRE XXXII

INVENTAIRE

221. — C'est ainsi qu'on appelle l'acte conservatoire à l'aide duquel sont constatés l'existence, la nature et e nombre des biens d'une succession, d'une communauté, d'une faillite, d'une société.

222. — Le droit de faire des inventaires après déclaration d'absence, interdiction, décès et dissolution de communauté est exclusivement attribué aux notaires.

223. — L'extrait de l'intitulé d'un inventaire dressé après le décès d'un déposant, pour constater l'état de la succession et la qualité de ceux qui y ont intérêt, constitue une justification suffisante des droits des héritiers [1].

[1] Lorsque le livret a été revêtu d'une cote d'inventaire, il ne doit être remboursé que sur la production d'un certificat de propriété établissant que cette mention ne met pas empêchement au retrait des fonds.

CHAPITRE XXXIII

JEUNES DÉTENUS INTERNÉS DANS LES ÉTABLISSEMENTS D'ÉDUCATION CORRECTIONNELLE

224. — En exécution d'un Règlement général du ministre de l'Intérieur en date 10 avril 1869, modifié par des circulaires aux dates des 10 août 1876 et 16 novembre-27 décembre 1886, les directeurs des établissements d'éducation correctionnelle versent aux Caisses d'épargne les sommes allouées aux détenus des deux sexes.

225. — Les documents relatifs aux comptes ainsi ouverts reçoivent la mention suivante : *Jeune détenu interné dans un établissement d'éducation correctionnelle. — Dépôt soumis aux conditions de remboursement déterminées par le ministre de l'Intérieur.*

226. — Lorsque le titulaire du livret est déjà placé, au moment du premier versement, sous le patronage de la *Société de protection des engagés volontaires*, les documents sont revêtus, au lieu de la mention générale : *Jeune détenu interné dans un établissement d'éducation correctionnelle*, de la mention suivante : *Le remboursement n'aura lieu qu'à la libération du service militaire, sauf autorisation du président de la Société de protection des engagés volontaires.*

227. — En principe, le remboursement des sommes déposées au profit des jeunes détenus internés est différé à la majorité. Toutefois, il peut intervenir avant cette époque, comme il est prévu ci-après, tantôt en faveur du titulaire du livret, tantôt au bénéfice de l'établissement pénitentiaire. D'autre part, les jeunes détenus ne peuvent obtenir le remboursement de leur livret, même à la majorité, lorsqu'ils se sont volontairement placés, après engagement militaire, sous le patronage de la Société de protection des engagés volontaires.

Le tableau suivant servira de base pour l'examen des demandes de retrait.

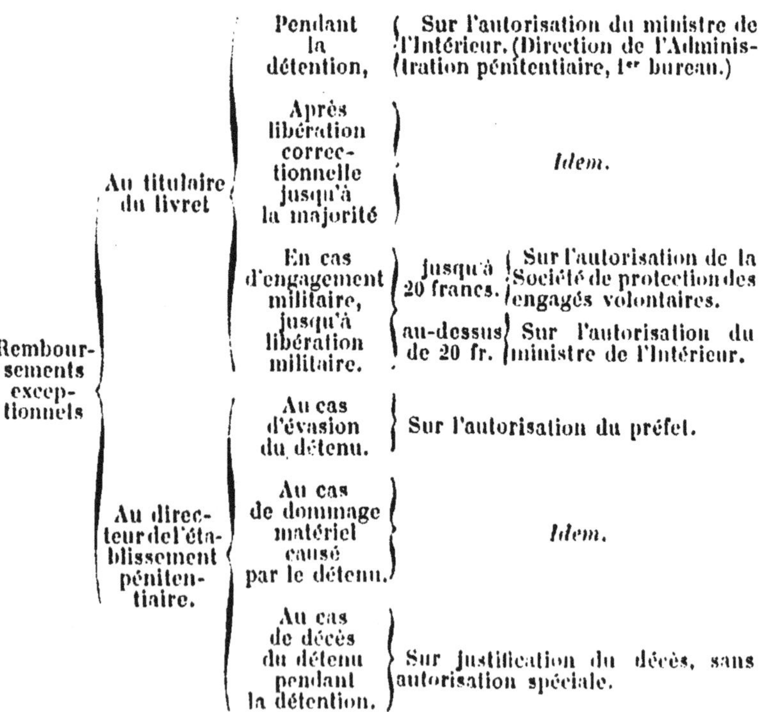

Remboursements exceptionnels	Au titulaire du livret	Pendant la détention,		Sur l'autorisation du ministre de l'Intérieur. (Direction de l'Administration pénitentiaire, 1er bureau.)
		Après libération correctionnelle jusqu'à la majorité		*Idem.*
		En cas d'engagement militaire, jusqu'à libération militaire.	jusqu'à 20 francs.	Sur l'autorisation de la Société de protection des engagés volontaires.
			au-dessus de 20 fr.	Sur l'autorisation du ministre de l'Intérieur.
	Au directeur de l'établissement pénitentiaire.	Au cas d'évasion du détenu.		Sur l'autorisation du préfet.
		Au cas de dommage matériel causé par le détenu.		*Idem.*
		Au cas de décès du détenu pendant la détention.		Sur justification du décès, sans autorisation spéciale.

CHAPITRE XXXIV

JUGEMENTS

228. — Aucun remboursement n'est effectué en vertu d'un jugement contradictoire sans la production des pièces suivantes :

1° La grosse du jugement, ou une expédition en forme si le jugement ne reçoit pas sa complète exécution par le fait du payement ;

2° Un certificat de l'avoué de la partie poursuivante, légalisé, s'il y a lieu, et contenant la date de la signification du jugement, faite tant à avoué qu'à la partie, à personne ou à domicile ;

3° Une attestation du greffier, également légalisée, s'il y a lieu, constatant qu'il n'existe contre le jugement ni opposition, ni appel.

La production de cette dernière pièce est également nécessaire quand il s'agit de l'exécution des ordonnances de référé, ainsi que des jugements rendus par les tribunaux de commerce et les juges de paix. (Arrêts de la Cour de cassation des 9 juin 1856 et 13 janvier 1859.)

229. — Les certificats de non-opposition ni appel, qui doivent être postérieurs à l'expiration des délais d'opposition et d'appel, sont exigibles, même pour les jugements exécutoires par provision. (Arrêts de la Cour de cassation des 25 mai 1841 et 9 juin 1858.)

Toutefois, il n'y pas lieu de les réclamer si la partie condamnée a acquiescé au jugement, son adhésion impliquant, avec l'abandon de la défense, qu'il n'y aura pas d'opposition ou d'appel qui puisse faire rétracter ou réformer le jugement.

Dans ce cas, lesdits certificats sont remplacés par une expédition de l'acte d'acquiescement, à moins que l'acquiescement n'ait été écrit à la suite de la grosse ou de l'expédition du jugement.

230. — Lorsque le jugement est rendu par défaut, il y a lieu de réclamer à la partie poursuivante les justifications ci-après :

1° L'original de la signification par huissier à la personne ou au domicile réel, et, en cas de domicile inconnu, au parquet du procureur de la République;

2° Un certificat de l'avoué constatant la date de la signification du jugement à la partie condamnée;

3° Un acte d'exécution contre la partie condamnée, suivant le mode prescrit par l'article 159 du Code de procédure civile, ou un procès-verbal de perquisition ou de carence, qui tient lieu de cet acte quand le domicile est inconnu, ledit acte ou procès-verbal intervenu dans les six mois de la date du jugement;

4° Un certificat du greffier constatant qu'il n'existe contre le jugement ni opposition ni appel.

L'original de la signification et l'acte d'exécution sont rendus à la partie poursuivante, quand l'avoué en fournit une copie certifiée conforme.

231. — Lorsque le jugement par défaut a été obtenu contre une partie ayant constitué avoué, l'opposition contre ce jugement n'est recevable que pendant la hui-

taine de la signification faite à l'avoué. (Code de procédure civile, art. 157.)

Si le jugement est rendu contre une partie qui n'a pas d'avoué, l'opposition est recevable jusqu'à l'exécution du jugement. (Code de procédure civile, art. 158.)

232. — Les jugements rendus par défaut doivent être exécutés dans les six mois de leur obtention, sinon ils sont réputés non avenus. (Code de procédure civile, art. 156.)

233. — Le délai de l'appel pour les jugements par défaut ne court qu'à partir du jour où l'opposition n'est plus recevable. (Code de procédure civile, art. 443.)

234. — Les jugements rendus contre les tuteurs doivent être signifiés aux subrogés tuteurs, alors même que ces derniers ne seraient pas en cause ou que le tuteur aurait acquiescé au jugement, les délais de l'appel ne courant contre le mineur qu'à partir du jour où le jugement a été signifié tant au tuteur qu'au subrogé tuteur..

235. — Les remboursements effectués par suite d'arrêts de cours d'appel doivent être appuyés :

1° De la grosse ou d'une copie certifiée véritable de l'arrêt ;

2° D'un certificat de signification à domicile de l'arrêt, délivré par l'avoué.

Si l'arrêt est par défaut, il y a lieu d'exiger un certificat de non-opposition délivré par le greffier de la cour et, si l'arrêt est par défaut contre l'intimé, la preuve de l'exécution de l'arrêt contre le défaillant ou, à défaut d'exécution, un procès-verbal de perquisition ou de carence.

236. — Pour les remboursements à effectuer en vertu d'exécutoires de dépens et d'ordonnances de fixation de taxes, il est nécessaire de réclamer les pièces suivantes :

1° La grosse de l'exécutoire de dépens ;

2° Un certificat de signification à avoué ;

3° Un certificat de non-opposition délivré par le greffier du tribunal ou de la cour ;

4° La grosse ou une copie du jugement ou de l'arrêt en vertu duquel l'exécutoire a été délivré ;

5° Les certificats de signification de non-opposition ni appel du jugement ou le certificat de signification de l'arrêt.

237. — Le pourvoi en cassation, suspensif en matière criminelle, correctionnelle et de police, ne l'est pas en matière civile.

Cependant, si le demandeur faisait notifier son pourvoi à la Caisse d'épargne avec défense d'exécuter la décision, ladite Caisse devrait surseoir à l'exécution jusqu'à ce qu'il lui ait été rapporté mainlevée de l'empêchement.

238. — Les justifications à produire par le receveur des domaines qui demande le remboursement d'un livret d'épargne frappé de saisie-arrêt par son administration sont :

1° La grosse du jugement validant la saisie-arrêt ;

2° L'original de la signification du jugement par huissier commis ;

3° Un certificat du greffier postérieur à l'expiration des délais d'opposition et d'appel, constatant qu'il n'existe ni opposition, ni appel ;

4° Un état des frais taxés, certifié par le greffier, si le dispositif du jugement ne contient pas liquidation des dépens et frais[1].

239. — Les frais de procédure ne sont jamais compris dans le remboursement à autoriser au profit de la partie poursuivante, s'ils n'ont été préalablement taxés par la justice.

240. — Dans tous les cas où le remboursement d'un compte d'épargne a lieu en exécution d'un jugement, le payement peut être effectué sans la production du livret.

Si le remboursement est partiel, l'opération est ultérieurement inscrite sur le livret, lorsque ce titre est adressé à la Caisse d'épargne, soit aux fins de règlement d'intérêts, de remboursement, soit pour toute autre opération.

[1] Cet état fixe les salaires et émoluments dûs aux officiers ministériels, aux experts, aux témoins, etc.
Il est établi par le juge.

CHAPITRE XXXV

LÉGALISATION

241. — On désigne ainsi l'attestation, donnée par des fonctionnaires publics qui ont le pouvoir de légaliser, de la vérité des signatures apposées à un acte et des qualités de ceux qui l'ont fait ou expédié, afin qu'il soit ajouté foi à ces signatures.

La légalisation a pour effet d'étendre l'authenticité d'un acte d'un lieu à un autre.

Toutefois, cette formalité ne suppose, de la part du magistrat qui l'a remplie, aucune approbation de ce qui peut être contenu dans le corps de l'acte ; elle a uniquement pour but de constater que la signature qu'il est appelé à certifier est véritable et non supposée. (Avis du Conseil d'État, 26 novembre 1810.)

242. — Les actes notariés sont légalisés par le président du tribunal, lorsqu'il en est fait usage hors du département où exercent les notaires. Ils peuvent l'être aussi par le juge de paix de leur canton, lorsqu'ils n'exercent pas dans les chefs-lieux de département ou d'arrondissement. (Loi du 2 mai 1861, art. 1er).

Ceux délivrés par les notaires résidant au chef-lieu d'une cour d'appel sont valables sans légalisation dans le ressort de cette même cour. (Loi du 25 ventôse an XI, art. 28).

243. — Les actes non judiciaires des juges de paix,

lorsqu'ils doivent être produits aux caisses publiques situées en dehors du département où ces magistrats remplissent leurs fonctions, sont légalisés par le président du tribunal de première instance.

244. — Les extraits des registres de l'état civil, délivrés par les dépositaires de ces registres, sont soumis à la légalisation du président du tribunal de première instance ou du juge qui le remplace. (Code civil, art. 45.)

245. — Les certificats de propriété délivrés par les maires sont légalisés par les préfets et sous-préfets.

246. — Les procurations sous seing privé produites aux Caisses d'épargne peuvent être légalisées par le maire ou le commissaire de police [1].

247. — Les consuls ont qualité pour légaliser les actes délivrés par les autorités ou fonctionnaires publics de leur arrondissement. (Ordonnance du 25 oct. 1833, art. 6 et 7.)

La signature des consuls doit être légalisée par le ministre des Affaires étrangères ou par les fonctionnaires délégués par lui à cet effet. (Ordonnance du 25 octobre 1833, art. 9.)

248. — Les actes de l'état civil, judiciaires et autres analogues délivrés en Alsace-Lorraine sont légalisés comme il est dit à l'article 20, 2e alinéa.

[1] Voir le jugement du Tribunal civil de Langres du 11 mars 1892.

249. — Les jugements, arrêts ou actes reçus ou passés en France ne peuvent être exécutés ou admis dans les consulats qu'après avoir été légalisés par le ministre des Affaires étrangères. (Ordonnance du 25 oct. 1833, art. 10.)

250. — Les légalisations de signatures d'officiers publics ne sont pas sujettes à l'enregistrement. (Loi du 22 frimaire an VII, art. 70.)

CHAPITRE XXXVI

LÉGISLATION

251. — Les lois et décrets ci-après régissent la Caisse nationale d'épargne :

1° Loi du 9 avril 1881, qui crée une Caisse d'épargne postale ;

2° Loi de finances du 29 juillet 1881, art. 34 ;

3° Décret du 31 août 1881 portant règlement d'administration publique sur le contrôle de la Caisse d'épargne postale ;

4° Loi du 21 décembre 1885, art. 5 ;

5° Loi du 10 juin 1882, art. 33 ;

6° Décret du 12 juin 1882, approuvant l'arrangement franco-belge du 31 mai 1882 ;

7° Loi du 3 août 1882, tendant à créer des timbres spéciaux pour la constatation des versements ;

8° Décret du 30 novembre 1882 portant autorisation de faire à la Caisse nationale d'épargne des versements en timbres-poste;

9° Décret du 10 mars 1883 fixant la date de la mise à exécution de la loi du 3 août 1882;

10° Décret du 29 octobre 1885 autorisant la création de succursales de la Caisse nationale d'épargne à l'étranger;

11° Décret du 16 mars 1886 instituant en Algérie et en Tunisie des succursales de la Caisse nationale d'épargne;

12° Décret du 22 novembre 1886 portant réorganisation des succursales navales de la Caisse nationale d'épargne;

13° Loi de finances du 26 février 1887, art. 27;

14° Décret du 22 juillet 1889 autorisant la Caisse nationale d'épargne à recevoir des versements comprenant des fractions de franc;

15° Décret du 14 décembre 1889 relatif à la création de succursales de la Caisse nationale d'épargne dans les départements;

16° Loi de finances du 26 décembre 1890, art. 56 et 57;

17° Loi de finances du 26 janvier 1892, art. 45;

18° Loi du 26 décembre 1892, art. 13 et 14, déterminant le mode de fixation du taux de l'intérêt.

252. — Les lois, décrets et ordonnances ci-après régissent les Caisses d'épargne ordinaires :

1° Ordonnance du 3 juin 1829 réglementant les Caisses d'épargne et les relations de ces établissements avec le Trésor;

2° Ordonnance du 16 juillet 1833 relative à la quotité des dépôts effectués ;

3° Loi du 5 juin 1835 relative aux Caisses d'épargne ;

4° Loi du 31 mars 1837 relative aux Caisses d'épargne ;

5° Loi du 22 juin 1845 relative aux Caisses d'épargne ;

6° Loi du 30 juin 1851 sur les Caisses d'épargne ;

7° Décret du 15 avril 1852, qui détermine le mode de surveillance de la gestion et de la comptabilité des Caisses d'épargne ;

8° Loi du 7 mai 1853 relative aux Caisses d'épargne ;

9° Loi du 9 avril 1881 (art. 3, 6, 8, 9, 12, 13, 14, 20 et 21) ;

10° Loi du 26 décembre 1892, art. 13 et 14, déterminant le mode de fixation du taux de l'intérêt.

CHAPITRE XXXVII

LIQUIDATION

253. — La liquidation est un acte ayant pour objet de fixer les droits qui appartiennent soit à des cohéritiers, soit à l'époux survivant, soit à des copropriétaires, dans une succession, une communauté ou une société.

254. — L'expédition d'un acte de liquidation constitue une justification suffisante des droits des intéressés, et les Caisses d'épargne se libèrent valablement en payant sur la production de cette pièce ou d'un certificat de propriété dans lequel se trouve visé l'acte de liquidation.

CHAPITRE XXXVIII

LIQUIDATION JUDICIAIRE

255. — Le déposant en état de liquidation judiciaire ne peut retirer seul tout ou partie des sommes inscrites à son livret d'épargne. (Loi du 5 mars 1889, art. 5.)

256. — Il doit être assisté par le liquidateur judiciaire, qui signe avec lui toute quittance et toute demande de remboursement.

CHAPITRE XXXIX

LIVRETS DÉTENUS PAR DES TIERS

257. — Le remboursement d'un livret détenu par un tiers ne peut être refusé au titulaire que si les fonds ont été saisis-arrêtés par ministère d'huissier.

258. — Le tiers détenteur d'un livret donné pour sûreté d'une créance ou pour toute autre cause ne peut mettre obstacle au retrait des fonds qu'au moyen d'une opposition extrajudiciaire.

CHAPITRE XL

LIVRETS PERDUS

259. — Il est de l'intérêt du déposant de prévenir immédiatement la Caisse d'épargne de la disparition de son livret, pour que toute demande de remboursement puisse être refusée jusqu'à ce que le titre ait été retrouvé ou remplacé [1].

260. — Les personnes en possession de livrets trouvés sur la voie publique ne peuvent émettre la prétention de se faire attribuer lesdits livrets en conformité des articles 717 et 2279 du Code civil, les titulaires ayant toujours le droit de se faire délivrer des duplicatas de ces titres, qui sont nominatifs.

261. — Les livrets perdus sont remplacés par des duplicatas ou par de nouveaux titres dans le délai d'un mois à partir de la déclaration de perte, laquelle doit être légalisée par le maire ou le commissaire de police du domicile du titulaire.

[1] Lorsqu'une femme, devenue veuve postérieurement à la délivrance de son livret, forme une déclaration de perte, elle doit y joindre un certificat de décès ou un extrait de l'acte de décès de son conjoint. Toutefois la production de cette pièce n'est pas exigible au moment du dépôt de la déclaration de perte.

Les déclarations de perte de livrets appartenant à des mineurs doivent être revêtues de la signature de la personne chargée de la tutelle des dits mineurs.

CHAPITRE XLI

LIVRETS PRIS SOUS UN NOM D'EMPRUNT OU SUPPOSÉ

262. — Les Caisses d'épargne sont tenues de ne rembourser le montant d'un livret qu'à la personne qui a droit au nom inscrit sur ce titre et qui produit, d'ailleurs, des pièces justificatives d'identité répondant aux qualifications de la demande de livret ou du registre matricule.

Par suite, le livret pris sous un nom d'emprunt ou supposé ne peut être remboursé à la personne qui en réclame le montant que sur la production d'un extrait en forme d'un jugement civil attribuant à cette personne la propriété du titre [1].

263. — Dans la pratique, on n'exige pas la production d'un jugement pour les livrets pris sous un nom d'emprunt ou supposé dont le montant n'excède pas 150 francs.

Mais dans ce cas, et si d'ailleurs la bonne foi du réclamant n'est pas mise en doute, le remboursement ou le changement d'immatriculation du titre est ajourné à un certain délai pour laisser aux réclamations le temps de se produire.

[1] Ce mode de procéder paraît préférable à celui qui consisterait à prendre hypothèque sur les biens immobiliers du déposant ou de la personne qui le cautionnerait.

CHAPITRE XLII

MARINS

264. — Des comptes d'épargne peuvent être ouverts aux marins comme aux autres déposants.

265. — Les livrets d'épargne des marins disparus, dont la mort ne peut être établie ni administrativement ni par acte de l'état civil, ne doivent être remboursés aux héritiers des titulaires qu'autant que ces héritiers ont obtenu un jugement déclaratif d'absence et qu'ils ont été envoyés en possession provisoire.

Quant aux marins dont le décès peut être établi administrativement, les fonds provenant de leur compte d'épargne peuvent être versés aux héritiers par l'intermédiaire du trésorier général des Invalides de la Marine, sur le vu d'une décision du Ministre de la Marine permettant à ce comptable de remettre les fonds aux ayants droit sans exiger d'eux la production d'un acte de décès en forme.

265 *bis*. — L'Établissement des Invalides de la Marine est chargé de recueillir le produit des successions des marins morts en cours de voyage maritime, lorsque ces successions ne sont pas réclamées par les héritiers. (Loi du 13 mai 1791.)

Le montant des livrets d'épargne dépendant de ces successions est remboursé à la demande et sur l'acquit du trésorier général des Invalides de la Marine, caissier des gens de mer.

CHAPITRE XLIII

MILITAIRES

266. — Des comptes d'épargne sont ouverts aux officiers et soldats dans les mêmes conditions qu'aux autres déposants.

267. — Les vaguemestres ne sont pas chargés des opérations d'épargne des officiers et soldats.

268. — Seuls les vaguemestres des hôpitaux militaires et des maisons pénitentiaires peuvent effectuer des retraits de fonds aux Caisses d'épargne au nom des déposants placés dans ces établissements, sur la demande et au moyen d'une procuration sous seing privé émanant des intéressés. (Décision du ministre de la Guerre du 15 septembre 1888.[1])

En dehors de ce cas, et conformément, d'ailleurs, aux dispositions de l'article 203 du décret du 28 décembre 1883, portant règlement sur le service intérieur des troupes d'infanterie, les vaguemestres ne peuvent être chargés des opérations d'épargne des officiers et soldats.

269. — Aux termes d'une circulaire du ministre de la Guerre, en date du 8 janvier 1859, modifiée par des

[1] Voir la loi du 9 juin 1893, relative aux actes de procuration dressés aux armées ou dans le cours d'un voyage maritime.

instructions ultérieures, les conseils d'administration militaires versent aux Caisses d'épargne le montant de la masse dite des fonds particuliers, qui appartiennent, indépendamment de la masse de petit équipement, aux militaires provenant des établissements pénitentiaires, réintégrés au corps après expiration de leur peine.

Les sommes ainsi versées sont la propriété exclusive des militaires dont il s'agit, et elles ne peuvent être l'objet d'aucune retenue de la part des conseils d'administration, même pour frais de justice : le remboursement de ces frais est poursuivi, le cas échéant, par les voies légales.

270. — Les documents relatifs aux comptes de l'espèce reçoivent la mention suivante : *Dépôt fait en exécution de la circulaire du ministre de la Guerre en date du* (8 *janvier* 1859 ou 27 *novembre* 1874). — *La signature du titulaire du livret sur les demandes de remboursement présentées avant son passage dans la réserve de l'armée active devra toujours être visée par son chef de corps.*

271. — Toute demande de remboursement est signée par le titulaire du livret en même temps qu'elle est visée, jusqu'à l'expiration de son service militaire, par le président du conseil d'administration du corps.

Le titulaire donne seul quittance du remboursement effectué.

272. — Les militaires ayant subi des condamnations ne recouvrent pas, en cas d'envoi en disponibilité, la pleine et entière jouissance des livrets ouverts à leur profit en exécution des circulaires visées plus haut.

Ce droit ne leur est acquis que lorsqu'ils cessent de faire partie de l'armée active, ce dont ils justifient par la production d'un certificat ou d'une pièce authentique constatant leur passage dans la réserve de l'armée active.

273. — Les militaires libérés ont la faculté d'établir, au corps ou à l'établissement où ils se trouvent, leur demande de retrait de fonds le jour de leur libération, et de faire viser immédiatement cette demande par l'autorité militaire.

L'autorisation de remboursement est adressée poste restante dans la localité fixée par l'autorité militaire pour le remboursement.

Cette manière de procéder n'est applicable que lorsqu'il s'agit de livrets de la Caisse nationale d'épargne.

274. — Les militaires condamnés à la peine des travaux forcés à temps, de la détention, de la réclusion ou du bannissement, se trouvant exclus des rangs de l'armée (Code pénal, art. 34), n'ont plus à fournir les justifications exigées par les circulaires ministérielles des 8 janvier 1859 et 27 novembre 1874.

275. — Les livrets d'épargne ayant appartenu à des militaires décédés au corps sont remboursés aux héritiers sur la justification de leurs droits.

276. — Les conseils d'administration et les commandants de compagnies ne sont pas fondés à demander le remboursement des livrets de la Caisse nationale d'épargne, ayant appartenu à des militaires décédés, lors même que les héritiers des titulaires sont réputés inconnus ou disparus.

Dans ce cas, les livrets sont déposés par les conseils d'administration des corps soit à la Caisse nationale d'épargne, soit à la Caisse des dépôts et consignations, ainsi qu'il est admis par la loi du 28 juillet 1875 pour tous autres titres ou valeurs mobilières. (Circulaire du ministre de la Guerre en date du 10 février 1888.)

CHAPITRE XLIV

MINEURS

277. — Lorsqu'un mineur verse pour la première fois, les documents reçoivent, selon le cas, l'une des mentions suivantes :

1° *Mineur sous l'administration légale* (ou *sous la tutelle légale*) *de son père M...*[1] (prénoms et nom) ;

2° *Mineur sous la tutelle légale de sa mère Mme* ... (prénoms, nom de famille et qualité civile) ;

3° *Mineur sous la tutelle légale de..., ascendant paternel* (ou *maternel*) ;

4° *Mineur sous la tutelle de sa mère* (prénoms et nom de famille), *veuve en premières noces de M...* (prénoms et nom) *et femme en secondes noces de M...* (prénoms et nom), *cotuteur ;*

5° S'il s'agit d'un enfant naturel : *Fils de* ... (prénoms et nom du père, si l'enfant a été légalement reconnu ; sinon, ceux de la mère seulement) ;

[1] La tutelle diffère de l'administration légale en ce qu'elle ne s'ouvre qu'au moment de la dissolution du mariage par le divorce ou le décès de l'un des époux.

6° *Mineur sous la tutelle dative de M...* (prénoms et nom), *conférée par délibération du conseil de famille, en date du..., présidé par le juge de paix de...;*

7° *Mineur émancipé ayant pour curateur M....* (prénoms et nom) ;

8° *Mineur sous la tutelle officieuse de M....* (prénoms et nom), *en vertu de l'article* 361 *du Code civil;*

9° Si l'enfant n'est pas momentanément pourvu de tuteur : *Mineur orphelin sans tuteur. Versement direct en vertu de l'article* 6 *de la loi du* 9 *avril* 1881.

278. — Les mineurs sont admis à se faire ouvrir un compte aux Caisses d'épargne sans l'assistance de leur représentant légal; ils peuvent retirer sans cette assistance, mais seulement après seize ans révolus, les sommes figurant sur les livrets ainsi ouverts, sauf opposition de leur représentant légal. (Loi du 9 avril 1881, art. 6.)

279 — Lorsque la partie versante, que ce soit l'enfant mineur lui-même ou un tiers quelconque, réclame le bénéfice des dispositions précitées, les documents reçoivent, outre l'une des indications prévues à l'article 277 précédent, la mention suivante : *Versement direct, en vertu de l'article* 6 *de la loi du* 9 *avril* 1881. — *Aura seize ans le...*

280. — Le mineur qui a fait son dépôt sans l'assistance de son représentant légal signe seul les demandes et les quittances de remboursement, lorsqu'il a seize ans révolus.

281. — Si le mineur a moins de seize ans ou si, âgé

de plus de seize ans, il n'a pas versé directement, les demandes et les quittances de remboursement sont signées par la personne chargée de sa tutelle ou de l'administration de ses biens.

282. — Le père est, durant le mariage, administrateur des biens de ses enfants mineurs; après la dissolution du mariage, la tutelle des enfants appartient de plein droit au survivant des père et mère.

283. — La mère, si elle est remariée, doit justifier que la tutelle lui a été conservée par le conseil de famille. (Code civil, art. 395.)

284. — Quand la tutelle du mineur est exercée par la mère, et que celle-ci s'est remariée, le nouveau mari intervient, en qualité de cotuteur, à toute demande de remboursement.

285. — Lorsque le mineur est enfant naturel et que la mère s'est mariée après avoir fait décider par le conseil de famille que la tutelle lui serait conservée, le mari intervient également à tout retrait de fonds en qualité de cotuteur.

286. — Toutes les fois qu'il y a cotutelle, les dépôts du mineur ne peuvent être retirés que par la tutrice et le cotuteur agissant collectivement.

Si l'une des parties n'assiste pas au payement, celle qui se présente doit produire le consentement écrit de l'autre au retrait des fonds.

287. — La personne chargée de la tutelle ou de l'ad-

ministration des biens d'un mineur a seule la gestion des dépôts d'épargne dudit mineur :

1° Jusqu'à ce que celui-ci ait accompli sa seizième année, lorsque les fonds ont été soumis au régime de l'article 6 de la loi du 9 avril 1881 ;

2° Jusqu'à la majorité du titulaire, lorsque les fonds ont été versés en dehors de toute condition particulière de remboursement.

288. — Le mineur émancipé titulaire d'un livret remboursable à la majorité n'est pas habile à recevoir, avant d'avoir atteint sa vingt et unième année, le montant en capital de ce livret, même avec l'assistance de son curateur ; toutefois, il peut en toucher seul les intérêts. (Code civil, art. 481 et 482.)

L'assistance du curateur est nécessaire à l'émancipé pour recevoir les capitaux de son livret d'épargne, lorsque les fonds n'ont été soumis ni au régime de l'article 6 de la loi du 9 avril 1881, ni à une clause de remboursement différé.

289. — Il est généralement admis que la tutelle légale de l'enfant naturel appartient au père ou à la mère qui l'a reconnu ; cependant la jurisprudence refuse quelquefois au père ou à la mère de l'enfant naturel, même reconnu, l'administration légale et la tutelle du mineur.

Dans ces conditions, on ne doit pas rembourser le livret de l'enfant naturel au père ou à la mère, notamment lorsque les fonds ont été versés par un tiers autre que le père ou la mère.

Toutefois, il convient, par des considérations d'équité, de rembourser au père ou à la mère les sommes dont ils prouveraient avoir effectué le dépôt eux-mêmes, en cette qualité, sous le nom de leur enfant naturel.

290. — Aucun remboursement de sommes provenant d'un livret d'épargne dépendant d'une succession n'est autorisé au profit d'un mineur non assisté de la personne chargée de sa tutelle ou de l'administration de ses biens.

291. — Lorsqu'une demande de remboursement est formée par le représentant légal d'un mineur qui doit atteindre sous peu sa majorité, il est utile, si le retrait des fonds n'a pas lieu immédiatement, de porter une mention sur l'autorisation de remboursement indiquant que le payement ne sera effectué au profit du demandeur que jusqu'au... (date de la majorité du titulaire), et que, passé ce délai, l'autorisation sera considérée comme nulle.

CHAPITRE XLV

NANTISSEMENT

292. — On désigne ainsi le contrat par lequel un débiteur remet une chose à son créancier pour sûreté de la dette.

293. — Les règles relatives aux oppositions sont applicables aux actes de nantissement signifiés par exploit d'huissier.

294. — Pour qu'aucun remboursement ne soit effectué au préjudice du créancier gagiste, les documents reçoivent la mention suivante : *Livret donné en nantissement.*

295. — L'acte de nantissement confère au détenteur du livret le droit de se faire payer sur le gage, après jugement, par privilège et de préférence aux autres créanciers. (Code civil, art. 2073, 2074 et 2075.)

Toutefois, le privilège ne subsiste qu'autant que le gage est resté en la possession du créancier. (Code civil, art. 2076.)

296. — Les mainlevées d'actes de nantissement sont données dans l'une des formes prévues par les articles 328 et suivants.

CHAPITRE XLVI

NUE PROPRIÉTÉ

297. — Le remboursement d'un livret d'épargne à une personne qui n'a que la nue propriété des fonds ne peut avoir lieu avant le décès de l'usufruitier, à moins que celui-ci n'y consente, en intervenant par sa signature à la demande et à la quittance de remboursement, auquel cas la Caisse d'épargne est valablement libérée.

298. — Lors de l'extinction de l'usufruit, le remboursement du livret a lieu en faveur du nu propriétaire, sur la production d'un certificat de décès ou d'un extrait de l'acte de décès de l'usufruitier.

CHAPITRE XLVII

OPPOSITIONS

1° Réception

299. — La saisie-arrêt ou opposition est un acte par lequel une personne arrête entre les mains d'un tiers les sommes ou effets appartenant à une autre personne pour faire ordonner que les deniers lui seront remis.

Elle a pour effet d'empêcher que le tiers saisi ne cesse de retenir la chose qu'il doit, au préjudice de l'opposant.

300. — Aux termes de l'article 11 de la loi du 5 juin 1835, les fonds déposés aux Caisses d'épargne peuvent être l'objet d'oppositions ou de saisies-arrêts dans les conditions déterminées par les articles 561 et 569 du Code de procédure civile et par le décret du 18 août 1807 [1].

301. — Il est fourni un exploit distinct pour chacun des débiteurs saisis non solidaires, et chaque exploit doit remplir respectivement les conditions de la validité requises par la loi.

302. — Les comptables ne doivent accepter aucune opposition sous forme de simple lettre, même lorsqu'il s'agit d'une opposition mise par le mari ou le représentant légal au retrait des sommes déposées par sa femme ou ses enfants mineurs.

[1] Le renvoi au décret de 1807 a été inspiré par la nécessité qu'il y a pour les Caisses d'épargne d'exiger toutes les mentions indiquées par ce décret, à cause du grand nombre d'homonymes qui se trouvent parmi les déposants. (Dalloz, *Établissement d'épargne*, n° 167.)

Il est nécessaire que l'existence de l'opposition soit indiscutable et que la date en soit certaine, garanties que présente seule l'opposition signifiée par un officier ministériel.

303. — L'exploit de saisie-arrêt ou d'opposition énonce les noms et qualités du saisissant[1] et de la partie saisie, et la somme pour laquelle l'opposition ou la saisie-arrêt est pratiquée; il doit, en outre, contenir copie ou extrait soit du titre en vertu duquel agit l'opposant, soit du jugement ou de l'ordonnance du juge qui a autorisé la saisie. (Loi des 30 mai-8 juin 1793 et décret du 18 août 1807, art. 2.)

Le comptable ne peut se faire juge de la validité du titre qui lui est signifié.

L'énonciation, en l'exploit, du titre en vertu duquel agit le saisissant n'est pas requise lorsque l'opposition est pratiquée sur les dépôts d'une femme par son mari ou sur les dépôts d'un mineur par son représentant légal[2].

304. — L'huissier qui présente à un comptable l'original d'une signification doit lui remettre en même temps une copie de cette signification, et laisser ces deux pièces vingt-quatre heures entre ses mains, non compris les dimanches et jours fériés. (Décret du 14 février 1792, art. 9, et loi du 25 nivôse an XIII, art. 3.)

Le comptable vérifie la régularité de l'original, le collationne avec la copie et s'assure, par l'examen des fiches-répertoire, que la saisie-arrêt concerne bien un

[1] Le mineur et la femme mariée peuvent saisir-arrêter, mais non assigner en validité sans autorisation préalable. (ROGER, *Traité de la saisie-arrêt.*)

[2] La femme mariée ne peut frapper d'opposition les dépôts effectués par son conjoint qu'en vertu d'un titre ou d'une permission du juge.

titulaire de compte d'épargne. Il rend ensuite à l'huissier l'original de l'exploit visé en ces termes : *Vu et reçu copie.*

Le visa est daté en toutes lettres du jour où expire le délai de vingt-quatre heures dont il est parlé ci-dessus.

L'opposition est reçue nonobstant l'absence de fiche-répertoire au nom de la partie saisie, lorsque cet acte s'applique à un premier versement qui n'a pas encore été dépouillé au registre matricule.

305. — L'opposition n'a d'effet que jusqu'à concurrence de la somme indiquée à l'exploit.

Lorsque cet acte contient des réserves non définies soit pour les frais, soit pour les intérêts, le visa est donné en ces termes : *Vu pour le capital seulement, les accessoires n'étant pas déterminés.*

De même, si une opposition sur un compte d'épargne frappait, en outre, toutes autres sommes dues par l'État au saisi, à quelque titre que ce soit, le comptable donnerait son visa pour valoir seulement sur le compte d'épargne.

306. — Toutes les fois qu'une ou plusieurs des conditions essentielles à la validité de l'exploit sont omises, l'agent chargé de le recevoir mentionne son refus, en marge de l'original, de la manière suivante : *Refusé, attendu que...*

307. — Les comptables doivent toujours motiver avec soin leur refus, car ils pourraient être, comme refusants, condamnés à une amende sur les conclusions du ministère public. (Code de procédure civile, art. 1039.)

308. — L'omission ou la désignation incomplète des numéros du livret saisi n'entraîne par la non-recevabilité de l'opposition, si cet acte mentionne exactement les nom, prénoms et qualité du titulaire, et s'il n'existe pas de doute ou d'incertitude sur la partie adverse.

D'une manière générale, il est donné cours aux exploits lorsque, quoique incomplètes, les énonciations qu'ils contiennent constituent une preuve suffisante de l'identité du saisi.

309. — Si l'opposition s'applique à un ou plusieurs homonymes, le comptable à qui elle est notifiée recueille les renseignements nécessaires auprès de l'huissier pour constituer l'identité du titulaire du livret saisi; il fait compléter par cet officier ministériel, s'il y a lieu, l'original et la copie de l'exploit.

Dans aucun cas, le comptable qui reçoit une opposition ne doit demander des renseignements à la partie saisie pour s'assurer de l'identité de sa personne.

310. — L'opposition qui a pour objet d'interdire la délivrance d'un duplicata de livret n'est pas recevable, à moins qu'il ne s'agisse d'un acte de nantissement.

311. — Toute saisie-arrêt ou opposition doit être signifiée :

1° En ce qui concerne les livrets des Caisses d'épargne ordinaires, aux caissiers de ces établissements;

2° En ce qui concerne les livrets de la Caisse nationale d'épargne, entre les mains de l'agent comptable à Paris, s'il s'agit d'un livret appartenant à l'une des séries départementales ou à l'une des séries marines, et au caissier de la succursale d'origine, s'il s'agit d'un livret de succursale de plein exercice.

312. — Lorsqu'un exploit concernant un compte de succursale de plein exercice est notifié à l'agent comptable de la Caisse nationale d'épargne, cet agent avertit l'huissier que, pour être valable, l'opposition doit être signifiée au caissier de la succursale.

313. — Les receveurs des postes n'ont pas qualité pour recevoir les oppositions au remboursement des sommes dues par la Caisse nationale d'épargne.

314. — L'opposition a pour effet de faire tomber la situation privilégiée faite, par la loi du 9 avril 1881, à la femme et au mineur, et de rendre indisponibles les sommes déposées en leur nom; mais elle n'ouvre pas au mari ou au représentant légal le droit de se faire remettre ces sommes immédiatement.

Les oppositions de l'espèce placent les Caisses d'épargne dans la situation d'un tiers-saisi ordinaire, qui ne peut vider ses mains sans le consentement des parties ou l'autorisation de justice [1].

315. — L'opposition pratiquée par un déposant sur ses propres deniers ne peut avoir pour conséquence d'empêcher ultérieurement la remise des fonds entre les mains du titulaire, lorsqu'elle a été formée à titre de simple mesure conservatoire, par exemple dans le cas de perte du livret.

[1] Voir, sous le titre *Jurisprudence*, les jugements rendus par les Tribunaux de Lons-le-Saunier et de Romorantin, les 1er et 13 juin 1891.

Toutefois, il y aurait lieu d'exiger préalablement la mainlevée de l'opposition, si l'on se trouvait en présence d'une demande de remboursement formée par un fondé de pouvoir, le mandant ayant pu recourir à l'opposition pour annuler les effets de la procuration donnée par lui.

316. — Au moment où une opposition est reçue, s'il existe une demande de remboursement ou d'achat de rente portant sur le compte saisi-arrêté, il n'y est pas donné suite.

317. — L'opposition ne met pas obstacle à la délivrance des inscriptions de rente achetées antérieurement, en vertu du principe de l'insaisissabilité des rentes.

318. — La péremption est acquise après un délai de cinq ans, à dater du jour de leur signification, aux oppositions qui n'ont pas été renouvelées. (Loi du 9 juillet 1836, art. 14 [1].)

319. — La signification du jugement de validité conserve l'effet de l'opposition et sert de point de départ à un nouveau délai de cinq ans.

2° Certificats à délivrer aux saisissants

320. — L'opposition oblige le tiers saisi à déclarer ce qu'il doit au saisi ; mais ledit tiers n'est tenu à

[1] La loi du 9 juillet 1836 ne vise que les saisies-arrêts mises au payement des sommes dues par l'État ; elle n'est pas applicable, par suite, aux fonds déposés aux Caisses d'épargne privées, qui doivent conserver les oppositions jusqu'à ce que la mainlevée en ait été consentie ou ordonnée.

cette déclaration qu'autant que les formalités de dénonciation et contre-dénonciation prescrites par les articles 563 et 564 du Code de procédure civile ont été accomplies.

Le cas échéant, le comptable délivre, sur la demande du saisissant, un certificat des sommes dues au saisi, qui tient lieu, en ce qui le concerne, de tous autres actes et formalités prescrits à l'égard des tiers saisis et le dispense notamment d'être assigné en déclaration affirmative. (Décret du 18 août 1807 et Code de procédure civile, art. 569.)

321. — La demande formée par le saisissant pour obtenir un certificat déclaratif des sommes dues au saisi doit être écrite sur papier timbré, conformément à l'article 12 de la loi du 13 brumaire an VII. Elle doit, en outre, être accompagnée du papier timbré nécessaire pour l'expédition du certificat. (Décret des 14-19 février 1792.)

322. — D'après l'article 573 du Code de procédure civile, la déclaration du tiers saisi doit énoncer les causes et le montant de la dette et les payements à compte si aucuns ont été faits ; mais cette disposition n'oblige pas les détenteurs des deniers publics. En effet, aux termes de l'article 6 du décret du 18 août 1807, les fonctionnaires sont seulement tenus de déclarer par certificat si la somme due est liquide et, le cas échéant, d'en indiquer le montant.

Par suite, les comptables ne doivent pas énoncer, dans les certificats de l'espèce, les versements et remboursements effectués par le saisi, d'autant que la divulgation de ces opérations pourrait être critiquée au point de vue du secret professionnel.

Il doit être fait mention dans lesdits certificats des saisies-arrêts ou oppositions, s'il en existe déjà. (Décret du 8 août 1807, art. 7.)

323. — Lorsqu'il en est requis par l'un des créanciers opposants, leurs représentants ou ayants cause, le comptable délivre également extrait ou état desdites oppositions dans la forme prévue à l'appendice II. (Décret des 14-19 février 1792, art. 14; loi du 13 brumaire an VII, art. 12; et décret du 18 août 1807, art. 7 et 8.)

La demande doit en être faite par voie de pétition et non par acte extrajudiciaire. Tout tiers qui la forme au nom des ayants droit est tenu de justifier d'un pouvoir spécial, à moins qu'il ne soit avoué constitué. Il n'y a pas de dispense, même pour les notaires rapporteurs des actes signifiés, ou pour les huissiers instrumentaires.

Chaque demande doit être écrite sur papier timbré, accompagnée du papier nécessaire pour l'expédition de la pièce réclamée. (Loi du 13 brumaire an VII, art. 12, et décret des 14-19 février 1792, art. 14.)

324. — S'il survient de nouvelles oppositions depuis la délivrance d'un état ou d'un certificat, le comptable, s'il en est requis, est tenu d'en fournir un extrait à la suite de ce certificat. (Décret du 8 août 1807, art. 8.)

325. — Tout certificat, extrait ou état délivré est établi sur papier timbré, dont le coût est à la charge de l'opposant.

Sont seuls établis sur papier libre les certificats réclamés par une administration publique. Dans ce cas, il est fait mention du motif de la dispense de timbre sur les pièces délivrées. (Loi du 13 brumaire an VII, art. 16.)

3° Défaut de dénonciation

326. — Lors même que l'opposition n'est pas suivie de dénonciation avec demande en validité, ainsi que le prescrivent les articles 563 et 564 du Code de procédure civile, le comptable doit exiger, avant de se dessaisir des fonds saisis-arrêtés, une mainlevée amiable ou judiciaire.

327. — Le défaut de dénonciation avec demande en validité n'entraîne pas la nullité de l'opposition : il faut que cette nullité soit prononcée par la justice.

Cette règle découle de l'article 9 du décret du 18 août 1807, qui porte que tout caissier ou dépositaire de deniers publics entre les mains duquel il existe une opposition sur une partie prenante ne peut payer que du consentement des opposants ou après ordonnance de justice.

4° Mainlevée et radiation des oppositions

328. — Les mainlevées d'oppositions sont judiciaires ou amiables.

329. — La mainlevée judiciaire est ordonnée soit par le tribunal, soit par le président jugeant en état de référé.

330. — La mainlevée amiable ne peut être donnée que par acte notarié, en minute ou en brevet, dûment enregistré, et légalisé s'il y a lieu.

Si l'acte est en minute, la production d'une expédition

suffit ; s'il est en brevet, il est nécessaire, en outre, de rapporter l'exploit original de l'opposition.

Dans aucun cas, la mainlevée n'est mise au bas de l'opposition : la loi défend de réunir deux actes sur la même feuille de papier timbré.

331. — Mainlevée partielle d'une opposition peut être donnée par acte notarié.

Dans ce cas, l'acte est annexé à l'exploit, dont il restreint l'étendue quant aux sommes.

L'original de l'opposition est rapporté seulement lorsque la mainlevée définitive est donnée.

332. — En cas d'opposition du mari, le remboursement des dépôts de la femme peut avoir lieu entre les mains des deux époux.

La signature du mari tient lieu de mainlevée.

333. — Cette règle est également applicable aux dépôts du mineur saisis-arrêtés par le représentant légal.

334. — On ne doit exécuter un jugement contradictoire ou par défaut portant mainlevée d'opposition que contre la remise des pièces désignées aux articles 228 et suivants.

335. — Les comptables opèrent d'office la radiation des oppositions qui ont acquis cinq années de date sans avoir été renouvelées, et ils ne les comprennent pas dans les états qu'ils ont à délivrer. (Loi du 9 juillet 1836, art. 14.)

La péremption quinquennale ne s'applique qu'aux oppositions faites au payement des sommes dues par la Caisse nationale d'épargne.

5° Comptes dépassant le maximum légal frappés d'opposition

336. — L'article 9 de la loi du 9 avril 1881 n'est pas applicable au compte dépassant le maximum légal frappé d'opposition, lorsque la saisie-arrêt porte sur la totalité du crédit du déposant, ou lorsque la somme laissée disponible par cet acte ne permet pas de ramener le crédit du compte au-dessous de 2,000 francs ou de 8,000 francs, selon le cas, sans diminuer le gage de l'opposant.

337. — La saisie-arrêt ayant pour effet de suspendre le remboursement des dépôts qu'elle atteint, la Caisse d'épargne ne possède, pas plus, d'ailleurs, que le titulaire, la faculté de réduire l'avoir du compte saisi-arrêté.

Dans ces conditions, on doit se borner à annoter le compte pour être en mesure d'exercer ultérieurement, s'il y a lieu, la suppression des intérêts afférents à la portion du capital excédant le maximum légal.

CHAPITRE XLVIII

PARTAGE

338. — On nomme ainsi la division qui se fait entre plusieurs personnes des biens ou effets qui leur appartenaient en commun, soit comme héritiers, soit comme propriétaires ou à tout autre titre [1].

[1] Pour ce qui concerne les partages faits par père, mère et autres ascendants entre leurs descendants, voir les articles 1075 à 1080 du Code civil.

339. — L'expédition d'un acte de partage fait entre majeurs présents et dressé en forme authentique constitue une justification suffisante des droits des intéressés.

340. — Si parmi les copartageants il y a des mineurs ou des interdits, le partage doit avoir lieu judiciairement pour être valable.

Dans ce cas, il y a lieu d'exiger une expédition du jugement.

CHAPITRE XLIX

PAYEMENTS

341. — Le remboursement des fonds d'épargne doit être fait au titulaire ou à quelqu'un ayant pouvoir de lui ou qui soit autorisé par la justice ou par la loi à recevoir pour lui.

342. — Les comptables sont tenus de prendre toutes les précautions nécessaires pour ne rembourser les dépôts qu'entre les mains des véritables créanciers ou de leurs ayants cause [1].

Ils doivent aussi s'assurer que les conditions qui auraient pu être imposées à la remise des fonds ont été exactement remplies, et qu'il n'existe aucun empêchement de nature à mettre obstacle au retrait de la somme réclamée.

[1] Voir les jugements du Tribunal de la Seine des 22 janvier 1887, 4 décembre 1888 et 10 juin 1890.

Ils peuvent exiger la légalisation des signatures qui ne leur sont pas suffisamment connues.

343. — Lorsque le déposant est illettré, le remboursement est effectué dans les conditions prévues par les articles 198 et suivants.

344. — Les quittances doivent être datées et signées par les parties prenantes en présence du payeur.

Toutefois la date est inscrite par le comptable lorsque les parties prenantes ne sont capables que de signer leur nom.

345. — Au bas ou au verso des quittances, on mentionne les pièces justificatives d'identité produites par les intéressés, et, le cas échéant, les actes, jugements, arrêts, mainlevées d'opposition et autres significations en vertu desquelles le remboursement a été effectué.

346. — Le payement fait à celui qui n'aurait pas pouvoir de recevoir pour le créancier est valable, si celui-ci le ratifie ou s'il en a profité. (Code civil, art. 1239.)

CHAPITRE L

PAYEMENTS PAR DÉLÉGATION

347. — Les titulaires de livrets de séries marines ouverts par la Caisse nationale d'épargne sont autorisés à faire payer, par délégation, des sommes à

valoir sur leur compte, au profit et sur l'acquit d'une personne de leur famille, en France, en Algérie, en Tunisie ou dans la principauté de Monaco. (Décret du 22 novembre 1886, art. 12.)

348. — Les délégations sont exclusivement reçues par les succursales navales de la Caisse nationale d'épargne.

349. — Le bénéficiaire d'une délégation doit être désigné très exactement par ses nom, prénoms, profession et domicile.

350. — Les délégations peuvent stipuler que, à défaut du premier bénéficiaire désigné, la somme sera déléguée à une autre personne.

Ces deux personnes doivent appartenir à la famille du délégant : père, mère, femme, enfants, frère ou sœur. Il n'est fait d'exception que pour une personne chargée de l'entretien de mineurs, enfants, frères ou sœurs du délégant.

351. — Toute délégation mentionne le mois dans lequel sera fait le premier payement ; les autres payements doivent être échelonnés, pendant la durée de l'engagement, de trois mois en trois mois, à partir de la date déterminée par la Direction centrale de la Caisse nationale d'épargne et qui peut s'étendre du 16 au 25.

352. — Le taux des délégations souscrites peut être soit augmenté, soit diminué, pendant la période fixée par la première déclaration.

353. — Les délégations deviennent caduques par la mort des délégataires.

Elles peuvent être annulées par le délégant ; elles peuvent l'être également par l'autorité maritime, lorsque le délégant déserte ou quitte le service pour une cause quelconque.

CHAPITRE LI

PÉNALITÉ APPLICABLE AUX TITULAIRES DE PLUSIEURS LIVRETS

354. — L'article 5 de la loi du 22 juin 1845 et l'article 21 de la loi du 9 avril 1881 frappent de la suppression des intérêts sur la totalité des sommes déposées le titulaire de plusieurs livrets, soit à des Caisses d'épargne ordinaires, soit à une Caisse ordinaire et à la Caisse nationale d'épargne.

La suppression porte sur les intérêts de tous les livrets.

355. — Cette pénalité n'est pas applicable au déposant qui possède à la fois un compte dont les fonds sont disponibles et un ou plusieurs livrets soumis à des conditions particulières de remboursement, pourvu que le total des sommes déposées ne dépasse pas le maximum de 2,000 francs.

356. — L'interdiction d'avoir plusieurs livrets ne concerne qu'un même déposant.

Il peut être délivré autant de titres individuels qu'il y a de personnes composant une même famille, soit le père, la mère et chacun des enfants mineurs ou majeurs.

357. — Les infractions à l'article 21 de la loi du 9 avril 1881 sont généralement relevées par l'Inspection générale des Finances, dont le droit de vérification s'exerce à la fois sur les Caisses d'épargne ordinaires et sur les bureaux de poste, qui sont les correspondants de la Caisse nationale d'épargne.

358. — Lorsqu'un déposant est reconnu titulaire d'un livret de la Caisse nationale d'épargne et d'un livret de Caisse d'épargne ordinaire, il est mis en demeure de demander le remboursement de l'un de ses comptes d'épargne ou de faire transférer l'un de ces comptes à l'autre [1].

Cette mise en demeure doit être conçue en des termes qui ne sauraient être interprétés dans le sens d'un transfert obligatoire à l'établissement qui poursuit la régularisation de la situation du déposant, celui-ci ayant la faculté de transférer ses fonds soit à la Caisse nationale d'épargne, soit à la Caisse d'épargne ordinaire.

[1] Cette disposition n'est pas applicable lorsque l'un des deux comptes est soumis à des conditions particulières de remboursement. (Voir l'article 355 ci-dessus.)

CHAPITRE LII

PREMIERS VERSEMENTS

359. — Le déposant qui verse pour la première fois doit déclarer ses nom, prénoms, âge, date et lieu de naissance, nationalité, demeure et profession.

360. — Si le déposant ne peut ou ne veut fournir un ou plusieurs des renseignements visés ci-dessus, il est passé outre; mais, dans ce cas, une mention explicative est portée sur les documents.

361. — Tout déposant doit, au moment du premier versement, signer une déclaration portant qu'il n'est titulaire d'aucun autre livret, soit de la Caisse nationale d'épargne, soit de Caisse d'épargne ordinaire.

362. — Quand il s'agit d'un premier versement pour le compte d'un tiers, autre qu'un mineur ou un incapable, la partie versante doit produire l'autorisation de la personne pour laquelle elle se présente. Cette formalité n'est cependant pas indispensable[1], les Caisses d'épargne n'ayant pas à se préoccuper de l'origine des deniers; elle n'a d'autre but que de fournir un spécimen de la signature du titulaire pour constater ultérieurement l'authenticité des signatures portées sur les demandes de remboursement.

[1] A moins qu'il ne s'agisse d'un dépôt fait au nom d'une femme mariée (art. 175 et 176).

363. — Les versements anonymes ou pseudonymés sont interdits.

Toutefois la signature d'un bienfaiteur qui désire rester inconnu n'est pas exigée. (Décret du 31 août 1881, art. 12.)

364. — Sauf en ce qui concerne les dépôts effectués en vertu de dispositions testamentaires et qui peuvent donner lieu à l'ouverture d'un livret immatriculé pour la nue propriété au nom d'une ou plusieurs personnes et pour l'usufruit au nom d'une autre personne, la délivrance d'un livret collectif n'est autorisée qu'en faveur des sociétés régulièrement constituées.

365. — Aucune modification aux renseignements concernant l'état civil d'un déposant ne peut être apportée ultérieurement au registre matricule ou à la demande de livret que sur la production d'un acte de notoriété [1].

366. — Tout premier dépôt est constaté par l'ouverture d'un livret remis séance tenante à la partie versante, ou par un récépissé, extrait d'un registre à souche, en échange duquel le titre est remis ultérieurement à l'intéressé.

367. — Les déposants doivent s'assurer, au moment de la remise du récépissé ou du livret, que la somme inscrite sur ces pièces représente bien la valeur du versement effectué.

[1] Voir les modèles d'actes de notoriété rectificatifs donnés aux appendices IX et X.

CHAPITRE LIII

PRIVILÈGE DU TRÉSOR

368. — D'après l'article 2098 du Code civil, le privilège à raison des droits du Trésor et l'ordre dans lequel il s'exerce sont réglés par les lois et décrets qui les concernent, savoir :

1° La loi du 4 germinal an II, titre VI, relative aux contraventions, saisies, condamnations, partage du produit des amendes et confiscations en matière de douanes ;

2° Le décret du 1er germinal an XIII, relatif aux droits réunis (contributions indirectes);

3° La loi du 5 septembre 1807, relative au mode de remboursement des frais de justice en matière criminelle, correctionnelle et de police ;

4° La loi du 12 novembre 1808, qui fixe le privilège du Trésor pour le recouvrement des contributions directes.

369. — Le privilège accordé au Trésor en matière de douanes s'exerce avant tous autres privilèges et droits des créanciers des redevables.

Il en est de même du privilège du Trésor pour recouvrement de droits en matière de contributions indirectes, à l'exception des frais de justice.

370. — Le privilège du Trésor pour le recouvrement des frais de justice en matière criminelle, correctionnelle et de police sur les meubles et effets mobiliers des

condamnés s'exerce après les autres privilèges et droits mentionnés ci-après :

1° Les privilèges désignés par les articles 2101 et 2102 du Code civil ;

2° Les sommes dues pour la défense des condamnés, lesquelles, en cas de contestation de la part de l'Administration des domaines, sont réglées d'après la nature de l'affaire par le tribunal qui a prononcé la condamnation.

371. — Le privilège accordé au Trésor par la loi du 5 septembre 1807 pour les frais de justice ne s'étend pas aux amendes, dont le recouvrement ne peut avoir lieu que par les voies ordinaires de droit.

372. — La loi du 12 novembre 1808, article 2, enjoint à tous dépositaires et débiteurs de deniers publics appartenant aux redevables de contributions directes, et affectés au privilège du Trésor, de payer, sur la demande qui leur en est faite, en l'acquit des redevables et sur le montant des fonds qu'ils doivent ou qui sont entre leurs mains, jusqu'à concurrence de tout ou partie des contributions dues par ces derniers.

Les comptables doivent se conformer à cette disposition et donner suite à toute demande de remboursement formée par un percepteur pour recouvrement de contributions, lorsque cette demande est appuyée d'une réquisition ou d'une sommation en forme [1], et lors même qu'il existerait entre leurs mains des oppositions formées par d'autres créanciers du contribuable, à

[1] La réquisition est employée par les percepteurs comme instrument d'opposition ; il doit en être tenu compte au même titre que d'un exploit d'opposition.

moins qu'au moment de la demande du percepteur le comptable ne soit déjà dessaisi par la signification d'un transport ou d'un jugement attributif au profit d'un tiers. (Arrêt de la Cour de cassation du 21 avril 1819.)

La quittance tirée du percepteur mentionne le titre en vertu duquel il agit; elle est appuyée d'un extrait des rôles certifié par le préfet ou le sous-préfet.

373. — Les règles tracées à l'article précédent sont applicables aux droits et amendes de timbre, qui jouissent du même privilège que les contributions directes. (Loi du 28 avril 1816, art. 76.)

374. — L'administration de l'enregistrement n'a, pour le recouvrement des droits de mutation, ni privilège ni droit de prélèvement ou de préférence sur les biens des successions. (Cassation, 28 juillet 1851 et 23 et 24 juin 1857.)

CHAPITRE LIV

PROCURATIONS

375. — La procuration ou mandat est un acte par lequel une personne donne à une autre le pouvoir de faire quelque chose en son nom. (Code civil, art. 984.)

376. — Aucun mandataire ne peut retirer des dépôts d'épargne sans être porteur d'un pouvoir spécial. lors

même que ce mandataire serait un avoué, un huissier ou tout autre officier ministériel.

377. — Le mandat peut être constitué par écrit sous seing privé ou par acte notarié, en minute ou en brevet[1].

378. — Les procurations doivent relater exactement les nom et prénoms du mandant et du mandataire, ainsi que les numéros de série et d'ordre du livret.

La signature du mandat doit être légalisée si elle n'est pas connue.

379. — Les femmes et les mineurs émancipés peuvent être choisis pour mandataires. (Code civil, art. 1990.)

380. — Les Caisses d'épargne sont valablement déchargées par la signature d'une femme agissant en vertu d'une procuration à laquelle son mari n'est pas intervenu.

381. — La femme qui a effectué des dépôts d'épargne sans l'assistance de son mari peut, sans l'autorisation de ce dernier, donner valablement procuration à un tiers pour opérer des remboursements en ses lieu et place.

382. — La constitution d'un nouveau mandataire pour la même affaire vaut révocation du premier. (Code civil, art. 2006.)

[1] Pour les procurations données par les illettrés, voir les articles 199 et 200 précédents.

En ce qui concerne les actes de procurations dressés aux armées ou dans le cours d'un voyage maritime, voir la loi du 9 juin 1893.

383. — La révocation du mandat signifiée au seul mandataire ne peut être opposée à la Caisse d'épargne qui a remboursé dans l'ignorance de cette révocation. (Code civil, art. 2005.)

384. — L'effet d'une procuration cesse par la mort, l'interdiction, la déconfiture du mandant ou du mandataire. (Code civil, art. 2003.)

385. — Les expéditions de procurations établies en minute et les procurations établies en brevet peuvent être rendues aux intéressés, sur leur demande, lorsque le pouvoir est général ou lorsque, sans être général, il n'est pas limité aux opérations d'épargne.

Les procurations sous seing privé peuvent également être rendues aux intéressés lorsqu'elles ne concernent pas exclusivement des opérations d'épargne et qu'elles ont été enregistrées.

Le cas échéant, une copie ou extrait certifié conforme en est levé pour appuyer le ou les remboursements effectués.

CHAPITRE LV

QUOTITÉ DES VERSEMENTS

386. — Les versements ne peuvent être inférieurs à 1 franc, à moins qu'ils ne proviennent du transfert d'un livret.

387. — Le compte ouvert à chaque titulaire de livret ne peut excéder 2.000 francs, versés en une ou plusieurs fois. (Loi du 9 avril 1881, art. 8.)

388. — Les sociétés de secours mutuels versent de plein droit jusqu'à 8,000 francs, en vertu de l'article 13 de la loi du 9 avril 1881.

389. — Les sociétés de coopération, de bienfaisance et autres associations de même nature peuvent verser jusqu'au maximum de 8,000 francs, après autorisation du ministre.

390. — Tout versement ultérieur qui aurait pour résultat d'élever le montant d'un livret au-dessus du maximum légal ne peut être accepté, même s'il est accompagné d'une demande d'achat de rente.

CHAPITRE LVI

REMBOURSEMENTS APRÈS DÉCÈS

391. — Les sommes dues aux déposants décédés sont payées à leurs légataires, donataires et autres ayants droit sur la production soit d'un certificat de propriété, soit d'un acte de notoriété ou de tout autre acte établissant suffisamment leurs qualités, tel que : inventaire, partage, jugement, etc.

392. — Lorsque le montant du compte ne dépasse pas 50 francs, le remboursement peut être effectué sur la remise d'un certificat du maire énonçant que les

parties y dénommées ont seules le droit de toucher la somme en qualité d'héritiers.

393. — Les demandes de remboursement après décès sont signées par tous les héritiers majeurs, et pour les mineurs, par leur représentant légal.

Si, parmi les héritiers, il y a des femmes mariées, elles doivent être assistées de leur mari ou produire une autorisation de leur conjoint ou de justice[1].

A défaut, la part leur revenant est traitée comme il est dit à l'article 8.

394. — Les signatures apposées sur les demandes de remboursement après décès sont certifiées par le maire ou le commissaire de police du domicile des intéressés.

395. — Lorsqu'un héritier ne sait ou ne peut signer, il est fait application des règles exposées aux articles 198 et suivants.

396. — Qu'ils sachent ou non signer, les ayants droit peuvent donner à un tiers, l'un d'eux s'ils le jugent convenable, procuration de signer pour eux la demande et la quittance.

Les signatures des mandants sont certifiées sur la procuration par le maire, ou le commissaire de police, ou le notaire qui a délivré le certificat de propriété.

397. — Les inscriptions de rente sont remises aux héritiers, dès que ceux-ci ont fait connaître leur qualité et ont réglé le compte en numéraire de leur auteur avec la Caisse d'épargne.

[1] A moins qu'il ne s'agisse d'un bien paraphernal, auquel cas la femme n'a pas besoin d'être autorisée.

398. — Les exécuteurs testamentaires ne sont fondés à réclamer les dépôts d'épargne que s'il n'existe pas d'héritiers réservataires, ni de mineurs ou incapables parmi les personnes appelées à la succession.

Le certificat de propriété doit être explicite sur ce point.

399. — Lorsqu'un livret d'épargne dépendant d'une succession a été attribué par un legs à une commune, une église, une fabrique ou à tout autre établissement qui ne peut en recevoir le montant avant d'avoir été autorisé à accepter le legs, le remboursement n'est effectué que sur la production de ladite autorisation. (Ordonnance du 2 avril 1817, art. 1er, et Code civil, art. 910 à 937.)

399 bis. — Quand le montant d'un livret est réclamé par des tiers à raison des frais funéraires et de dernière maladie faits pour le titulaire, on doit se borner à inviter les intéressés à poursuivre le recouvrement de ces frais, soit auprès des héritiers, soit, en cas de deshérence, auprès de l'État, représenté par l'administration des domaines.

400. — Le refus ou l'impossibilité d'un ou de plusieurs héritiers de participer au remboursement d'un livret d'épargne ne peut préjudicier à leurs copartageants.

Lorsqu'un des héritiers est absent, ou lorsqu'il ne veut ou ne peut, pour une cause quelconque, s'associer à la demande de remboursement formée par ses cohéritiers, il est passé outre à son concours pour la liquidation du compte.

L'autorisation de remboursement est délivrée pour le

montant intégral du compte, et la part revenant à l'absent est convertie en un livret ouvert d'office à son nom.

Si le livret ouvert d'office est immatriculé au nom d'une femme ou d'un mineur, le remboursement des fonds est subordonné au concours du mari ou du représentant légal.

Le livret ainsi ouvert est conservé par la Caisse d'épargne jusqu'à ce qu'il soit réclamé par l'intéressé, à qui il n'est remis que sur la production de pièces justificatives d'identité.

401. — Il n'est pas fait application des dispositions qui précèdent lorsque les cohéritiers d'un présumé absent ont fait nommer, en exécution de l'article 113 du Code civil, un notaire pour le représenter.

Dans ce cas, le notaire intervient valablement par sa signature au remboursement, à la condition toutefois que la pièce qui doit servir de soutien à la quittance vise le jugement qui l'a chargé de représenter le non présent ou le présumé absent.

402. — Lorsqu'à raison de l'éloignement de plusieurs héritiers il y a nécessité de pourvoir à l'administration des biens d'une succession, le tribunal, en Chambre de conseil, a le droit de nommer un administrateur provisoire et de lui conférer le pouvoir de recevoir les capitaux et d'en donner décharge.

Mais l'administrateur provisoire n'est autorisé que dans des cas exceptionnels à faire acte d'aliénation; il y a donc lieu d'exiger à l'appui des demandes de remboursement qu'il formule en cette qualité la production du jugement qui lui reconnaît la faculté de retirer les dépôts d'épargne dont la succession qu'il administre est créancière.

CHAPITRE LVII

RENSEIGNEMENTS DEMANDÉS PAR DES TIERS

403. — Les Caisses d'épargne doivent observer le secret sur toutes les opérations effectuées dans leurs bureaux.

404. — Toutefois, elles doivent déférer aux réquisitions des officiers de police judiciaire, aux ordonnances de juges agissant dans un intérêt d'ordre public et aux réquisitoires des préfets agissant en vertu de l'article 10 du Code d'instruction criminelle.

Le réquisitoire, pour être régulier, doit être signé soit par le procureur de la République, ou le juge d'instruction du ressort, soit par le préfet de police, à Paris, ou par le préfet dans les départements, soit encore par les officiers de l'armée de terre ou de mer remplissant les fonctions de magistrat instructeur, ou revêtus des attributions du ministère public près les conseils de guerre ou les tribunaux maritimes.

Le réquisitoire est encore signé valablement par les officiers de police judiciaire auxiliaires du procureur de la République : juges de paix, officiers de gendarmerie, maires, adjoints de maire et commissaires de police. Il doit alors, sauf le cas de flagrant délit, contenir copie de la commission rogatoire qui habilite l'officier de police auxiliaire à le signer.

405 — Les réquisitoires sont conservés à la place des documents communiqués avec le reçu tiré des magistrats qui les ont signés.

406. — Toutes les fois que la communication des pièces originales n'est pas demandée expressément, il est fourni une copie ou un extrait de ces pièces.

407. — En l'absence de réquisition judiciaire, les Caisses d'épargne ne sont déliées de l'obligation d'observer le secret sur leurs opérations qu'à l'égard :

1° Du mari, du représentant légal ou du créancier [1] du déposant, lorsqu'ils ont frappé le compte de celui-ci d'une opposition [2], signifiée par ministère d'huissier;

2° Des héritiers ou légataires d'un déposant décédé, lorsqu'ils ont justifié de leurs droits à sa succession par une pièce d'hérédité [3].

408. — Le compte d'épargne d'un déposant en état de faillite est porté, quant à son montant, à la connaissance du syndic de la faillite, sur la demande de ce dernier et sur la production d'un certificat, délivré par le greffier du tribunal de commerce, visé par le juge

[1] Il est à remarquer que les créanciers ne peuvent obtenir des renseignements sur les rentes achetées à un déposant, ces valeurs échappant à toute action de la part des tiers. (Loi du 11 juin 1878.)

[2] L'opposition ouvre au créancier, lorsque les formalités prescrites par les articles 563 et 564 du Code de procédure civile ont été remplies, le droit de réclamer un certificat constatant s'il est dû à la partie saisie, et énonçant la somme, si elle est liquide ; mais elle ne l'autorise pas à réclamer le détail des opérations, ni la communication du livret.

[3] Toutefois, afin d'éviter aux parties des frais inutiles, il doit être procédé à des recherches préalables. Si ces recherches n'ont fait découvrir l'existence d'aucun compte d'épargne au nom de la personne désignée on le fait immédiatement connaître aux réclamants,

commissaire, constatant la date du jugement déclaratif de la faillite et la nomination du demandeur en qualité de syndic provisoire ou définitif.

409. — Il est également satisfait à toute demande de renseignements formée, au nom des héritiers d'un déposant étranger, décédé, par un agent consulaire accrédité auprès de la République française, lorsqu'à cette demande se trouve joint l'acte ou un extrait de l'acte de décès du titulaire.

410. — La communication d'un livret soldé ne peut être refusée au titulaire ou à l'ayant droit qui en a touché le montant et qui justifie de son identité.

411. — Des renseignements sur le compte d'épargne d'un déposant décédé sont fournis au notaire qui les demande en qualité de liquidateur de la succession.

412. — A moins qu'elles ne soient appuyées d'une permission du juge, il n'est pas donné suite aux demandes de renseignements formées par les avocats et les avoués, ces renseignements étant, en général, destinés à être produits devant les tribunaux, à l'appui de prétentions contestées à l'égard desquelles il est du devoir des Caisses d'épargne de se renfermer dans la plus stricte neutralité.

413. — On ne doit pas révéler au mari ou au père qui effectue un dépôt au nom de sa femme ou de ses enfants si les bénéficiaires sont déjà titulaires d'un compte d'épargne

La même réserve doit être observée à l'égard des donateurs.

414. — Lorsque des renseignements sont demandés par un tiers en vue de découvrir le domicile d'un déposant, l'intéressé est invité à s'adresser au procureur de la République, lequel apprécie s'il doit réclamer le concours de la Caisse d'épargne pour faire donner satisfaction au requérant.

415. — Les Caisses d'épargne ne doivent pas signaler à l'Enregistrement les faits de nature à éviter les frais de succession dus par les héritiers ou légataires des déposants.

416. — Les préposés de l'Enregistrement ne peuvent exercer, ni à la Caisse nationale d'épargne, ni dans les Caisses d'épargne ordinaires, le droit de communication qui est accordé à leur administration dans les établissements publics par l'article 1er du décret du 4 messidor an XIII et l'article 54 de la loi du 22 frimaire an VII. (Solution de la Régie en date du 18 novembre 1882; *Recueil général des lois et arrêts*, Sirey, 1884.)

CHAPITRE LVIII

RENTES

417. — Les Caisses d'épargne peuvent acquérir sans frais [1], pour le compte de leurs déposants, des rentes mixtes ou nominatives.

[1] Le ministre des Finances a décidé que le droit de timbre édicté par la loi du 28 avril 1893 sur les opérations de bourse est applicable aux achats et aux ventes de rente opérés pour le compte des déposants, nonobstant les dispositions contraires des articles 7 et 9 de la loi du 9 avril 1881.

Toutefois, il n'est pas acheté de rentes mixtes pour des personnes n'ayant pas la libre disposition de leurs biens, telles que les établissements publics et religieux, les caisses de retraites, les sociétés de secours mutuels, les interdits et les incapables[1], lesquels ne peuvent renoncer aux garanties offertes par la rente nominative.

418. — En aucun cas il n'est acheté de rentes au porteur.

419. — L'achat de rente ne peut être inférieur à 10 francs, ni supérieur en capital au maximum du dépôt autorisé.

Les sommes à convertir en inscriptions de rente sur la demande des déposants doivent être exclusivement prélevées sur le compte d'épargne desdits déposants.

420. — Le titulaire du livret doit signer lui-même la demande d'achat de rente, s'il est majeur.

S'il est illettré, la demande est signée par deux témoins connus du comptable, qui signe avec eux.

421. — La femme mariée qui a versé sans l'assistance de son mari peut acheter de la rente sans cette assistance; la demande est signée par elle et par son mari quand elle n'a pas effectué ses dépôts en vertu de l'article 6 de la loi du 9 avril 1881.

422. — Les mineurs qui se sont fait ouvrir un compte sans le concours de leur représentant légal peuvent acquérir de la rente directement, mais seulement après seize ans révolus.

[1] A l'exception des femmes mariées, lorsque leur contrat de mariage ne contient aucune condition de dotalité ou de remploi.

423. — Lorsqu'une demande d'achat de rente est établie au nom d'un mineur dont le compte n'est remboursable qu'à sa majorité, il est nécessaire d'y spécifier que le titre de rente portera la mention suivante ou une mention analogue : *La présente rente provenant de fonds versés à la Caisse d'épargne de..., à titre de don pour le compte du titulaire, ne sera aliénable qu'à sa majorité.*

424. — La demande d'achat de rente au nom d'un interdit doit être signée par son tuteur.

425. — Lorsque, par le fait des versements et de la capitalisation des intérêts, le maximum d'un compte est dépassé, il doit en être donné avis au déposant, par lettre chargée ; si dans les trois mois qui suivent cet avis le déposant n'a pas réduit son crédit, il est fait sans frais un achat d'office pour son compte.

La loi du 9 avril 1881 fixe à 20 francs le montant des achats de rente à effectuer ainsi d'office, à titre de réduction du crédit, pour les déposants ordinaires dont le compte ne peut excéder 2,000 francs.

Pour les sociétés admises à un maximum de faveur de 8,000 francs, les achats de rente d'office sont élevés à 100 francs.

426. — Lorsque le compte d'une fabrique paroissiale excède le maximum de 8,000 francs, la Caisse d'épargne peut acheter pour cet établissement une rente sur l'État, mais elle doit donner avis de cet achat au préfet, afin qu'il puisse soit autoriser lui-même par un arrêté l'immatriculation, au nom de la fabrique, de la rente

acquise, soit provoquer un décret dans le même sens. (Ordonnance du 14 janvier 1831, art. 1er.)

427. — Le montant des livrets qui n'ont donné lieu depuis trente ans à aucun versement, à aucun remboursement, ni à aucune autre opération faite sur la demande du déposant, est consolidé en rentes sur l'État, lorsque l'ayant droit ne peut être connu ou que pour une cause quelconque le remboursement ne peut être opéré.

Les inscriptions de rente ainsi acquises sont consignées à la Caisse des dépôts lorsqu'il n'est pas possible de la remettre aux titulaires.

Du jour de la consignation, et jusqu'à la réclamation du déposant, le service des arrérages de la rente est suspendu.

428. — Les Caisses d'épargne ne prêtent pas leur intermédiaire pour la vente des inscriptions acquises dans des conditions régulières au nom de leurs déposants.

429. — Pour toute modification à apporter aux titres de rente postérieurement à leur remise, les rentiers doivent s'adresser soit au trésorier payeur général du département, soit au receveur particulier de leur arrondissement, ou au percepteur de leur résidence.

430. — Les Caisses d'épargne ne sont pas autorisées à souscrire pour le compte de leurs déposants aux émissions de rentes; leurs achats portent exclusivement sur les titres classés et entrés dans la circulation.

CHAPITRE LIX

SÉQUESTRE

431. — Les fonctions de séquestre judiciaire n'impliquent pas le droit d'aliéner.

Il s'ensuit que les Caisses d'épargne ne peuvent valablement vider leurs mains entre celles d'un séquestre judiciaire que si l'ordonnance du juge a explicitement reconnu à celui-ci le droit de retirer le montant des livrets dont il a la garde.

CHAPITRE LX

SOCIÉTÉS

432. — Toute association ou société régulièrement constituée peut se faire ouvrir un compte d'épargne [1].

433. — Cette faculté s'étend aux groupes ou sections de sociétés qui possèdent le droit d'administrer les sommes qu'elles recueillent, et qui ne sont pas tenues par leurs statuts de les verser à un trésorier ou caissier central.

434. — Le livret est ouvert sous le nom distinctif adopté par la société.

[1] Sans qu'elle soit tenue d'en demander préalablement l'autorisation; cette formalité n'est nécessaire que lorsque la société sollicite l'ouverture d'un compte pouvant atteindre le maximum de 8,000 francs.

435. — Les sociétés doivent fournir à l'appui du premier versement un exemplaire ou un extrait de leurs statuts et une pièce justifiant de leur existence légale, si elle n'est établie par les statuts.

L'extrait doit reproduire notamment les articles des statuts indiquant l'objet, le mode de constitution et d'administration de la société, ainsi que les articles réglant la gestion des fonds.

L'exemplaire ou l'extrait des statuts est certifié exact et signé par le président de la société.

436. — L'existence légale de la société déposante est établie aux cas suivants :

1° Lorsqu'elle a été approuvée par le ministre de l'Intérieur ou par le préfet du département, s'il s'agit d'une société de secours mutuels. (Décret du 26 mars 1852, art. 7.)

Pièce à fournir : copie de l'approbation ministérielle ou préfectorale, certifiée conforme par le président de la société ;

2° Lorsqu'elle a été autorisée par le préfet du département (à Paris par le préfet de police), ou reconnue comme établissement d'utilité publique. (Code pénal, art. 291, et loi du 10 avril 1834, art. 1er.)

Pièce à fournir : copie de l'autorisation administrative, certifiée conforme par le président de la société;

3° Lorsqu'elle compte moins de vingt et un membres et ne présente aucun caractère commercial. (Code pénal, art. 291.)

Pièce à fournir : certificat du président de la société attestant que l'association compte moins de vingt et un membres ;

4° Lorsqu'elle est constituée en syndicat ou en association professionnelle suivant la loi du 21 mars 1884, art. 2, 3 et 4.

Pièce à fournir : certificat du maire (à Paris, du préfet de la Seine), constatant le dépôt légal des statuts du syndicat ;

5° Lorsqu'elle constitue une association syndicale libre de travaux publics, organisée suivant la loi du 21 juin 1865, art. 1 et 6.

Pièce à fournir : certificat du président de la société attestant que l'acte d'association a été publié dans un journal d'annonces légales et inséré au *Recueil des actes de la préfecture ;*

6° Lorsqu'elle a satisfait aux conditions de publicité exigées des sociétés commerciales par la loi du 24 juillet 1867[1].

Pièce à fournir : certificat du greffier de la justice de paix ou du tribunal de commerce constatant le dépôt légal de l'acte constitutif de la société ;

7° Lorsqu'elle existe en vertu d'une loi ou d'un décret autorisant d'une façon générale les associations ou établissements de ce genre.

[1] La loi reconnaît trois espèces de sociétés commerciales : 1° la société en nom collectif ; 2° la société en commandite simple ou par actions ; 3° la société anonyme. Ces sociétés sont régies par les articles 18 et suivants du Code de commerce et la loi du 24 juillet 1867.

Indépendamment des trois espèces de sociétés désignées ci-dessus, la loi reconnaît les associations commerciales en participation, lesquelles ne sont pas sujettes aux formalités prescrites pour les autres sociétés. (Code de commerce, art. 47 à 50.)

Une société, bien que qualifiée de société en participation, n'en constitue pas moins une société en nom collectif, si elle a une raison sociale et un siège social. (Cassation, 29 juillet 1863.)

La formation des sociétés commerciales en nom collectif, en commandite et anonymes (les associations coopératives rentrent dans cette dernière catégorie) sont affranchies de la nécessité d'obtenir l'autorisation du Gouvernement.

Il n'en est pas de même des associations de la nature des tontines et des sociétés d'assurances sur la vie mutuelles ou à prime.

Aucune pièce à fournir.

437. — Les sociétés étrangères doivent produire une copie de l'acte de société délivré par l'autorité compétente dans le pays où l'acte a été passé, et un certificat de coutume ou un certificat du représentant du Gouvernement étranger, accrédité à Paris, constatant que l'acte a été passé suivant la loi du pays.

438. — Les dépôts des sociétés sont régis par les dispositions communes à tous les déposants, en ce qui concerne le maximum de 2,000 francs. (Loi du 9 avril 1881, art. 8.)

Toutefois, certaines sociétés peuvent, soit de plein droit, soit en vertu d'une autorisation préalable, élever leurs dépôts jusqu'au maximum de 8,000 francs.

439. — Les sociétés de secours mutuels versent de plein droit jusqu'à 8,000 francs. (Loi du 9 avril 1881.)

440. — Les sociétés énumérées ci-après ont été admises, par décisions ministérielles, à bénéficier des dispositions de l'article 13 de la loi du 9 avril 1881 :

Syndicats ou associations professionnelles (Décision du 19 janvier 1885) ;

Compagnies de sapeurs-pompiers (Décision du 27 février 1882) ;

Comices agricoles (Décision du 11 décembre 1882) ;

Cercles d'officiers (Décision du 2 février 1883) ;

Fabriques paroissiales[1]. (Décision du 18 janvier 1882.)

[1] Les églises qui ont le titre de cure, de succursale, de chapelle simple ou vicariale, d'église métropolitaine ou cathédrale peuvent seules avoir une fabrique.

Les chapelles de secours n'ont pas de fabrique ; leur administration appartient à la fabrique de l'église dont elles dépendent.

441. — Peuvent également verser jusqu'à 8,000 francs, en vertu d'une autorisation délivrée par le ministre, les sociétés de coopération, de bienfaisance et celles qui poursuivent un but utile.

442. — Lorsqu'une société politique ou religieuse demande à verser jusqu'à 8,000 francs, il convient de n'accorder l'autorisation que sur avis favorable du ministre de l'Intérieur ou du préfet.

443. — Conformément aux prescriptions des ordonnances des 2 avril 1817, article 1er, et 14 janvier 1831, article 1er, les établissements religieux [1] ne peuvent effectuer l'emploi de leurs capitaux disponibles, sans l'autorisation du Gouvernement, en d'autres valeurs qu'en rentes sur l'Etat.

444. — Quoique la loi du 9 avril 1881 n'exclue pas textuellement les communes, il est permis de penser que l'intention du législateur n'a pas été de leur fournir un mode d'emploi de leurs capitaux disponibles.

Il est donc préférable de ne pas accueillir leurs dépôts, en raison des règles spéciales de comptabilité-deniers qui les régissent et qui ne prévoient pas le placement de leurs fonds aux Caisses d'épargne.

445. — Toute société est représentée auprès de la Caisse d'épargne par un mandataire, soit pour l'ensemble des opérations, au moyen d'une procuration

[1] A l'exception des fabriques paroissiales, qui ont été autorisées à verser leurs fonds aux Caisses d'épargne, par décision ministérielle du 18 janvier 1882.

générale, soit pour chaque opération ou pour certaines opérations seulement, par une procuration limitée.

446. — La procuration est établie sur papier libre et sans enregistrement. Elle est signée par les membres du bureau ou du conseil d'administration de la société.

Chaque procuration contient, en marge, le type de la signature du mandataire.

447. — Le mandataire fait précéder sa signature, sur toutes les pièces administratives, de la mention : *Pour le compte de la Société d...*

448. — Lorsque le mandataire vient à être remplacé, le nouveau fondé de pouvoir est accrédité auprès de la Caisse d'épargne par une nouvelle procuration établie dans la forme prévue ci-dessus.

449. — Les dépôts des sociétés suspendues ou dissoutes doivent être refusés à compter du jour où l'arrêté de suspension ou de dissolution a été régulièrement notifié par l'autorité administrative.

450. — Chacun des membres d'une société peut posséder un livret à son nom personnel, sans préjudice de sa part dans le livret collectif au nom de la société.

CHAPITRE LXI

SUCCESSIONS

451. — On distingue deux sortes de successions : les unes sont déférées par les lois, suivant la proximité de la parenté ou l'affection présumée, et, par ce motif. prennent le nom de légales, légitimes ou naturelles ; les autres sont déférées par la volonté de l'homme et font l'objet des testaments ou des institutions contractuelles.

452. — Les successions légales se divisent, en outre, en régulières ou irrégulières.

Sont appelées régulières celles qui sont recueillies :

1° Par les enfants et autres descendants du défunt ;

2° A défaut de ceux-ci, par les pères et mères et autres ascendants ;

3° Enfin, par les frères et sœurs et autres collatéraux.

453. — Les successions irrégulières sont celles qui sont dévolues, en l'absence d'autres héritiers, aux enfants naturels ; à leur défaut, à l'époux survivant, et, s'il n'y en a pas, à l'État.

1° Successions déférées aux descendants

454. — Les descendants de la personne dont l'hérédité s'ouvre sont appelés en premier ordre et à l'exception de tous autres, sans aucun égard à la proximité

du degré, en sorte qu'ils excluent tous les ascendants ou collatéraux qui peuvent se trouver d'un degré plus rapproché du défunt.

455. — Les descendants succèdent par égales portions et par tête, quand ils sont tous au premier degré et appelés de leur chef; ils succèdent par souche, c'est-à-dire de manière à ne prendre, quel que soit leur nombre, que ce qui serait échu à leur auteur, lorsqu'ils viennent tous ou en partie par représentation. (Code civil, art. 745.)

456. — La loi n'accorde de droits aux enfants naturels sur les biens de leur père ou mère décédés que lorsqu'ils ont été légalement reconnus. (Code civil, art. 756.)

2° Successions déférées aux ascendants

457. — Si le défunt n'a laissé ni postérité, ni frère, ni sœur, ni descendants d'eux, la succession se divise par moitié entre les ascendants de la ligne paternelle et les ascendants de la ligne maternelle. (Code civil, art. 746.)

458. — Il résulte de cette disposition que les ascendants sont exclus non seulement par les descendants, mais encore par les frères et sœurs du défunt, et même par les descendants de ceux-ci.

459. — Lorsque les ascendants se trouvent exclus de la succession ou en concours avec d'autres cohéritiers, ils succèdent, à l'exclusion de tous autres, aux

choses par eux données à leurs enfants ou descendants décédés sans postérité. (Code civil, art. 747.)

3° Successions collatérales

460. — En cas de prédécès des père et mère d'une personne morte sans postérité, ses frères, sœurs ou leurs descendants sont appelés à la succession, à l'exclusion des ascendants et des autres collatéraux. Ils succèdent ou de leur chef ou par représentation. (Code civil, art. 750.)

461. — Si les père et mère de la personne morte sans postérité lui ont survécu, ses frères, sœurs ou leurs représentants ne sont appelés qu'à la moitié de la succession.

Si le père ou la mère seulement a survécu, ils sont appelés à recueillir les trois quarts. (Code civil, art. 748 et 751.)

462. — Les droits des collatéraux autres que les frères ou sœurs sont déterminés par les articles 733, 746, 752, 753 et 754 du Code civil.

4° Droits du conjoint survivant

463. — Les dispositions du Code civil qui fixent les droits de succession des époux et de leurs héritiers s'appliquent aux fonds déposés aux Caisses d'épargne comme aux autres biens.

464. — Lorsque l'un des conjoints vient à décéder, la communauté est dissoute, et tous les biens qui la composent rentrent dans l'actif de la succession, sauf pour l'époux survivant a appréhender la part qui lui revient par contrat ou en vertu de la loi.

Ainsi le livret ouvert à une femme mariée, avec ou sans l'assistance de son conjoint, tombe, au décès de ce dernier, dans la masse commune, et ne devrait être remboursé que sur la production de justifications d'hérédité.

Toutefois, le Conseil d'État a émis l'avis, dans sa séance du 10 novembre 1886, que la femme qui a obtenu un livret sans l'assistance de son mari peut, pendant son veuvage, retirer seule les fonds qu'elle a placés ainsi, sauf opposition, soit de la part de ses propres créanciers, soit de la part des créanciers de son mari.

465. — Si le défunt laisse des parents au degré successible ou des enfants naturels, le conjoint survivant non divorcé contre lequel n'existe pas de jugement de séparation de corps passé en force de chose jugée, a, sur la succession du prédécédé, un droit d'usufruit qui varie suivant le nombre et la qualité des héritiers. (Code civil, art. 767, modifié par la loi du 9 mars 1891.)

466. — Lorsque le défunt n'a pas fait de testament, et lorsqu'il ne laisse ni parent au degré successible, ni enfant naturel, le compte d'épargne dépendant de sa succession appartient en pleine propriété au conjoint non divorcé qui lui survit. (Code civil, art. 767, modifié par la loi du 9 mars 1891.)

467. — A défaut de conjoint survivant, la succession

est acquise à l'État (Code civil, art. 768), représenté par l'Administration des domaines, qui produit les pièces suivantes pour obtenir le remboursement :

1° L'acte de décès du défunt ;

2° L'expédition, sur papier libre, certifiée par le directeur des domaines, du jugement d'envoi en possession rendu dans la forme prescrite par l'article 770 du Code civil.

5° Succession aux enfants naturels

468. — La succession de l'enfant naturel décédé sans postérité est dévolue, d'après l'article 765 du Code civil, au père ou à la mère qui l'a reconnu, ou par moitié à tous les deux, s'il a été reconnu par l'un et par l'autre.

L'article 766 du même Code détermine à qui appartient la succession de l'enfant naturel reconnu lorsqu'il décède après ses père et mère.

469. — Les biens des enfants naturels non reconnus décédés sans postérité appartiennent au conjoint survivant, et, à défaut, à l'État.

Dans ce dernier cas, l'Administration des domaines a seule qualité pour faire acte d'hérédité.

470. — Aucun texte de loi n'interdit la reconnaissance d'un enfant naturel après son décès, et le droit de la mère à lui succéder, s'il est mort sans postérité, est généralement admis lorsqu'elle est désignée dans l'acte de naissance de l'enfant ; mais, dans ce cas, il y a lieu d'exiger les justifications suivantes :

1° Un extrait de l'acte de naissance du déposant

décédé, qui désigne la signataire de la demande de remboursement comme mère du *de cujus ;*

2° Une reconnaissance authentique du *de cujus* par la mère désignée dans l'acte de naissance ;

3° Un acte de notoriété attestant que le *de cujus* a été élevé par la réclamante, qu'il a porté le nom de celle-ci, et qu'il a toujours eu la possession d'état d'enfant naturel ;

4° Un certificat notarié attribuant expressément la propriété du livret de l'enfant naturel à la réclamante.

6° Successions étrangères

471. — En principe, les lois qui concernent l'état et la capacité des étrangers les suivent en France.

472. — La loi qui déclare l'étranger majeur ou mineur le suit en quelque lieu que ses biens soient situés.

Il en est de même de la capacité de disposer de ses biens mobiliers.

473. — Les héritiers d'un déposant sujet étranger, décédé en France, justifient de leurs droits à la propriété du livret au moyen de certificats délivrés par l'autorité étrangère compétente. (Articles 82 et suivants.)

474. — Les héritiers d'un déposant sujet étranger, décédé en France, peuvent encore justifier de leurs droits au moyen d'un certificat de propriété établi par un notaire français, et basé sur un certificat de coutume dressé par le consul étranger du domicile du *de cujus.*

Dans ce cas, le certificat de coutume doit être déposé au rang des minutes du notaire. (Article 60.)

475. — Certains traités ou conventions consulaires, dont les dispositions essentielles sont reproduites à l'appendice I, confèrent aux agents étrangers accrédités auprès de la République française le droit de se faire remettre directement le montant des successions de leurs nationaux décédés en France.

476. — Lorsqu'un consul réclame à ce titre les fonds d'un livret d'épargne, il établit une demande de remboursement intégral, sur laquelle il fait suivre sa signature de la mention suivante : *Consul agissant en vertu des dispositions de l'article ... (convention ou traité), en date du...*

La demande de remboursement est, en outre, revêtue du sceau du consulat et appuyée de l'acte ou d'un extrait de l'acte de décès du déposant.

7° Successions vacantes et en déshérence

477. — Une succession est présumée vacante lorsqu'au moment de son ouverture aucun héritier ne s'est présenté soit en personne, soit par un mandataire spécial ; qu'il n'y a pas d'héritier connu, ou que les héritiers connus y ont renoncé. (Code civil, art. 811.)

478. — Le curateur à une succession vacante n'a pas le droit de recevoir directement le montant des livrets d'épargne dépendant de cette succession, à moins que

ce droit ne lui ait été formellement reconnu par le tribunal.

Le remboursement des fonds n'est effectué qu'entre les mains et sur la demande du receveur des domaines chargé de les verser à la Caisse des dépôts et consignations. (Code civil, art. 813.)

A l'appui de la demande de remboursement, le receveur des domaines met un extrait, certifié par le greffier, du jugement déclaratif de la vacance.

479. — L'ordonnance du 26 décembre 1842 a institué en Algérie, dans chaque canton, un curateur aux successions vacantes. Ces curateurs entrent en fonction de plein droit dès que la vacance est constatée par le maire, sans qu'il soit besoin d'un jugement pour les habiliter. Ils peuvent, avant que le montant net de la succession soit versé aux receveurs des domaines, réaliser les valeurs trouvées dans la succession, sous le contrôle des procureurs de la République, afin de payer les dettes privilégiées.

Par suite, il est fait droit à toute demande de remboursement formée par un curateur aux successions vacantes en Algérie lorsque la demande de retrait est accompagnée d'un extrait de l'acte de décès du titulaire du livret et d'une autorisation de toucher les fonds délivrée au curateur, sur papier libre, par le procureur de la République du ressort.

480. — Il est également fait droit à toute demande de remboursement formée par les receveurs des domaines en Algérie portant sur un livret ayant appartenu à un musulman, lorsque cette demande est appuyée d'un acte de notoriété dressé par le juge de

paix, visant l'acte de décès du titulaire et constatant que l'État a seul qualité pour recueillir la succession.

481. — Lorsque le montant d'un livret dépendant d'une succession réputée vacante est réclamé par les héritiers, il n'est remboursé qu'avec le concours et le consentement du curateur de cette succession, qui intervient, le cas échéant, à la demande et à la quittance de remboursement.

A l'appui de la quittance est annexé un extrait du jugement contenant nomination du curateur.

482. — Une succession est en déshérence lorsqu'elle est réclamée par l'État, à défaut de tout autre héritier.

483. — Lorsque l'Administration des domaines est appelée à recueillir une succession à titre de déshérence, elle doit justifier de l'accomplissement des formalités prescrites par les articles 769 et 770 du Code civil, c'est-à-dire produire un extrait du jugement d'envoi en possession définitif.

484. — Toutefois, lorsqu'il y a nécessité, par exemple pour payer les dettes privilégiées, de réaliser l'actif de la succession avant les formalités d'envoi en possession, le remboursement peut être effectué en vertu de l'autorisation du tribunal et sur la production de l'extrait du jugement contenant cette autorisation.

Les extraits, rédigés sur papier non timbré, n'ont besoin que d'être certifiés par le directeur des domaines.

485. — Les livrets d'épargne apportés dans les hos-

pices par les malades traités gratuitement appartiennent à ces hospices, à défaut d'héritiers ; en cas de déshérence, lesdits livrets deviennent la propriété des hospices à l'exclusion des domaines. (Avis du Conseil d'État du 3 novembre 1809.)

8° Successions échues aux mineurs, aux majeurs aliénés, interdits ou pourvus d'un conseil judiciaire

486. — Aucun remboursement de sommes provenant d'un livret dépendant d'une succession et échues à un mineur n'est effectué qu'à la personne chargée de la tutelle dudit mineur.

487. — Le mineur émancipé n'est pas habile à recevoir un capital mobilier ni à en donner décharge sans l'assistance de son curateur ; mais il peut en toucher seul les revenus. (Code civil, art. 481 et 482.)

488. — L'administrateur provisoire qui demande le remboursement d'un livret d'épargne échu, par succession, à un aliéné interné non interdit produit les justifications suivantes :

1° Une expédition de la délibération de la commission administrative ou de surveillance de l'établissement où l'aliéné est interné, qui l'a commis aux fonctions d'administrateur provisoire ;

2° Un certificat du directeur de l'établissement constatant que la personne aliénée y est toujours enfermée. (Loi du 30 juin 1838, art. 31.)

Lorsque l'administrateur a été commis par jugement, il produit une expédition de ce jugement. (Code civil, art. 497.)

489. — Les tuteurs reçoivent aux lieu et place des interdits les capitaux attribués à ceux-ci dans une succession.

En ce qui concerne les personnes pourvues d'un conseil judiciaire, elles doivent être assistées de ce conseil.

Les tuteurs aux interdits et les conseils judiciaires justifient de leur qualité pour donner quittance, les premiers, par la production d'un extrait [1] du jugement, et les seconds par la production d'une expédition de la délibération du conseil de famille contenant leur nomination. (Code civil, art. 509 et 513.)

490.— Les dispositions de l'article 8 sont applicables au remboursement des sommes échues par succession aux femmes mariées.

9° Successions gérées par un administrateur provisoire

491. — La nomination d'un gérant à une succession est un acte conservatoire de surveillance et d'administration provisoire.

Aussi les Caisses d'épargne ne doivent-elles autoriser les remboursements sollicités par un tiers nommé pour gérer une succession qu'en vertu d'une ordonnance du tribunal conférant pouvoir à ce tiers de recevoir les fonds et d'en donner décharge.

1 On entend par *extrait* l'analyse ou la copie sommaire ou partielle d'un acte.

CHAPITRE LXII

SURVEILLANCE DES CAISSES D'ÉPARGNE

492. — Les Caisses d'épargne sont soumises aux vérifications de l'Inspection générale des Finances.

493. — Les inspecteurs des Finances peuvent porter leur examen et leurs investigations sur toute la gestion des Caisses d'épargne.

Ils doivent, notamment, vérifier la régularité des écritures et l'exactitude de la caisse et du portefeuille. (Décrets du 15 avril 1852, art. 21, et du 21 août 1881, art. 28.)

CHAPITRE LXIII

TRANSFERTS

494. — Tout déposant peut faire transférer ses fonds d'une Caisse d'épargne à une autre. (Loi du 5 juin 1835, art. 8.)

495. — Le transfert peut avoir lieu d'une Caisse d'épargne ordinaire à la Caisse nationale d'épargne, et réciproquement.

496. — Les conditions de remboursement qui régissent les fonds subsistent après leur transfert.

497. — La Caisse nationale d'épargne n'admet les transferts de fonds soumis à des conditions particulières de remboursement qu'autant que ces conditions rentrent dans les catégories de celles énumérées limitativement par l'article 13 du décret du 31 août 1881.

Elle ne donne pas suite aux demandes de transfert après décès, en raison des difficultés qui s'élèvent fréquemment dans les questions de successions, notamment lorsque la propriété du livret appartient à plusieurs héritiers.

498. — La demande de transfert du compte d'épargne d'un mineur âgé de moins de seize ans, ou qui, âgé de plus de seize ans, a fait ses dépôts avec l'assistance de son représentant légal, doit être signée par celui-ci.

S'il s'agit d'une femme mariée, la signature du mari est nécessaire, à moins que les fonds n'aient été versés sans l'assistance de ce dernier.

S'il s'agit d'une fille mineure ou majeure qui s'est mariée, ou d'une veuve qui s'est remariée depuis l'ouverture du livret à transférer, le mari intervient par sa signature à la demande de transfert.

Lorsque le représentant légal ou le mari intervient dans le transfert, il doit faire connaître par une mention précédant sa signature s'il autorise la Caisse d'épargne à effectuer ultérieurement des remboursements au titulaire du livret sans son assistance.

499. — Les Caisses d'épargne nationale et ordinaires ne peuvent se rendre juges des raisons pour lesquelles l'une d'elles ne donnerait pas suite à une demande de transfert.

500. — Les fonds versés soit à la Caisse nationale d'épargne, soit à la Caisse générale d'épargne et de retraite de Belgique, peuvent, sur la demande des intéressés et jusqu'à concurrence d'un maximum de 2,000 francs, être transférés, sans frais, de l'une des Caisses dans l'autre, et réciproquement, par l'entremise de l'Administration des postes des deux pays.

Les demandes de transferts internationaux sont reçues, en France et en Belgique, dans tous les bureaux de poste ou agences chargés dans ces pays du service de la Caisse d'épargne postale. (Arrangement franco-belge du 31 mai 1882. — Décret du 12 juin 1882.)

CHAPITRE LXIV

TUTELLE

501. — Après la dissolution du mariage, la tutelle des enfants mineurs et non émancipés appartient de plein droit au survivant des père et mère.

Ce principe souffre exception dans le cas de condamnation directe ou accessoire du père à la dégradation civique.

502. — L'état de minorité du père ou de la mère ne met pas obstacle à la tutelle légale. (Code civil, art. 442.)

503. — Aucun texte de loi n'enlève au père légitime ou naturel détenu préventivement la tutelle de ses enfants mineurs.

504. — La condamnation à la peine des travaux forcés à temps emporte la dégradation civique, qui comprend l'incapacité d'être tuteur, si ce n'est de ses propres enfants et sur l'avis conforme du conseil de famille. (Code pénal, art. 28 et 34.)

CHAPITRE LXV

USUFRUIT

505. — L'usufruit est le droit de jouir des choses dont un autre a la propriété, comme le propriétaire lui-même, mais à charge d'en conserver la substance. (Code civil, art. 578.)

506. — L'usufruitier dispensé de fournir caution et de faire emploi peut-il toucher les capitaux sans l'intervention du nu propriétaire?

La jurisprudence n'est pas constante à cet égard.

Dans ces conditions, l'intérêt des Caisses d'épargne est d'exiger le consentement du nu propriétaire au remboursement des capitaux.

507. — Lorsqu'une partie du livret d'épargne revient en pleine propriété à l'usufruitier, celui-ci est autorisé

à recevoir le montant de cette partie sur sa seule signature.

508. — L'usufruitier d'un livret peut convertir en rente tout ou partie des fonds, à la condition que le nu propriétaire concoure à la demande d'achat de rente.

509. — Lorsqu'un héritier a droit en pleine propriété à partie d'un livret grevé d'usufruit, le compte est soldé d'après les règles ordinaires pour dégager, en capital et en intérêts capitalisés, la somme totale due à la cohérie au jour du décès et dont il doit être formé deux parts : une part libre, exempte d'usufruit, et une part réservée, grevée d'usufruit.

La liquidation est ensuite effectuée de la manière suivante, lorsqu'elle a lieu dans l'année du décès :

1° La somme attribuée en pleine propriété, y compris les intérêts acquis à cette somme à la date du décès du titulaire, est transportée, par voie de virement partiel, au crédit d'un compte à ouvrir d'office à l'ayant droit ;

2° La somme grevée d'usufruit, y compris les intérêts produits par cette somme, jusqu'au jour du décès du titulaire, est transportée, par voie de virement intégral, à un nouveau compte à ouvrir d'office au nom du nu propriétaire, avec immatriculation complémentaire au nom de l'usufruitier, à qui le titre est remis pour l'exercice de sa jouissance.

Le virement partiel et le virement intégral sont établis valeur au jour du décès. (Voir l'appendice XII.)

S'il y a plusieurs nus propriétaires, pour faciliter à l'usufruitier le retrait des intérêts, on ouvre un compte unique sous la désignation collective des nus propriétaires, avec immatriculation complémentaire au nom de l'usufruitier, à moins que celui-ci ou les nus propriétaires ne réclament la division du titre.

510. — Lorsque la liquidation du compte a lieu postérieurement à l'année du décès du titulaire, il est procédé comme suit :

1° La part attribuée en pleine propriété, y compris les intérêts qu'elle a produits jusqu'à la date du décès du titulaire, est transportée, au moyen d'un virement partiel, à un nouveau compte à ouvrir d'office à l'ayant droit ;

2° La somme grevée d'usufruit et les intérêts acquis à cette somme au jour du décès du titulaire sont transportés, par voie de virement partiel, à un nouveau compte à ouvrir d'office au nom du nu propriétaire, avec immatriculation complémentaire au nom de l'usufruitier ;

3° Les intérêts produits par la somme grevée d'usufruit depuis le décès du titulaire jusqu'à l'époque de liquidation du compte ouvert au *de cujus* sont remboursés à l'usufruitier au moyen d'une autorisation de remboursement intégral.

En pareil cas, les virements prévus au paragraphe 1° et 2° du présent article sont établis avec date de valeur, non au jour du décès, mais au jour de la liquidation. (Voir l'appendice XIII.)

511. — Lorsqu'au jour du décès de l'usufruitier, il est dû des intérêts revenant à sa succession, ces intérêts sont payés aux héritiers sur la production d'un certificat de propriété ou de toute autre pièce justificative d'hérédité.

Si les ayants droit n'en réclament pas le remboursement, le montant est converti d'office en un livret ouvert à leur nom.

CHAPITRE LXVI

VERSEMENTS EN TIMBRES-POSTE

512. — Des versements peuvent être effectués à la Caisse nationale d'épargne jusqu'à concurrence de 10 francs par mois, au moyen de timbres-poste ordinaires de 5 centimes et de 10 centimes collés sur une feuille imprimée portant le nom de bulletin d'épargne[1].

513. — Les formules de bulletin d'épargne sont délivrées gratuitement à toutes les personnes qui en font la demande dans un bureau de poste.

514. — Lorsque les cases contiennent soit dix timbres de 10 centimes ou vingt timbres de 5 centimes, formant ensemble un franc, ces bulletins peuvent être remis dans tous les bureaux de poste, où ils sont reçus comme numéraire, pourvu que les timbres-poste ne soient ni altérés, ni maculés, ni déchirés.

515. — Quand le porteur d'un bulletin d'épargne, rempli comme il est dit ci-dessus, est déjà en possession d'un livret de la Caisse nationale d'épargne, le

[1] Décret du 30 novembre 1882.

versement d'un franc y est inscrit; s'il n'en a pas, il lui en est délivré un dans la forme ordinaire.

516. — Toute école publique ou privée dans laquelle fonctionne une Caisse d'épargne scolaire peut effectuer des versements d'épargne en timbres-poste par l'entremise du facteur qui la dessert, si cette école est située dans une commune dépourvue d'une recette de poste[1].

A cet effet, l'instituteur se concerte avec le receveur pour fixer un jour par semaine ou par mois, où le facteur devra obligatoirement se présenter à l'école afin d'approvisionner l'instituteur de timbres-poste, de formules de bulletins d'épargne, de demandes de livret et de relevés pour servir à la description des bulletins d'épargne remplis.

Le facteur reçoit en cours de tournée, des mains de l'instituteur, les bulletins d'épargne appartenant aux élèves, ainsi que les demandes de livret et les livrets sur lesquels les versements en timbres-poste doivent être constatés.

517. — Ces bulletins sont décrits sur des relevés établis à l'avance par l'instituteur en double expédition.

L'une de ces expéditions est remise au facteur en même temps que les bulletins et, s'il y a lieu, les demandes de livret et les livrets qu'elle signale; l'autre expédition, signée par le facteur, reste entre les mains de l'instituteur et lui sert, ultérieurement, à contrôler l'exécution des opérations d'épargne confiées au facteur.

[1] Il y a lieu de remarquer, à ce propos, que les livrets donnés en récompense aux enfants qui fréquentent les écoles peuvent être remboursés aux tuteurs ou représentants légaux des titulaires, et à ceux-ci à partir de l'âge de 16 ans révolus, lorsque le retrait des fonds n'a pas été différé à la majorité (Voir article 132).

CHAPITRE LXVII

VERSEMENTS ULTÉRIEURS

518. — Les versements ultérieurs sont reçus sur la simple présentation du livret antérieurement délivré, sans qu'il y ait à fournir d'autres justifications, mais à la condition que la somme versée n'élève pas l'avoir disponible au-dessus du maximum légal.

519. — Il est interdit aux comptables de recevoir aucune somme à titre de versement ultérieur sans procéder immédiatement à son inscription sur le livret.

520. — Pour les versements faits à la Caisse nationale d'épargne, l'inscription est appuyée d'un timbre-épargne comportant des nombres imprimés en toutes lettres pour représenter la somme versée.

521. — Il est de l'intérêt du déposant de s'assurer avant de quitter les bureaux de la Caisse d'épargne que les inscriptions et, s'il y a lieu, le timbre-épargne portés sur le livret représentent bien le dépôt de fonds effectué.

LÉGISLATION

Ordonnance du 3 juin 1829

RÉGLEMENTATION DES CAISSES D'ÉPARGNE ET RELATIONS DE CES ÉTABLISSEMENTS AVEC LE TRÉSOR PUBLIC

ARTICLE PREMIER. — Les Caisses d'épargne et de prévoyance autorisées par ordonnances royales et dont l'administration supérieure est gratuite jouiront à l'avenir de la faculté de placer en compte courant au Trésor royal les fonds qui leur seront déposés. L'intérêt leur en sera bonifié au taux qui sera réglé, chaque année, par le ministre des Finances. La retenue à faire, s'il y a lieu, par les administrations desdites caisses pour frais de loyer et de bureau, ne pourra excéder 1/2 0/0 [1].

ART. 2. — Le taux de l'intérêt est fixé dès à présent à 4 0/0 pour 1829 et 1830 [1].

ART. 3. — Les versements des Caisses d'épargne seront faits à Paris à la Caisse centrale du Trésor royal, et, dans les départements, chez les receveurs généraux, ou, pour leur compte, chez les receveurs particuliers des arrondissements. Il en sera délivré des récépissés à talon, dans la forme prescrite par le décret du 4 janvier 1808 [1].

ART. 4. — L'intérêt des fonds versés par les Caisses d'épargne et de prévoyance courra à dater du dernier jour de la dizaine pendant laquelle les versements auront été effectués, et l'intérêt des sommes remboursées, du jour où le payement en sera fait. Les remboursements ne seront exigibles, pour toutes sommes, que dix jours après l'avis donné à la Caisse chargée de les effectuer.

ART. 5. — Les comptes courants et d'intérêts établis avec les Caisses d'épargne seront tenus, dans les départements, par les receveurs généraux et particuliers, et, à Paris, par le ministère des finances [1]. Ils seront réglés et arrêtés, à la fin de chaque année,

[1] Abrogé. Voir les lois des 5 juin 1835 et 31 mars 1837.

contradictoirement avec les directeurs ou commissaires délégués par les Caisses d'épargne.

Art. 6. — Les dispositions de la présente ordonnance seront exclusivement applicables aux Caisses d'épargne et de prévoyance qui limitent les versements d'un même déposant à 50 francs par semaine, et n'admettent pas de crédit supérieur à 2,000 francs en capital [1].

Art. 7. — Le Trésor royal et les comptables ne correspondront qu'avec l'administration de chaque Caisse d'épargne, et ne pourront être mis en relation avec les déposants pour les versements et les remboursements.

Art. 8. — Le compte courant et d'intérêts autorisé par la présente ordonnance cessera de droit pour les Caisses d'épargne qui ne satisferaient pas aux conditions qu'elle prescrit. Le ministre des Finances aura la faculté de faire faire, à cet égard, les vérifications qu'il jugera convenables [1].

Ordonnance du 16 juillet 1833

Relative à la quotité des dépôts effectués hebdomadairement

Article premier. — Les Caisses d'épargne et de prévoyance admises à placer en compte courant au Trésor public, dans les formes déterminées par l'ordonnance du 3 juin 1829, les fonds qui leur seront remis, pourront, selon qu'elles le jugeront convenable, porter à 300 francs par semaine la somme que chaque déposant sera autorisé à leur verser, sous la condition qu'aucun déposant ne pourra avoir à son compte une somme supérieure à 2,000 francs en capital. La disposition contraire de l'article 6 de l'ordonnance du 3 juin 1829 est rapportée [1].

[1] Abrogé. Voir les lois des 5 juin 1835 et 31 mars 1837.

Loi du 5 juin 1835

RELATIVE AUX CAISSES D'ÉPARGNE

ARTICLE PREMIER. — Toute Caisse d'épargne devra être autorisée par ordonnance du roi, rendue dans la forme des règlements d'administration publique.

ART. 2. — Les Caisses d'épargne autorisées par ordonnances royales sont admises à verser leurs fonds en compte courant au Trésor public [1].

ART. 3. — Il sera bonifié par le Trésor public aux Caisses d'épargne un intérêt de 4 0/0, jusqu'à ce qu'il en soit autrement décidé par une loi [2].

ART. 4. — Les statuts ne pourront autoriser les déposants à verser aux Caisses d'épargne plus de 300 francs par semaine [2].

ART. 5. — Toutes les fois qu'un déposant sera créancier d'une Caisse d'épargne, en capital et intérêts composés, d'une somme de 3,000 francs, il ne lui sera bonifié sur les sommes qui excéderaient ce maximum aucun intérêt provenant de l'accumulation des intérêts.

Si, pour verser au-delà de 3,000 francs, le même individu déposait dans plusieurs Caisses d'épargne sans avertissement préalable à chacune de ces Caisses, il perdrait l'intérêt de tous ces versements [2].

ART. 6. — Les Sociétés de secours mutuels pour les cas de maladies, d'infirmités ou de vieillesse, formées entre ouvriers ou autres individus et dûment autorisés, seront admises à déposer tout ou partie de leurs fonds dans la Caisse d'épargne. Chacune de ces Sociétés pourra déposer jusqu'à concurrence de 6,000 francs.

Les dispositions de l'article 5 sont applicables à ces Sociétés dans le cas où, pour verser au-delà de 6,000 francs, en principal et intérêts, la même Société déposerait dans plusieurs Caisses d'épargne sans avertissement préalable à chacune de ces Caisses [2].

[1] Aujourd'hui à la Caisse des dépôts et consignations. (Loi du 31 mars 1837.)

[2] Abrogé. Voir les lois des 22 juin 1845, 30 juin 1851, 7 mai 1853 et 9 avril 1881.

ART. 7. — Il sera délivré à chaque déposant un livret à son nom sur lequel seront enregistrés tous les versements et remboursements.

ART. 8. — Tout déposant pourra faire transférer ses fonds d'une Caisse à une autre. Les formalités relatives à ce transfert seront réglées par le ministre des Finances.

ART. 9. — Seront exempts des droits de timbre les registres et livrets à l'usage des Caisses d'épargne.

ART. 10. — Les Caisses d'épargne pourront, dans les formes et selon les règles prescrites pour les établissements d'utilité publique, recevoir les dons et legs qui seraient faits en leur faveur.

ART. 11. — Les formalités prescrites par les articles 561 et 569 du Code de procédure civile et par le Décret impérial du 18 août 1807, relativement aux saisies-arrêts, seront applicables aux fonds déposés dans les Caisses d'épargne.

ART. 12. — Il sera, chaque année, distribué aux Chambres un rapport sommaire sur la situation et les opérations des Caisses d'épargne. Ce rapport sera suivi d'un état général des sommes votées ou données par les Conseils généraux, les Conseils municipaux et les citoyens, pour subvenir au service des frais des Caisses d'épargne.

Loi du 31 mars 1837

RELATIVE AUX CAISSES D'ÉPARGNE

ART. 1. — La Caisse des dépôts et consignations sera chargée, à l'avenir, de recevoir et d'administrer, sous la garantie du Trésor public et sous la surveillance de la commission instituée par l'article 99 de la loi du 28 avril 1816, les fonds que les Caisses d'épargne et de prévoyance ont été admises à placer en compte courant au Trésor, conformément à l'article 2 de la loi du 5 juin 1835. La Caisse des dépôts et consignations bonifiera l'intérêt de ces place-

[1] Abrogé. Voir les lois des 22 juin 1845, 30 juin 1851, 7 mai 1853 et 9 avril 1881.

ments à raison de 4 0/0 par an, jusqu'à ce qu'il en ait été autrement décidé par une loi [1].

Art. 2. — Les comptes des Caisses d'épargne avec le Trésor public seront réglés et arrêtés, en capitaux et en intérêts, dans les trois mois qui suivront la promulgation de la présente loi. La somme dont le Trésor se trouvera débiteur sera portée au crédit de la Caisse des dépôts et consignations. Pour le payement de cette somme et l'emploi de celles qui seront ultérieurement versées, le ministre des Finances est autorisé à transférer et à inscrire, au nom de la Caisse des dépôts et consignations, des rentes 4 0/0 au pair, jusqu'à concurrence de la partie disponible des crédits ouverts par les lois des 21 avril 1832, 24 avril et 27 juin 1833, et 3 juin 1834.

Art. 3. — La Caisse des dépôts et consignations aura la faculté de placer au Trésor public, à l'intérêt de 4 0/0 par an, soit en compte courant, soit en bons royaux à échéance fixe, les fonds provenant des Caisses d'épargne et de prévoyance. La Caisse des dépôts et consignations ne pourra acheter ou vendre des rentes sur l'État qu'avec l'autorisation préalable du ministre des Finances. Les achats et les ventes ne pourront avoir lieu qu'avec concurrence et publicité. Les achats s'effectueront successivement jour par jour, jusqu'à l'épuisement de la somme fixée, dans une proportion qui ne pourra excéder celle affectée à l'amortissement par la loi du 10 juin 1833.

Art. 4. — Si une partie des rentes remises à la Caisse des dépôts et consignations en vertu de l'article 2 de la présente loi venait à être aliénée par cette Caisse, la dotation de l'amortissement appartenant aux rentes 4 0/0 serait accrue dans la proportion de 1 0/0 du capital nominal des rentes aliénées.

[1] La dernière disposition a été abrogée. Voir les lois des 30 juin 1851 et 7 mai 1853.

Loi du 22 juin 1845

SUR LES CAISSES D'ÉPARGNE

ARTICLE PREMIER. — Les déposants aux Caisses d'épargne pourront verser de 1 franc à 300 francs par semaine. Toutefois, aucun versement ne pourra être reçu sur un compte dont le crédit aura atteint 1,500 francs [1]. Ce crédit pourra néanmoins être porté à 2,000 francs par la capitalisation des intérêts.

ART. 2. — Les remplaçants dans les armées de terre et de mer seront admis à déposer, en un seul versement, le prix stipulé dans l'acte de remplacement, à quelque somme qu'il s'élève. Les marins portés sur les contrôles de l'inscription maritime seront pareillement admis à déposer en un seul versement le montant de leur solde, décomptes et salaires, au moment soit de leur embarquement, soit de leur débarquement, mais sans pouvoir excéder le maximum déterminé par l'article premier [2].

Un règlement d'administration publique déterminera les formes dans lesquelles l'origine des fonds admis à ces versements exceptionnels sera justifiée [3].

ART. 3. — Lorsque le dépôt aura atteint le maximum fixé par l'article premier, il cessera de porter intérêt.

La présente disposition n'est point applicable aux déposants désignés par le premier paragraphe de l'article 2, mais seulement pendant la durée du service [3].

ART. 4. — Les Sociétés de secours mutuels, dûment autorisées, continueront à être admises à verser jusqu'à concurrence de 6,000 francs, et le crédit de ces Sociétés pourra s'élever, par l'accumulation des intérêts des capitaux, jusqu'à concurrence de 8,000 francs. Au-delà de ce taux, les dispositions du premier paragraphe de l'article qui précède leur seront applicables [3].

ART. 5. — Nul ne pourra avoir plus d'un livret dans la même Caisse ou dans des Caisses différentes, sous peine de perdre l'intérêt de la totalité des sommes déposées [4].

[1] Abrogé. Voir les lois du 30 juin 1851 et du 9 avril 1881.
[2] Abrogé. Voir la loi du 9 avril 1881.
[3] Abrogé. Voir la loi du 30 juin 1851.
[4] Voir la loi du 9 avril 1881.

Art. 6. — Tout déposant dont le crédit sera de somme suffisante pour acheter une rente de 10 francs au moins pourra obtenir, sur sa demande, par l'intermédiaire de l'Administration de la Caisse d'épargne, et sans frais, la conversion de sa créance en une inscription au grand-livre de la dette publique.

Art. 7. — Le ministre des Finances est autorisé à faire inscrire au grand-livre de la dette publique, en rentes 4 0/0 (à raison de 100 francs pour 400 francs de rentes) la somme de 100 millions, solde du crédit de 450 millions de francs ouvert par l'article 35 de la loi du 25 juin 1841. Ces rentes seront transférées au pair, au nom de la Caisse des dépôts et consignations, pour le compte des Caisses d'épargne.

Art. 8. — En cas d'aliénation par la Caisse des dépôts et consignations de tout ou partie des rentes transférées aux termes de l'article précédent, l'article 4 de la loi du 31 mars 1837 recevra son application.

Art. 9 — A partir du 1er janvier 1847, les sommes déposées antérieurement à la présente loi, et qui excéderaient 2,000 francs, cesseront de produire intérêt jusqu'à ce qu'elles aient été ramenées au-dessous de ce maximum.

Loi du 30 juin 1851

sur les Caisses d'épargne

Article premier. — A partir de la promulgation de la présente loi, aucun versement ne sera reçu par les Caisses d'épargne sur un compte dont le crédit aura atteint 1,000 francs, soit par le capital, soit par l'accumulation des intérêts [1].

Art. 2. — Lorsque, par suite du règlement annuel des intérêts, un compte excédera le maximum fixé par l'article précédent, si le déposant, pendant un délai de trois mois, n'a pas réduit son crédit au-dessous de cette limite, l'Administration de la Caisse d'épargne achètera pour son compte 10 francs de rente en 5 0/0 de la dette inscrite, lorsque le prix sera au-dessous du pair, et en 3 0/0 si le cours de la rente 5 0/0 dépasse cette limite. Cet achat aura lieu sans frais pour le déposant [1].

[1] Abrogé. Voir la loi du 9 avril 1881.

ART. 3. — Les remplaçants dans les armées de terre et de mer continueront à être admis à déposer, en un seul versement, le prix stipulé dans l'acte de remplacement, à quelque somme qu'il s'élève.

Les marins portés sur les contrôles de l'inscription maritime continueront pareillement à être admis à déposer, en un seul versement, le montant de leur solde, décomptes et salaires, au moment soit de leur embarquement, soit de leur débarquement, à quelque somme qu'il s'élève.

Les dispositions de l'article 2 seront appliquées à ces divers dépôts pour les ramener au maximum fixé par l'article premier. Toutefois, les remplaçants n'y seront soumis qu'à l'expiration de leur engagement.

ART. 4. — Les Sociétés de secours mutuels, autres que celles déclarées établissements d'utilité publique, continueront à être admises à faire des versements ; mais le crédit de leur compte ne pourra pas excéder 8,000 francs en capitaux et intérêts.

Lorsque ce maximum aura été atteint, les dispositions de l'article 2 leur seront appliquées, et les achats effectués par l'Administration de la Caisse d'épargne, s'il y a lieu, seront de 100 francs de rente.

ART. 5. — Tout déposant dont le crédit sera de somme suffisante pour acheter 10 francs de rentes au moins pourra faire opérer cet achat sans frais par les soins de l'Administration de la Caisse d'épargne.

ART. 6. — Dans le cas où le déposant ne retirerait pas les titres de rente achetés pour son compte, l'Administration de la Caisse d'épargne en restera dépositaire et recevra les semestres d'intérêts au crédit du titulaire.

ART. 7. — A partir du 1er janvier 1852, l'intérêt bonifié par la Caisse des dépôts et consignations sera fixé à 4 fr. 50 0/0 [1].

La retenue à faire sur cet intérêt par les Caisses d'épargne, pour leurs frais de loyer et d'administration est obligatoire, pour 1/4 0/0 et facultative pour un autre quart 0/0.

Toutefois, pour la Caisse d'épargne de Paris, la retenue facultative sera de 3/4 0/0, sans que la retenue totale puisse jamais excéder 1 0/0.

[1] Voir la loi du 7 mai 1853.

Décret du 15 avril 1852

QUI DÉTERMINE LES MODES DE SURVEILLANCE DE LA GESTION ET DE LA COMPTABILITÉ DES CAISSES D'ÉPARGNE

ARTICLE PREMIER. — Les opérations de chaque Caisse d'épargne sont dirigées et surveillées par un Conseil de directeurs ou d'administrateurs. Les statuts déterminent la composition et les fonctions de ce Conseil.

ART. 2. — En cas d'insuffisance du nombre de ses membres, le Conseil des directeurs ou des administrateurs peut choisir des directeurs ou des administrateurs adjoints, qui remplissent, lorsque la Caisse d'épargne est ouverte au public, les mêmes fonctions que les directeurs ou administrateurs. Le Conseil peut également les appeler à concourir, avec voix consultative, à ces délibérations, ou leur confier une partie de ses travaux. Ils sont nommés pour un an et peuvent être réélus.

ART. 3. — Lorsque la Caisse d'épargne est ouverte au public, les directeurs ou administrateurs de service doivent être présents à toutes les opérations et apposer, séance tenante, leur visa sur les livrets.

ART. 4. — A l'expiration de chaque jour de recette ou de payement, les procès-verbaux constatent et résument les opérations de la journée, ainsi que l'état de la Caisse et du portefeuille. Ces procès-verbaux doivent être certifiés et arrêtés, séance tenante, par les directeurs ou administrateurs de service.

ART. 5. — L'intérêt des fonds versés aux Caisses d'épargne qui reçoivent le dimanche commence à courir le dimanche suivant, et cesse le dimanche qui précède le remboursement. La même règle s'applique aux Caisses d'épargne dont les jours de recette sont autres que les dimanches, en prenant pour point de départ ou pour terme des intérêts le jour de la semaine correspondant à celui du versement [1].

ART. 6. — Les Caisses d'épargne sont assujetties à un mode de com-

[1] Modifié. Voir la loi du 9 avril 1881, art. 3.

tabilité uniforme. Les éléments principaux de cette comptabilité sont: un registre matricule destiné à recevoir la signature des personnes qui versent pour la première fois et tous les renseignements que la Caisse doit conserver sur chaque déposant; un répertoire formé à l'aide de cartons mobiles et servant à retrouver les noms des déposants au registre matricule; les livrets remis aux déposants; un livre de comptes courants individuels; les relevés et pièces nécessaires pour la préparation de toutes les opérations qui se rattachent à ces comptes courants; le livre-journal, où toutes les opérations sont résumées jour par jour; le grand livre, où les opérations sont classées par nature à des comptes généraux; les balances du livre des comptes courants et du grand livre; les autorisations et procurations à exiger des personnes qui versent ou qui demandent des remboursements pour le compte de tiers; les bordereaux détaillés, quittances et bulletins à préparer lors des versements, lors des demandes de remboursement, et pour les transferts d'une caisse à une autre; les demandes d'achat de rentes et les bordereaux et pièces qui sont la conséquence de ces achats; un registre d'entrée et de sortie des inscriptions de rentes; un carnet des placements faits à la Caisse des dépôts.

Art. 7. — Indépendamment des registres mentionnés à l'article précédent, l'Administration peut prescrire aux Caisses d'épargne dont les opérations sont étendues: un double du livre des comptes courants, pour servir de contrôle; un livre de comptes divisionnaires dans lequel sont résumés, à des comptes généraux, les résultats des comptes courants d'un certain nombre de déposants. Lorsque les comptes divisionnaires sont nombreux et ne représentent que les fractions d'une série de déposants, les résultats des comptes de la série sont portés en masse à un compte général du grand livre.

Art. 8. — La balance du grand livre se fait chaque semaine. La balance des comptes divisionnaires se fait tous les mois. La balance des comptes individuels doit être établie à la fin de chaque année, et dans un délai qui ne peut excéder trois mois. Ces balances doivent concorder rigoureusement entre elles, aux époques où elles sont susceptibles de rapprochement.

Art. 9. — Les fonds sont renfermés dans une caisse à deux clefs. L'une des clefs reste au caissier, l'autre est déposée entre les mains d'un administrateur, qui est tenu d'assister à l'ouverture et à la fermeture de la caisse. Le portefeuille contenant les inscriptions de rentes doit être renfermé dans la même caisse.

Art. 10. — Les fonds reçus par les Caisses d'épargne doivent être immédiatement versés à la Caisse des dépôts et consignations ou à ses préposés dans les départements. Chaque établissement ne peut conserver en caisse que la somme jugée indispensable pour assurer le service jusqu'au plus prochain jour de recette.

Art. 11. — Après chaque jour de recette, les caissiers des Caisses d'épargne établissent, certifient et transmettent immédiatement au préposé de la Caisse des dépôts et consignations une situation sommaire indiquant : 1° la somme qui existait en caisse au jour correspondant de la semaine précédente ; 2° la totalité des recettes effectuées depuis cette époque et l'addition de ces recettes avec l'encaisse ; 3° la totalité des payements faits pendant la même période ; 4° la différence exprimant le nouveau solde en caisse sur lequel sera imputé le versement à faire à la Caisse des dépôts. Les situations hebdomadaires ainsi produites sont réunies, par les préposés de la Caisse des dépôts, aux pièces justificatives de recette qu'ils doivent fournir à cette Caisse.

Art. 12. — Les retraits à faire sur les fonds placés à la Caisse des dépôts ne peuvent s'effectuer qu'en vertu d'un avis préalable signé de deux administrateurs au moins, dont un seul pourra être un administrateur adjoint. Cet avis détermine la somme dont le remboursement doit être fait au caissier de la Caisse d'épargne. Le remboursement est ensuite opéré par le préposé de la Caisse des dépôts sur la quittance du caissier de la Caisse d'épargne. Cette quittance est réunie à l'avis préalable des administrateurs, et les deux pièces constituent les justifications que les receveurs des finances doivent produire à la Caisse des dépôts à l'appui des remboursements.

Art. 13. — Lorsqu'une Caisse d'épargne a établi des succursales, les agents préposés aux recettes et aux paiements qui peuvent avoir lieu dans les succursales, remplissent leurs fonctions sous la surveillance du caissier de la Caisse d'épargne. Leurs opérations doivent faire partie intégrante de la gestion du caissier. Ils forment des bordereaux détaillés des versements qui leur sont faits, et des remboursements qu'ils opèrent. Ils dressent et certifient conjointement avec les administrateurs délégués auprès de la succursale des procès-verbaux résumant et constatant les opérations de chaque jour de recette ou de remboursement. Les fonds existant entre les mains du préposé sont transmis sans délai à la Caisse d'épargne, ainsi que les bordereaux, procès-verbaux et pièces à l'appui, et le caissier rattache à sa comptabilité les opérations de la succursale, comme s'il les eût effectuées personnellement. Les dispositions des articles 3 et 4, relatives à l'intervention des administrateurs dans les opérations de chaque jour de recette, sont applicables aux administrateurs placés près des succursales.

Art. 14. — Une comptabilité spéciale est tenue pour les inscriptions des rentes achetées au nom des déposants ou provenant de la consolidation.

Art. 15. — Les Caisses d'épargne ne peuvent être dépositaires que des inscriptions de rentes provenant : 1° de la consolidation (Décret du 7 juillet 1848) ; 2° des achats volontaires opérés conformément à l'article 6 de la loi du 22 juin 1845 et à l'article 5 de la loi du 30 juin 1851 ; 3° des achats d'office opérés en exécution de la loi du 30 juin 1851. Celles de ces inscriptions qui auraient été remises à leurs propriétaires ne peuvent plus être reçues en dépôt par les Caisses d'épargne.

Art. 16. — Les inscriptions de rentes dont les caisses d'épargne restent dépositaires sont inscrites dans un registre spécial divisé en trois parties distinctes. Chaque partie de ce registre est exclusivement réservée à l'une des catégories d'inscriptions énumérées dans l'article précédent.

Art. 17. — Lorsqu'une inscription est rendue, l'agent de la Caisse d'épargne retire en échange un récépissé du propriétaire ou de son fondé de pouvoirs, et porte la date de la sortie dans une colonne spéciale du livre d'inscription.

Art. 18. — Dans les départements autres que celui de la Seine, les agents des Caisses d'épargne préposés à la direction du service, à la tenue des écritures, à la manutention des fonds et valeurs, sont placés sous la surveillance des receveurs des finances, qui peuvent vérifier par eux-mêmes ou par leurs fondés de pouvoirs, les écritures et la situation de la Caisse toutes les fois qu'ils le jugent convenable. Ces vérifications doivent avoir lieu au moins une fois par trimestre. La Caisse d'épargne de Paris est placée sous la surveillance directe du ministre des Finances, qui en fait vérifier, quand il le juge convenable, la situation et les écritures.

Art. 19. — En commençant leurs vérifications, les receveurs des Finances doivent en donner avis au président du Conseil des directeurs ou des administrateurs ou à celui qui le remplace, afin qu'il puisse, s'il le juge convenable, assister à la vérification conjointement avec l'administrateur rendu dépositaire d'une des clefs de la caisse, en conformité de l'article 9. Ils reconnaissent l'existence matérielle des fonds et des inscriptions de rentes déclarés par les écritures. Ils s'assurent de la régularité de la comptabilité dans ses diverses parties. Ils examinent si les règlements et instructions sont observés. Ils communiquent leur rapport au comptable vérifié; les observations sont inscrites en marge. Enfin, ils peuvent prendre provisoirement toute mesure d'urgence jugée nécessaire. Ils adressent au président du Conseil des directeurs ou des administrateurs copie certifiée de leur procès-verbal et de leur rapport, et ils lui donnent avis des mesures d'urgence qu'ils auraient prises, afin de le mettre en mesure de pourvoir aux nécessités du service. Les rapports et procès-verbaux sont, en outre, adressés au ministre des Finances, qui les communique au ministre de l'Intérieur, de l'Agriculture et du Commerce, et se concerte avec lui sur la suite à leur donner.

Art. 20. — Les receveurs des finances veillent à ce que les encaisses leur soient exactement versées, sous la seule réserve des fonds nécessaires au service courant, comme il est dit à l'article 10.

Art. 21. — Les Caisses d'épargne sont soumises aux vérifications des inspecteurs des Finances. Les inspecteurs peuvent porter leur examen et leurs investigations sur toute la gestion des établissements. Ils doivent vérifier la régularité des écritures, et l'exactitude de la caisse et du portefeuille. Ils examinent si l'organisation du personnel des agents présente les garanties convenables ; si les procédés de comptabilité employés par la Caisse d'épargne sont suffisants ; s'ils remplissent les conditions d'uniformité voulues par l'article 6, ou s'il y aurait lieu de les étendre conformément à l'article 7 ; enfin, si les versements à la Caisse des dépôts ont lieu régulièrement et dans les limites déterminées par les articles 10 et 20. Ils rendent compte de leurs vérifications et soumettent leurs propositions au ministre des Finances, qui communique leurs rapports au ministre de l'Intérieur, de l'Agriculture et du Commerce, avec lequel il se concerte sur la suite à donner à ses propositions. Les inspecteurs des Finances se conforment, d'ailleurs, lors de leurs vérifications, aux dispositions prescrites aux receveurs des finances, par l'article 19.

Art. 22. — Les caissiers et les sous-caissiers préposés aux succursales des Caisses d'épargne sont soumis à l'obligation de fournir un cautionnement.

Art. 23. — Le Conseil des directeurs ou des administrateurs fixe le montant du cautionnement du caissier et des sous-caissiers, mais sans que ce cautionnement puisse être inférieur à 2 0/0 de la recette d'une année moyenne. La recette d'une année moyenne est évaluée d'après les recettes effectuées pendant les cinq dernières années, en tenant compte tant des sommes versées par les déposants que des retraits de fonds opérés à la Caisse des dépôts et consignations. Toutefois, si le cautionnement déterminé d'après cette base dépasse 20,000 francs dans les départements, et 40,000 fr. à Paris, il peut être ramené à ce taux.

Art. 24. — Pour les Caisses d'épargne nouvellement établies, le cautionnement est fixé par le ministre de l'Intérieur, de l'Agriculture et du Commerce, sur la proposition du Conseil des directeurs ou administrateurs. Lorsque la Caisse compte cinq ans d'existence, le cautionnement est régularisé en conformité de l'article 23.

Art. 25. — Le cautionnement de chaque comptable est réglé pour toute la durée de ses fonctions.

Art. 26. — Le cautionnement doit être réalisé à la Caisse des dépôts et consignations, sous les conditions déterminées pour les dépôts des établissements publics.

Art. 27. — Le cautionnement doit être versé en numéraire. Néanmoins, sur la demande du Conseil des directeurs ou administrateurs, les caissiers des Caisses d'épargne peuvent être autorisés à réaliser leur cautionnement en rentes sur l'État. Cette autorisation ne peut être accordée que par une décision spéciale du ministre de l'Intérieur, de l'Agriculture et du Commerce, rendue sur l'avis conforme du ministre des Finances, laquelle décision détermine quel sera le montant du cautionnement. (Décret du 1er août 1864.) Le capital des rentes constituées en cautionnement est évalué conformément à l'ordonnance du 19 juin 1835.

Art. 28. — Le ministre de l'Intérieur, de l'Agriculture et du Commerce, de concert avec le ministre des Finances, détermine la forme des registres et pièces de comptabilité à l'usage des Caisses d'épargne, et indique avec détail les procédés à suivre pour la tenue des écritures, pour le calcul et la capitalisation des intérêts, pour le mode spécial de comptabilité concernant les inscriptions de rentes et pour les relations avec les déposants.

Loi du 7 mai 1853

RELATIVE AUX CAISSES D'ÉPARGNE

ARTICLE PREMIER. — A partir du 1er juillet 1853, l'intérêt bonifié aux Caisses d'épargne par la Caisse des dépôts et consignations est fixé à 4 0/0.

ART. 2. — Les comptes qui, ayant continué de dépasser 1,000 fr. se trouveront encore, en vertu de l'article 9 de la loi du 30 juin 1851, improductifs d'intérêts au 1er janvier 1854 seront, à cette époque, soumis aux dispositions de l'article 2 de la même loi. En conséquence, il sera opéré à cette date, pour chacun de ces comptes, un achat de rentes dont la quotité soit suffisante pour les faire rentrer dans les limites déterminées par la loi.

ART. 3. — Les certificats de propriété destinés aux retraits de fonds versés dans les Caisses d'épargne doivent être délivrés dans les formes et suivant les règles prescrites par la loi du 28 floréal an VII.

ART. 4. — Lorsqu'il s'est écoulé un délai de trente ans, à partir tant du dernier versement ou remboursement que de tout achat de rentes et de toute autre opération effectués à la demande des déposants, les sommes que détiennent les Caisses d'épargne aux comptes de ceux-ci sont placées en rentes sur l'État, et les titres de ces rentes comme les titres de rentes achetées, soit en vertu de la loi du 22 juin 1845, soit en vertu de la loi du 30 juin 1851, à la demande des déposants ou d'office, sont remis à la Caisse des dépôts et consignations pour le compte des déposants. A partir du même moment, et jusqu'à la réclamation des déposants, le service des arrérages de la rente est suspendu. Les reliquats des placements en rentes ci-dessus énoncés, et les sommes qui, à raison de leur insuffisance, n'auraient pu être converties en rentes sur l'État, demeureront, à la même époque, acquis définitivement aux Caisses d'épargne. A l'égard des versements faits sous la condition stipulée par le donateur, que le titulaire n'en pourra disposer qu'après une époque déterminée, le délai de trente ans ne court qu'à partir de l'expiration de leur engagement. Dans tous les cas, les noms des déposants seront publiés au *Moniteur*[1] et dans la feuille d'an-

[1] *Journal officiel.*

nonces judiciaires de l'arrondissement où est située la Caisse d'épargne dépositaire, six mois avant l'expiration du délai de trente ans fixé ci-dessus.

Circulaire du ministre de la Guerre du 8 janvier 1859

Les condamnés militaires détenus dans les établissements pénitentiaires ont, indépendamment de leur masse individuelle, une masse dite « des fonds particuliers », qui est le produit de leurs épargnes, d'une portion de leur salaire et des envois d'argent faits par leurs parents.

Cette dernière masse, sur laquelle sont prélevés les centimes de poche accordés pendant leur détention aux condamnés militaires, est la propriété de ces derniers.

Aussi, quand ils rentrent dans l'armée pour achever le temps de service dont ils sont encore redevables envers l'État, les conseils d'administration des corps sur lesquels ils sont dirigés leur font généralement la remise des fonds particuliers, et, comme le chiffre en est assez élevé, il résulte de là des abus qu'il importe de faire cesser.

Tout en respectant le droit de propriété, il est du devoir du département de la Guerre d'empêcher que des hommes sortant de détention dissipent en quelques jours le produit de leurs épargnes et se livrent à des écarts de conduite qui pourraient leur attirer de nouvelles condamnations.

M'étant concerté à ce sujet avec MM. les ministres des Finances et du Commerce, j'ai décidé que les fonds particuliers dont il s'agit seront déposés à la Caisse d'épargne par les soins des Conseils d'administration des corps auxquels appartiendront les condamnés libérés. Ces fonds y resteront en dépôt sans que les militaires, au nom desquels ils auront été placés, puissent disposer ni du capital, ni des intérêts à en provenir avant l'expiration de leur temps de service, à moins que le Conseil d'administration, par des motifs qu'il lui appartiendra d'apprécier, ne juge à propos d'autoriser plus tôt le retrait d'une partie ou de la totalité des fonds déposés à ladite caisse, soit en un seul versement, lorsque la somme n'excédera pas 300 francs, soit par versements successifs de 300 francs, lorsque la somme sera supérieure à ce chiffre.

Les Conseils d'administration devront veiller à ce que les livrets de Caisse d'épargne, à la délivrance desquels donnent lieu les versements prescrits par la présente circulaire, portent la mention suivante, arrêtée par M. le ministre de l'Agriculture, du Commerce et des Travaux publics, de concert avec M. le ministre des Finances :

« Les capitaux inscrits dans la colonne des sommes réservées ayant été versés en exécution de la circulaire de M. le ministre de la Guerre, en date du 8 janvier 1859, par le Conseil d'administration du..., ne pourront, non plus que les intérêts à en provenir, être retirés, soit en totalité, soit en partie, par le titulaire, avant l'expiration de son service militaire, à moins qu'il ne justifie d'une autorisation spéciale du Conseil d'administration de son corps. »

Circulaire du ministre de la Guerre du 27 novembre 1874

J'ai décidé que les hautes payes d'ancienneté allouées aux hommes incorporés dans les compagnies de discipline seraient versées à leur masse, et que les excédents de ces masses feraient l'objet d'un dépôt à la Caisse d'épargne, avec une mention spéciale, pour être remises aux hommes à leur libération du service militaire.

..... Ces fonds resteront en dépôt, sans que les militaires au nom desquels ils auront été placés puissent disposer ni du capital ni des intérêts avant l'expiration de leur temps de service, à moins que le commandant de la compagnie ... ne juge à propos d'autoriser plus tôt le retrait d'une partie ou de la totalité des fonds déposés à la Caisse d'épargne.

Après leur libération du service, les titulaires pourront disposer du montant de leurs excédents de masse, tant en capital qu'en intérêts, et obtenir des Caisses d'épargne, sur la production de leur congé définitif, soit le remboursement de ces fonds, soit l'échange de leur livret contre un livret ordinaire, à leur choix.

Les commandants des compagnies de discipline devront veiller à ce que les livrets ... portent la mention suivante, arrêtée par le ministre de l'Agriculture et du Commerce, de concert avec le ministre des Finances :

« Les capitaux ... ayant été versés en exécution de la circulaire du ministre de la Guerre en date du ... par le commandant de la compagnie d ... ne pourront, non plus que les intérêts à en provenir, être retirés soit en totalité, soit en partie, par le titulaire avant l'expiration de son service militaire, à moins qu'il ne justifie d'une autorisation spéciale du commandant de sa compagnie. »

A l'expiration du service et sur la production du congé définitif du titulaire, les sommes réservées deviendront disponibles, et le titulaire pourra réclamer soit le remboursement de ces sommes, soit l'échange du présent livret contre un livret ordinaire.

Loi du 9 avril 1881

QUI CRÉE UNE CAISSE D'ÉPARGNE POSTALE

ARTICLE PREMIER. — Il est institué une Caisse d'épargne publique sous la garantie de l'État; elle est placée sous l'autorité du ministre des Postes et des Télégraphes et prend le nom de *Caisse d'épargne postale.*

Les bureaux de poste français seront appelés, au fur et à mesure, par des arrêtés ministériels, à participer au service de la Caisse d'épargne postale.

Tout déposant muni d'un livret de la Caisse d'épargne peut continuer ses versements et opérer ses retraits dans tous les bureaux de poste français dûment organisés en agences de cette Caisse.

L'Administration des Postes représentera l'État dans ses rapports avec les déposants.

ART. 2. — Les fonds de la Caisse d'épargne postale seront versés, à Paris, à la Caisse des dépôts et consignations; dans les départements, aux caisses des trésoriers-payeurs généraux et des receveurs particuliers préposés à la Caisse des dépôts et consignations [1].

Ils produiront à la Caisse d'épargne, à partir du jour de leur versement, jusques et non compris le jour du retrait, un intérêt de 3 fr. 25 0/0 par an.

ART. 3. — Un intérêt de 3 francs 0/0 sera servi aux déposants par la Caisse d'épargne [2].

Cet intérêt partira du 1er ou du 16 de chaque mois après le jour du versement.

Il cessera de courir à partir du 1er ou du 16 qui aura précédé le jour du remboursement.

Au 31 décembre de chaque année, l'intérêt acquis s'ajoutera au

[1] Cet article a été modifié par l'article 31 de la loi des finances du 29 juillet 1881.

[2] Modifié par la loi du 26 décembre 1892.

capital et deviendra lui-même productif d'intérêts. Les fractions de franc ne produiront pas d'intérêts.

Art. 4. — Le taux de l'intérêt fixé par les deux articles précédents ne pourra être modifié que par une loi.

Art. 5. — Les frais d'administration de la Caisse d'épargne postale seront prélevés sur les sommes dont elle bénéficiera :

1° Par suite de la différence entre l'intérêt servi par le Trésor et l'intérêt dont on tiendra compte aux déposants ;

2° Par suite de la différence d'intérêt produit par les arrérages des valeurs achetées en exécution de l'article 19 et le taux de 3 fr. 25 0/0 servi à la Caisse d'épargne postale [1].

En cas d'insuffisance, il y sera pourvu au moyen des intérêts de la dotation dont il est parlé à l'article 16.

Art. 6. — L'Administration des Postes ouvrira un compte à toute personne par laquelle ou au nom de laquelle des fonds auront été versés, à titre d'épargne, dans un bureau de poste.

Elle délivrera gratuitement, au nom des bénéficiaires, un livret sur lequel seront inscrits les versements, les retraits de fonds et les intérêts acquis.

Nul ne pourra être titulaire de plus d'un livret à la Caisse d'épargne postale, sous peine de perdre l'intérêt des sommes inscrites sur le second livret et les livrets de date ultérieure.

Si plusieurs livrets ont la même date, la perte de l'intérêt portera sur la totalité des dépôts constatés par ces livrets.

Les mineurs sont admis à se faire ouvrir des livrets sans l'intervention de leur représentant légal. Ils pourront retirer, sans cette intervention, mais seulement après l'âge de seize ans révolus, les sommes figurant sur les livrets ainsi ouverts, sauf opposition de la part de leur représentant légal.

Les femmes mariées, quel que soit le régime de leur contrat de mariage, seront admises à se faire ouvrir des livrets sans l'assistance de leurs maris ; elles pourront retirer sans cette assistance les sommes inscrites aux livrets ainsi ouverts, sauf opposition de la part de leurs maris.

Art. 7. — Tout déposant dont le crédit sera suffisant pour acheter 10 francs de rente au minimum pourra faire opérer cet achat sans frais, par la Caisse d'épargne postale.

L'achat de rente pourra être supérieur à 10 francs si la situation du crédit le comporte.

[1] Modifié par la loi du 26 décembre 1892.

Art. 8. — Chaque versement ne pourra être inférieur à 1 franc [1].
Le compte ouvert à chaque déposant ne pourra excéder le chiffre de 2,000 francs, versés en une ou plusieurs fois.

Art. 9. — Dès qu'un compte dépassera, par les versements et la capitalisation des intérêts le chiffre de 2,000 francs, il en sera donné avis au déposant par lettre chargée.

Si, dans les trois mois qui suivront cet avis, le déposant n'a pas réduit son crédit, il lui sera acheté d'office et sans frais 20 francs de rente sur l'État.

Le service des intérêts sur l'excédent sera suspendu à partir de la date de l'avis jusqu'au jour de la réduction du compte.

Art. 10. — Lorsque le déposant n'aura pas retiré les titres de rente achetés pour son compte, dans le cas prévu par l'article précédent, la Caisse en touchera les arrérages et les inscrira comme nouveau versement au crédit du titulaire.

Art. 11. — La demande de retrait devra être déposée à l'avance, et le remboursement aura lieu dans un délai de huit jours au maximum pour la France continentale.

Des délais supplémentaires seront fixés par décret pour les opérations nécessitant l'intervention d'un bureau situé en dehors de la France continentale.

Art. 12. — Dans le cas de force majeure, des décrets rendus, le Conseil d'État entendu, pourront autoriser la Caisse d'épargne postale à n'opérer le remboursement que par acompte de 50 francs au minimum et par quinzaine.

Art. 13. — Les sociétés de secours mutuels seront admises à faire des versements à la Caisse d'épargne postale, et le compte ouvert à leur crédit pourra atteindre le chiffre de 8,000 francs. Les institutions de coopération, de bienfaisance et autres sociétés de même nature pourront être admises à faire des versements dans les mêmes conditions, après en avoir obtenu l'autorisation du ministre.

Au-delà de ce chiffre, il leur sera fait application des articles 9 et 10 ci-dessus; toutefois le montant de la rente achetée d'office pour leur compte sera de 100 francs.

Art. 14. — Le montant d'un livret n'ayant donné lieu depuis trente ans à aucun versement, à aucun remboursement, ni à aucune autre opération faite sur la demande du déposant, cessera d'être productif d'intérêt et devra être remboursé à l'ayant droit.

[1] Modifié par la loi du 10 juin 1882, art. 33.

Si l'ayant droit ne peut être connu, ou si, par une cause quelconque, le remboursement ne peut être opéré, la somme inscrite à son crédit sera convertie en un titre de rente sur l'État qui sera consigné à la Caisse des dépôts et consignations.

Seront également consignées les inscriptions de rentes achetées, soit d'office, soit à la demande du titulaire, et non retirées dans le délai de trente ans.

Par exception, pour les placements faits sous la condition, stipulée par le donateur ou le testateur, que le titulaire n'en pourra disposer qu'après une époque déterminée, le délai de trente ans ne courra qu'à partir de cette époque.

Du jour de la consignation, et jusqu'à la réclamation des déposants, le service des arrérages de la rente est suspendu.

Les reliquats des placements en rentes et les dépôts qui, en raison de leur insuffisance, n'auraient pu être convertis en rentes seront acquis à la Caisse d'épargne.

La Caisse d'épargne est autorisée à se décharger de toutes quittances et pièces et de tous livrets qui ont plus de trente ans de date.

Art. 15. — Des dons et legs pourront être faits au profit de la Caisse d'épargne postale, dans les formes et selon les règles prescrites pour les établissements d'utilité publique.

Art. 16. — La Caisse d'épargne postale possédera une dotation qui sera formée, savoir :

1° Du boni réalisé sur les frais d'administration, lorsque ceux-ci n'atteindront pas le produit du prélèvement de 25 centimes destiné à couvrir ces frais ;

2° Des dons et legs qui pourraient être consentis par des tiers ;

3° Des produits des reliquats des dépôts attribués à la Caisse d'épargne dans les conditions prévues à l'avant-dernier alinéa de l'article 14 ;

4° De la capitalisation des intérêts de ces divers fonds demeurés libres après le prélèvement autorisé par l'article 5 ;

5° Enfin, de la différence d'intérêt produit par les arrérages des valeurs achetées en exécution de l'article 10, et le taux de 3 fr. 25 0/0 servi à la Caisse d'épargne postale, après le prélèvement autorisé par l'article 5 [1].

Les fonds constituant cette dotation ne pourront être aliénés qu'en vertu d'une loi.

Art. 17. — Le ministre des Postes et des Télégraphes présentera chaque année un rapport sur la situation et les opérations de la Caisse d'épargne postale.

[1] Modifié par la loi du 26 décembre 1892.

Ce rapport sera publié au *Journal officiel* et distribué au Sénat et à la Chambre des députés.

Art. 18. — Un règlement d'administration publique déterminera le mode de contrôle de la Caisse d'épargne postale.

Art. 19. — La Caisse des dépôts et consignations devra faire emploi de toutes les sommes déposées par la Caisse d'épargne postale.

Cet emploi aura lieu en valeurs de l'État français.

La différence d'intérêt produit par les arrérages de ces valeurs et le taux de 3 fr. 25 0/0 servi à la Caisse postale accroîtra la dotation instituée par l'article 16, après prélèvement, s'il y a lieu, des sommes nécessaires pour couvrir les frais d'administration.

Néanmoins, pour satisfaire aux remboursements qui pourraient être réclamés, la Caisse des dépôts et consignations conservera, par son compte courant au Trésor, une réserve du cinquième des versements qui lui seront effectués, sans que cette réserve puisse excéder 100 millions de francs [1].

Art. 20. — Les imprimés, écrits et actes de toute espèce nécessaires pour le service de la Caisse d'épargne postale seront exempts des formalités du timbre et de l'enregistrement.

Art. 21. — Les paragraphes 2 et 3 de l'article 3, 4 et 5 de l'article 6, les articles 8, 9, 12 et 13, le dernier paragraphe de l'article 14 et l'article 20 sont applicables aux Caisses d'épargne ordinaires.

Toutefois, cette disposition ne recevra son effet qu'à partir du jour où la Caisse d'épargne postale aura commencé de fonctionner.

Nul ne pourra être en même temps titulaire d'un livret de Caisse d'épargne postale et d'un livret de Caisse d'épargne ordinaire, sous peine de perdre l'intérêt de la totalité des sommes déposées.

Loi de finances du 29 juillet 1881

Art. 34. — Le premier paragraphe de l'article 2 de la loi du 9 avril 1881 relative à la Caisse d'épargne postale est modifié ainsi qu'il suit :

« Les fonds de la Caisse d'épargne postale seront versés à la Caisse des dépôts et consignations. »

[1] Modifié par la loi de finances du 26 février 1887.

Décret du 31 août 1881

PORTANT RÈGLEMENT D'ADMINISTRATION PUBLIQUE SUR LE CONTROLE DE LA CAISSE D'ÉPARGNE POSTALE

ARTICLE PREMIER. — La Caisse d'épargne postale, instituée sous la garantie de l'État par la loi du 9 avril 1881, a son siège à Paris, au ministère des Postes et des Télégraphes [1].

Tous les bureaux de poste français désignés par un arrêté ministériel sont appelés à participer, en qualité de correspondants de la Caisse d'épargne postale, à l'encaissement des sommes versées par les déposants, et au remboursement, en capital et intérêts, des sommes déposées.

ART. 2. — Les opérations effectuées par les receveurs des postes et des télégraphes sont centralisées par un agent justiciable de la Cour des comptes et astreint au versement d'un cautionnement. Cet agent prend le titre d'*agent comptable de la Caisse d'épargne postale*.

La direction et la surveillance desdites opérations sont confiées à un service administratif institué au ministère des Postes et des Télégraphes sous le titre de *Direction de la Caisse d'épargne postale*.

ART. 3. — L'agent comptable de la Caisse d'épargne postale est nommé par décret du Président de la République sur la proposition du ministre des Postes et des Télégraphes, après avis du ministre des Finances. Il prête serment devant la Cour des comptes.

En cas de maladie, de congé ou d'absence dûment justifiée, il peut, à titre exceptionnel, être remplacé par un fondé de pouvoirs à son choix, dûment agréé par le ministre des Postes et des Télégraphes. Ce fondé de pouvoirs agit pour le compte et sous l'entière responsabilité de l'agent comptable.

Dans le cas de décès, de démission ou de révocation de l'agent comptable, le ministre des Postes et des Télégraphes, après avis du ministre des Finances, nomme un gérant intérimaire qui en remplit les fonctions jusqu'au jour de l'installation de son successeur.

La gestion du gérant intérimaire est tout à fait distincte de celle de l'ancien ou du nouveau titulaire.

[1] Rue Saint-Romain, nos 4, 6 et 8.

Art. 4. — Le directeur de la Caisse d'épargne doit, à des époques indéterminées, et au moins une fois par mois, procéder à la vérification du portefeuille de l'agent comptable et en dresser procès-verbal. Une ampliation du procès-verbal de vérification au 31 décembre est produite à la Cour des comptes avec le compte de gestion de l'agent comptable.

L'agent comptable est responsable des valeurs déposées dans son portefeuille. En cas de vol ou de perte résultant de force majeure, il est statué sur sa demande en décharge par une décision du ministre des Postes et des Télégraphes, après avis du ministre des Finances, et sauf recours au Conseil d'Etat par la voie contentieuse.

Art. 5. — Le montant du cautionnement de l'agent comptable est déterminé par un décret rendu sous le contreseing du ministre des Postes et des Télégraphes et du ministre des Finances. Il est réalisé en numéraire.

Art. 6. — Des avis journaliers constatant les dépôts et les retraits de fonds opérés pendant la journée sont adressés par chacun des receveurs des bureaux de poste au directeur départemental, qui les transmet au ministère des Postes et des Télégraphes.

Aucun remboursement ne peut être fait par les receveurs des postes que sur l'autorisation de la Direction centrale.

Lorsque tous les avis de dépôt et de retrait de fonds concernant une même journée sont parvenus à l'agent comptable de la Caisse d'épargne postale, celui-ci établit une balance journalière présentant : d'une part, le nombre et le montant des dépôts reçus, et, d'autre part, le nombre et le montant des remboursements effectués. L'excédent de recette ou de dépense résultant de cette balance sert à déterminer le montant du versement ou du retrait de fonds à opérer à la Caisse des dépôts et consignations au crédit ou au débit du compte courant de la Caisse d'épargne postale.

Art. 7. — La comptabilité de l'agent comptable de la Caisse d'épargne postale est tenue en partie double.

Elle contient notamment, outre le journal et le grand-livre réglementaire :

1° Un registre matricule destiné à recevoir tous les renseignements que la Caisse doit conserver sur chaque déposant ;

2° Un livre des comptes courants ouverts à chacun des déposants, reproduisant intégralement les opérations de recette et de dépense inscrites sur les livrets individuels ;

3° Un livre des comptes divisionnaires groupant, par catégories, les comptes courants individuels ;

4° Un livre récapitulatif des opérations journalières des bureaux de poste ouverts au service de la Caisse d'épargne ;

5° Un registre d'entrée et de sortie des inscriptions de rentes achetées par la Caisse d'épargne, soit d'office, soit sur la demande des déposants;

6° Un livre du compte courant de la Caisse d'épargne postale avec la Caisse des dépôts et consignations.

Les autres livrets et carnets nécessaires au service de l'agent comptable de la Caisse d'épargne postale sont déterminés par une instruction du ministre des Postes et des Télégraphes concertée avec le département des Finances.

Art. 8. — La Direction centrale tient un double du livre des comptes courants individuels mentionné à l'article précédent.

Elle vérifie tous les livres et carnets tenus par l'agent comptable de la Caisse d'épargne, et constate cette vérification par l'apposition du visa du directeur sur lesdits livres et carnets.

Art. 9. — Les frais d'administration de la Caisse d'épargne postale sont acquittés au moyen d'ordres de payement délivrés par le ministre des Postes et des Télégraphes, sur la caisse des receveurs principaux, et appuyés des justifications prescrites par le règlement du 15 octobre 1880.

A cet effet, il est ouvert dans les écritures de l'agent comptable de la Caisse d'épargne postale un compte de trésorerie, auquel sont portés :

En dépense, les frais de personnel et de matériel nécessités par l'exploitation de ladite caisse;

En recette, le produit de la différence entre le taux de l'intérêt (3 fr. 25 0/0) servi par la Caisse des dépôts à la Caisse d'épargne, et le taux d'intérêt (3 0/0) alloué par cette Caisse à ses déposants [1].

Jusqu'à ce qu'il puisse être établi un budget normal des dépenses de personnel et de matériel de la Caisse d'épargne postale, les frais d'administration seront déterminés par des arrêtés ministériels, au fur et à mesure des besoins du service.

Art. 10. — Si les ressources prévues par les articles 5, 16 et 19 de la loi du 9 avril 1881 sont inférieures au montant des frais d'administration, l'excédent de dépense du compte de trésorerie est couvert par un crédit spécial à ouvrir par exercice au budget du ministère des Postes et des Télégraphes.

Art. 11. — Tout déposant qui fait pour la première fois un versement à la Caisse d'épargne postale doit former en même temps une demande de livret, où il énonce ses nom de famille, prénoms, âge, date et lieu de naissance, demeure et profession, et déclare qu'il n'est titulaire d'aucun autre livret, soit de la Caisse d'épargne postale, soit d'une Caisse d'épargne privée.

[1] Modifié par la loi du 26 décembre 1892.

Les formules de livrets, numérotées par la Direction centrale, sont fournies par elle aux directeurs départementaux, et par ceux-ci aux receveurs des postes à mesure des versements et suivant la marche indiquée à l'article 14.

Art. 12. — Les premiers versements effectués à la Caisse d'épargne postale sont soumis aux règles ci-après :

1° Quiconque vient faire un premier versement doit déclarer s'il verse pour son compte ou pour le compte d'un tiers ;

2° Lorsque le déposant déclare verser pour son propre compte, la demande de livret est signée par lui ou, s'il ne sait pas signer, le receveur des postes en fait mention sur la demande et signe ladite mention ;

3° A l'égard de la femme qui déclare être veuve, on ajoute à ses nom et prénoms les nom et prénoms du mari décédé ;

4° Lorsque la femme qui fait un premier versement est en puissance de mari, si elle entend bénéficier des dispositions du dernier alinéa de l'article 6 de la loi du 9 avril 1881, elle le déclare et indique les nom et prénoms du mari. Dans le cas contraire, elle doit être assistée de ce dernier, et la demande de livret est signée simultanément par le mari et la femme. Si l'un d'eux ne sait pas signer, le receveur en fait mention comme il est dit ci-dessus ;

5° Quand un premier versement est fait directement par un enfant mineur, en exécution de l'avant-dernier alinéa de l'article 6 de la loi précitée, la demande de livret énonce les nom et prénoms du père et, si le père n'existe plus, de la mère, ou, à défaut de celle-ci, du tuteur.

Si le versement est fait pour le compte d'un enfant mineur par son représentant légal, c'est ce dernier qui signe la demande ;

6° Toute personne qui verse pour un tiers doit signer la demande. Toutefois la signature d'un bienfaiteur qui désire rester inconnu n'est pas requise ; elle est remplacée par une attestation signée du receveur des postes. Si le versement est effectué en vertu d'une disposition testamentaire, mention est faite du testament sur la demande ;

7° Les Sociétés de secours mutuels sont inscrites sous le nom distinctif adopté par la Société. Lorsqu'il est fait un premier versement, le mandataire de la Société est tenu de déposer à la Caisse d'épargne un exemplaire de ses statuts, et l'on exige, pour tous les versements sans exception, la production des pièces indiquées aux statuts pour la validité des placements de fonds. La demande signée par le mandataire doit en outre indiquer si la Société a été reconnue comme établissement d'utilité publique (Loi du 15 juillet 1850) ou si elle a été approuvée par le préfet. (Décret du 26 mars 1852.)

Ces dispositions sont également applicables aux institutions de coopération, de bienfaisance et autres sociétés de même nature, dont les versements sont autorisés par le ministre des Postes et des Télégraphes.

Art. 13. — Les livrets délivrés par suite de versements faits par un tiers, à titre de libéralité ou en vertu d'un testament, peuvent être soumis à certaines conditions. Les seules conditions admises sont les suivantes:

1° Le livret est déclaré incessible;

2° Le remboursement est différé: s'il s'agit d'un majeur, le terme du délai doit être une date fixe; s'il s'agit d'un mineur, on peut indiquer le jour de sa majorité ou une époque plus éloignée, ou la célébration de son mariage.

Art. 14. — Les sommes encaissées à titre de premier versement par les receveurs des postes donnent lieu à la délivrance d'une quittance à souche échangeable, dans un délai de trois jours (non compris le jour du versement et les dimanches et jours fériés), contre un livret de Caisse d'épargne postale.

Le livret est le titre du déposant; il est toujours nominatif. Les livrets numérotés à la Direction centrale portent la signature du directeur départemental.

A cet effet, les receveurs des postes adressent chaque soir au directeur du département les demandes reçues pendant la journée. Après vérification, le directeur fait inscrire sur les livrets, par le receveur principal, le montant du premier versement; puis, après avoir pris note sur un carnet des numéros et du montant des livrets délivrés, il les envoie immédiatement aux receveurs qu'ils concernent pour être échangés contre les quittances provisoires.

Le même jour, les demandes de livret sont transmises par le directeur départemental à la Direction centrale, où, après avoir été récapitulées sur le registre matricule, elles sont conservées et classées dans un ordre méthodique pour servir au contrôle des opérations ultérieures faites par les déposants.

Art. 15. — Les versements postérieurs sont reçus par les receveurs des postes sur la présentation du livret, sans qu'il y ait à fournir d'autres justifications. Il est interdit aux receveurs et à leurs commis de se rendre porteurs de livrets appartenant à des tiers, ou de faire pour eux quelque opération privée que ce soit près de la Caisse d'épargne.

Les versements donnent lieu à la délivrance d'une quittance extraite du journal à souche prescrit à l'article précédent. La quittance énonce le numéro ainsi que les nom et prénoms du titulaire du livret, et elle contient l'avis que le livret sera rendu au déposant dans le délai de trois jours indiqué au même article.

A la fin de la journée, les livrets remis aux receveurs des postes sont adressés, avec un état détaillé des sommes reçues, au directeur départemental, qui, suivant la marche précédemment indiquée, fait annoter par le receveur principal, sur chaque livret, le montant des sommes versées, et renvoie immédiatement les livrets aux receveurs des postes, pour être échangés contre les quittances à souche.

Il est interdit aux receveurs des postes autres que le receveur principal d'inscrire aucun versement sur les livrets. Les versements reçus par le receveur principal sont contresignés par le directeur départemental ou son délégué.

Art. 16. — Lorsque les livrets n'ont pas été retirés dans le mois qui suit l'expiration du délai de trois jours ci-dessus mentionné, ils sont renvoyés au directeur départemental, qui les conserve jusqu'au jour où ils sont réclamés par les ayants droit, auquel cas ils sont de nouveau adressés au receveur des postes pour leur être remis.

Art. 17. — Tout déposant qui veut se faire rembourser tout ou partie de son compte adresse directement au ministre des Postes et des Télégraphes une demande de remboursement indiquant le numéro de son livret, la somme à rembourser et le bureau de poste où il désire toucher. Cette demande est rédigée sur un bulletin préparé par l'Administration Des exemplaires du bulletin de remboursement sont mis à la disposition du public dans tous les bureaux de poste admis à participer au service de la Caisse d'épargne.

La demande de remboursement ne peut être faite que par le titulaire du livret et doit être signée par lui ou, s'il ne sait pas signer, par le receveur du lieu où il réside.

Si le titulaire n'a pas signé la demande de livret, sa signature sur la demande de remboursement est certifiée par le maire ou le commissaire de police de la commune où il réside.

Art. 18. — Les autorisations de remboursement délivrées en exécution de l'article 6 sont adressées directement aux déposants, en temps utile pour que les délais déterminés par l'article 11 de la loi du 9 avril 1881 soient observés. Elles sont inscrites sur le bulletin de remboursement. Le même jour, un duplicata de l'autorisation, sous le titre d'avis d'émission, est envoyé au receveur des postes appelé à effectuer le remboursement.

Les délais pour le remboursement prescrits par l'article 11 de la loi du 9 avril 1881 courent à partir de la date constatée par le timbre de la poste sur la demande de remboursement.

Art. 19. — Les remboursements sont effectués sur la production de l'autorisation émanée de la Direction centrale. Le receveur doit préalablement comparer cette autorisation avec l'avis d'émission; puis, s'il y a identité, il inscrit sur le livret le montant de la somme remboursée; il y appose sa signature et le timbre à date du bureau, et il fait acquitter l'autorisation par le titulaire du livret, en ayant soin de s'assurer que la signature de la partie prenante est semblable à celle de la demande de remboursement, cette dernière signature ayant dû elle-même être rapprochée de la demande de livret conservée à l'Administration centrale.

Art. 20. — Lorsqu'il s'agit d'une femme mariée qui a fait son premier versement avec l'assistance du mari, le remboursement est fait au mari et à la femme, s'ils sont présents l'un et l'autre, et on leur fait signer à tous deux la quittance. Si un seul est présent, on le fait signer et l'on annexe à la quittance le consentement écrit et signé de l'autre.

Pour le mineur admis à obtenir un livret sans l'assistance de son représentant légal, le remboursement ne peut être opéré, s'il a moins de seize ans, qu'en présence et sur le consentement écrit de son représentant légal.

Pour le mineur dont le livret a été délivré avec le concours de son représentant légal, la quittance est souscrite par la personne chargée de l'administration de ses biens ou de sa tutelle.

Art. 21. — Si le déposant ne se présente pas lui-même, le tiers qui le remplace doit produire une procuration sous seing privé, à moins qu'il ne soit porteur du brevet original ou d'une procuration authentique, générale ou spéciale, contenant pouvoir de toucher et de donner quittance. Dans l'un et l'autre cas, le mandataire souscrit la quittance, à laquelle la procuration reste annexée indépendamment de la mention qui en est faite sur la quittance même.

Quand le déposant ne sait ou ne peut signer, et que son identité est constante, la quittance peut être remplacée par un certificat signé de deux témoins. Le receveur des postes appose également sa signature sur cette pièce, afin d'attester que la formalité s'est accomplie en sa présence.

Les quittances pour les remboursements à une société de secours mutuels ou à toute autre institution analogue sont signées par un délégué ou mandataire porteur de toutes les pièces suffisantes pour justifier de l'accomplissement des formalités exigées par les statuts, en ce qui concerne les retraits de fonds. Si les statuts ne renferment aucune prévision sur ce point, le délégué ou mandataire doit être porteur d'une procuration revêtue des signatures de tous les membres composant le conseil d'administration de la société.

Art. 22. — Le titulaire d'un livret dont le montant n'est disponible qu'après un certain délai doit, pour obtenir le remboursement, fournir la preuve de l'expiration du délai. Si le remboursement a été subordonné, pour une fille mineure, à la condition de son mariage, l'acte de célébration doit être accompagné du consentement du mari au payement demandé.

En cas de cession faite au profit d'un tiers du montant d'un livret par le titulaire, le cessionnaire doit justifier de son identité. La cession peut être faite par acte authentique ou par acte sous seing privé enregistré. Elle doit être signifiée régulièrement à la Caisse d'épargne et accompagnée de la production du livret.

Art. 23. — Toutes les fois qu'il y a lieu de rembourser des fonds après le décès du titulaire du livret, il est fait, au dos de la quittance, un extrait succinct des pièces produites pour justifier de la qualité des héritiers, donataires, légataires et autres ayants droit, et la quittance est souscrite par les ayants droit ou leurs mandataires.

Quand l'Administration des domaines, appelée à recueillir une succession à titre de déshérence, se présente pour recevoir le montant d'un livret ayant appartenu à un déposant décédé *ab intestat* et sans avoir laissé d'héritiers connus, elle doit justifier de l'accomplissement des formalités prescrites par les articles 769 et suivants du Code civil.

Art. 24. — Lorsque, dans le mois qui suit la date de l'autorisation de remboursement, le déposant ne s'est pas présenté pour toucher la somme qui lui revient, sa demande est considérée comme nulle, et l'avis d'émission est renvoyé au ministre des Postes et des Télégraphes.

Le remboursement ne peut plus avoir lieu que sur une nouvelle demande de la partie et une nouvelle autorisation de l'Administration centrale.

Art. 25. — Dans le cas où le déposant viendrait à perdre sa quittance à souche, il y sera suppléé par une déclaration de perte formée par le déposant et légalisée par le maire ou le commissaire de police de sa résidence. Les livrets ne devront toutefois être rendus que sur l'autorisation du directeur départemental apposée sur la déclaration de perte.

Art. 26. — En cas de perte d'un livret, l'ayant droit doit adresser au ministre des Postes et des Télégraphes une déclaration de perte légalisée par le maire ou par le commissaire de police, et le livret est remplacé par un duplicata dans le délai de un mois, à l'arrivée de la demande à l'Administration centrale. Il est pris note au registre matricule de la délivrance du duplicata. Le solde du compte de l'ancien livret est inscrit sur le nouveau comme premier article (capital et intérêts).

Si le livret primitif vient à être retrouvé, il est rendu à l'agent comptable de la Caisse d'épargne et annulé, après que toutes les pages en ont été biffées.

Art. 27. — Chaque jour, et ainsi qu'il est dit à l'article 6 ci-dessus, les receveurs des postes adressent au directeur départemental un avis journalier indiquant, par numéros de livrets et noms de titulaires, le montant détaillé des dépôts reçus et des remboursements effectués pendant la journée. Dans le cas où il n'a été fait aucune opération, soit de recette, soit de dépense, il est établi un avis négatif. Lorsque tous les avis relatifs à une même journée sont parvenus au directeur départemental, il les adresse immédiatement à l'Administration centrale.

En même temps, chaque receveur des postes adresse au directeur départemental, qui devra le conserver, un duplicata des avis de versements et de remboursements, auxquels il joindra:

Pour les recettes, les demandes de livrets en cas de premier versement et les livrets eux-mêmes en cas de versements ultérieurs;

Pour les dépenses, les autorisations de remboursement émises par la Direction centrale et dûment acquittées par les parties prenantes.

Art. 28. — Dans les premiers jours de chaque mois, les receveurs des postes forment deux états détaillés et nominatifs comprenant: l'un, tous les dépôts reçus; l'autre, tous les remboursements effectués pendant le mois précédent, et les adressent sans retard au directeur départemental.

Le directeur s'assure que l'état des recettes est conforme au montant des sommes que le receveur principal a successivement inscrites sur les livrets, suivant la marche indiquée aux articles 14 et 15 ci-dessus; et il vérifie l'état des remboursements au moyen des pièces justificatives qui lui ont été adressées par journée.

Il dresse ensuite deux états récapitulatifs par bureau de poste, l'un des dépôts reçus, l'autre des remboursements effectués pendant le mois, pour l'ensemble du département, et il les fait parvenir sans délai à l'agent comptable de la Caisse d'épargne postale, par l'entremise de la Direction centrale.

Art. 29. — L'état récapitulatif des recettes est accompagné d'un récépissé de mouvements de fonds que le receveur principal délivre à l'agent comptable de la Caisse d'épargne et qui doit être égal au montant total des recouvrements opérés, tant par lui que par ses collègues, et centralisés en fin de mois dans ses écritures.

L'agent comptable de la Caisse d'épargne s'assure que le montant de ce récépissé est bien conforme aux avis journaliers de recettes qui lui ont été adressés par les receveurs des postes.

Art. 30. — L'état récapitulatif des remboursements, dont le montant doit être égal aux payements centralisés dans la comptabilité du receveur principal, est justifié par les pièces de dépenses y annexées. Le receveur principal est couvert de ces payements par un récépissé de mouvements de fonds que lui délivre l'agent comptable de la Caisse d'épargne, après qu'il a vérifié le montant des dépenses, la validité des pièces produites et leur entière connexité avec les autorisations de remboursement délivrées par la Direction centrale.

Art. 31. — Lorsque, d'après la balance journalière mentionnée à l'article 6, le montant des dépôts excède celui des remboursements, la différence est versée à la Caisse des dépôts et consignations par l'agent comptable de la Caisse d'épargne, sur l'ordre de la Direction centrale. Ce versement a lieu en un mandat sur la Banque, que l'agent comptable de la Caisse d'épargne demande à la Caisse centrale du Trésor public, en échange d'un récépissé de fonds de subvention.

Art. 32. — Quand, au contraire, la balance journalière fait ressortir un excédent de dépense, la Caisse des dépôts, sur l'avis qui lui en est adressé par la Direction centrale, délivre un récépissé sur le Trésor au profit de l'agent comptable de la Caisse d'épargne, et celui-ci l'échange à la Caisse centrale du Trésor contre un récépissé de mouvements de fonds.

Art. 33. — La Caisse des dépôts et consignations remet à la Caisse d'épargne postale un extrait de son compte courant, arrêté, en capitaux et intérêts, à la fin de chaque année. Lorsque ce compte a été vérifié et reconnu exact, l'agent comptable de la Caisse d'épargne passe écritures des intérêts qui en résultent, tant au compte particulier des déposants qu'au compte affecté aux frais d'administration.

Art. 34. — Les achats de rentes effectués conformément aux dispositions des articles 7, 9, 13 et 14 de la loi du 9 avril 1881 ont lieu par l'entremise de la Caisse des dépôts et consignations, au cours moyen du jour de l'opération.

Art. 35. — Les rentes achetées sur la demande des déposants sont nominatives ou mixtes, au choix des parties. Il n'est toutefois acheté de rentes mixtes que lorsque les parties sont aptes à posséder cette nature de rentes. Les inscriptions sont remises, contre reçu, à l'agent comptable de la Caisse d'épargne postale, chargé de les faire parvenir aux ayants droit.

Le prix d'achat de ces rentes est inscrit au débit du titulaire sur le livre des comptes courants individuels. Il doit en outre être porté, comme le serait un remboursement ordinaire, sur le livret du titulaire, au moment de la remise de l'inscription de rente entre ses mains.

Art. 36. — Les rentes achetées d'office sont exclusivement nominatives. Les achats sont faits conformément à l'article 2 de la loi du 30 juin 1851. Lorsque, pour une cause quelconque, il n'est pas possible de remettre aux titulaires les titres de rentes achetées en leur nom, ces titres sont conservés à la Caisse des dépôts et consignations. A mesure des échéances, les arrérages en sont portés au débit de la Caisse des dépôts et au crédit des titulaires, sur le livre des comptes courants individuels.

Art. 37. — Dans le courant de chaque mois, l'agent comptable de la Caisse d'épargne postale adresse à la Direction générale de la comptabilité publique :

1° La copie de la balance de son grand-livre à la fin du mois précédent ;

2° Un bordereau des opérations de recette et de dépense de toute nature effectuées directement par lui ou centralisées dans ses écritures pendant le mois précédent ;

3° Les pièces justificatives desdites opérations.

La forme de la balance et du bordereau mensuel ainsi que la nomenclature des pièces à l'appui seront déterminées dans une instruction rédigée de concert par le ministre des Postes et des Télégraphes et par le ministre des Finances.

Art. 38. — En dehors du contrôle permanent exercé par le ministère des Postes et des Télégraphes, et de la vérification sur pièces faite par la Direction générale de la comptabilité publique, la gestion de l'agent comptable de la Caisse d'épargne postale et de ses préposés dans les départements est soumise aux vérifications de l'Inspection générale des finances.

Les rapports et les procès-verbaux de l'Inspection générale des finances sont communiqués par le ministre des Finances au ministre des Postes et des Télégraphes.

Art. 39. — A partir du jour où la loi du 9 avril 1881 et le présent règlement seront appliqués à un bureau de poste, ce bureau cessera de prêter aux Caisses d'épargne privées le concours qui leur avait été accordé par le décret du 23 août 1875.

Art. 40. — Le ministre des Postes et des Télégraphes et le ministre des Finances sont chargés, chacun en ce qui le concerne, de l'exécution du présent décret, qui sera inséré au *Journal officiel*, au *Bulletin mensuel des postes et des télégraphes* et au *Bulletin des lois*.

Loi du 21 décembre 1881, portant ouverture d'un crédit de 200,000 francs pour frais de premier établissement

ART. 5. — Le Ministre des Finances est autorisé à créer, parmi les services spéciaux du Trésor, un compte intitulé : « Frais de premier établissement de la Caisse d'épargne postale », qui prendra charge à son débit de la somme de 200,000 francs avancée par le Trésor, et sera crédité, jusqu'à due concurrence, des excédents de recette réalisés chaque année au compte de trésorerie créé en vertu de l'article 9 du décret du 31 août 1881.

Loi du 10 juin 1882 permettant d'autoriser des versements inférieurs au minimum d'un franc

ART. 33. — Des décrets rendus sur la proposition du ministre des Postes et des Télégraphes pourront autoriser la Caisse d'épargne postale à recevoir de tous les déposants ou de certaines catégories de déposants spécialement désignées, des versements inférieurs au minimum de 1 franc déterminé par l'article 8 de la loi du 9 avril 1881, ou comprenant des fractions de franc dans la limite du maximum fixé pour lesdites catégories par la même loi.

Dans l'un et l'autre cas, les fractions de franc ne produiront pas d'intérêts en faveur des déposants.

Décret du 12 juin 1882

APPROUVANT L'ARRANGEMENT FRANCO-BELGE DU 31 MAI 1882

ARTICLE PREMIER. — Un arrangement ayant été signé, le 31 mai 1882, entre la France et la Belgique, pour assurer les facilités nouvelles aux déposants à la Caisse d'épargne postale de France et à la Caisse générale d'épargne et de retraite de Belgique, ledit arrangement, dont la teneur suit, est approuvé et sera inséré au *Journal officiel*.

ARRANGEMENT

Le Gouvernement de la République française et le Gouvernement de Sa Majesté le Roi des Belges, désirant assurer des facilités nouvelles aux déposants à la Caisse d'épargne postale de France et à la Caisse générale d'épargne et de retraite de Belgique,

Sont convenus de ce qui suit :

ARTICLE PREMIER. — Les fonds versés, à titre d'épargne, soit à la Caisse d'épargne postale de France, soit à la Caisse générale d'épargne et de retraite de Belgique, pourront, sur la demande des intéressés et jusqu'à concurrence d'un maximum de 2,000 francs, être transférés, sans frais, de l'une des Caisses dans l'autre, et réciproquement, par l'entremise des administrations des postes des deux pays contractants.

Les demandes de transferts internationaux seront reçues, en France et en Belgique, dans tous les bureaux de poste ou agences chargés, dans ces pays, du service de Caisse d'épargne postale.

Les fonds transférés seront, notamment en ce qui concerne le taux et le calcul des intérêts, les conditions de remboursement, d'achat de rente ou d'acquisition de carnets de rente viagères, soumis aux lois, décrets, arrêtés et règlements régissant le service de l'Administration dans la Caisse de laquelle ces fonds auront été transférés.

ART. 2. — Les personnes affiliées à la Caisse d'épargne postale de France, ou à la Caisse générale d'épargne et de retraite de Belgique, pourront obtenir, sans frais, par l'entremise des administrations postales des deux pays, le remboursement, dans l'un de ces pays, des sommes déposées par eux à la Caisse d'épargne de l'autre pays.

Les demandes de remboursements internationaux pourront, d'un point quelconque de l'un des deux pays, être adressées par l'intéressé à l'Administration centrale détentrice de ses fonds dans l'autre pays. Ces demandes, rédigées par l'intéressé au moyen de formules spéciales mises à la disposition du public, seront déposées par lui entre les mains du chef de bureau ou du receveur des postes de sa résidence, qui les fera parvenir, en franchise de port, à l'administration centrale détentrice des fonds.

Les ordres de remboursement auxquels donneront lieu ces demandes seront payables seulement dans les établissements de poste ou autres chargés du service de la Caisse d'épargne.

Art. 3. — Chaque Administration se réserve le droit de rejeter les demandes de transferts ou de remboursements internationaux qui ne rempliraient pas les conditions exigées par ses règlements intérieurs.

Art. 4. — Les sommes transférées d'une Caisse dans l'autre porteront intérêt, à charge de l'Administration primitivement détentrice des fonds jusqu'à la fin du mois pendant lequel cette demande s'est produite, et à charge de l'Administration qui accepte le transfert à partir du premier jour du mois suivant.

Art. 5. — Il sera établi, à la fin de chaque mois, par chacune des deux Administrations des postes de France et de Belgique, un décompte des sommes qu'elles se doivent respectivement du chef des opérations faites pour le service de la Caisse d'épargne, en vertu des dispositions du présent arrangement, et, après vérification contradictoire de ces décomptes, l'Administration, reconnue débitrice, se libérera, dans le plus bref délai possible, envers l'autre administration, au moyen de traites sur Paris ou sur Bruxelles.

Art. 6. — Les Administrations des postes de France et de Belgique arrêteront, d'un commun accord, les mesures de détail et d'ordre nécessaires pour l'exécution du présent arrangement.

Art. 7. — Chaque partie contractante se réserve la faculté, dans le cas de force majeure ou de circonstances graves, de suspendre le service des transferts et des remboursements internationaux.

Avis devra en être donné à l'Administration correspondante par la voie diplomatique.

L'avis fixera la date à partir de laquelle le service international cessera de fonctionner.

Art. 8 — Le présent arrangement aura force et valeur à partir du jour dont les offices postaux des deux pays conviendront, dès que la promulgation en aura été faite d'après les lois particulières à chacun des deux Etats, et il demeurera obligatoire jusqu'à ce que l'une des deux parties contractantes ait annoncé à l'autre, six mois au moins à l'avance, son intention d'en faire cesser les effets.

Pendant les six derniers mois, l'arrangement continuera d'avoir son exécution pleine et entière, sans préjudice de la liquidation et du solde des comptes entre les administrateurs des postes des deux pays, après l'expiration dudit terme.

En foi de quoi, les soussignés, président du Conseil, ministre des Affaires étrangères de la République française, et envoyé extraordinaire et ministre plénipotentiaire de Sa Majesté le Roi des Belges, à Paris, dûment autorisés, ont signé le présent arrangement et y ont apposé le sceau de leurs armes.

Règlement de détail et d'ordre du 4 juillet 1882

POUR L'EXÉCUTION DE L'ARRANGEMENT FRANCO-BELGE du 31 mai 1882

Les soussignés, vu l'article 6 de l'arrangement du 31 mai 1882, relatif au service international de la Caisse d'épargne, ont, au nom de leurs administrations respectives, arrêté, d'un commun accord, les dispositions suivantes pour assurer l'exécution de ladite convention :

Article premier. — Le titulaire d'un livret de la Caisse d'épargne postale de France ou de la Caisse générale d'épargne et de retraite de Belgique, qui, en vue d'un changement de résidence, désire obtenir le transfert de ses fonds de l'une de ces caisses sur l'autre, doit se rendre, en France, à un bureau de poste chargé du service de la Caisse d'épargne, et en Belgique, à un bureau de perception des postes, à la Caisse générale d'épargne ou à une de ses agences ; après avoir justifié de son identité, il souscrit, en double expédition, une demande de transfert, énonçant ses nom et prénoms, le lieu et la date de sa naissance, sa profession, son domicile actuel et son nouveau domicile, avec son adresse (s'il est possible). Il dépose ensuite son livret contre un récépissé qui lui sert de titre transitoire.

Il est fait usage, pour la demande et pour le récépissé mentionnés au paragraphe précédent, de formules conformes aux modèles A^1, A^2, B^1 et B^2, annexés au présent règlement.

Art. 2. — L'agent des postes qui reçoit une demande de transfert en transmet les deux expéditions, par le plus prochain courrier, avec le livret à l'administration centrale dont il relève.

Cette administration, après avoir vérifié le livret et y avoir inscrit les intérêts dus jusqu'à la fin du mois courant, formule un avis de transfert, conforme aux modèles C[1] et C[2] ci-annexés, énonçant les nom, prénoms, profession, date et lieu de naissance de l'intéressé, le montant de la somme à transférer, avec les intérêts et le lieu de la nouvelle résidence de l'intéressé, ou le bureau de poste où il désire continuer ses opérations.

Ladite administration conserve dans ses archives l'ancien livret, appuyé de l'une des expéditions de la demande de transfert, et adresse, sous pli recommandé d'office, l'autre expédition et l'avis de transfert à l'administration correspondante. Celle-ci accuse immédiatement réception de l'envoi, au moyen d'une formule conforme aux modèles D[1] et D[2] ci-après, et elle est dès ce moment rendue responsable, envers qui de droit, du montant de la somme à transférer.

Art. 3. — Aussitôt après réception des pièces mentionnées à l'article précédent, l'Administration du pays de la nouvelle résidence de l'intéressé émet, à son nom, un livret nouveau, pour le montant total des versements faits dans l'autre pays, avec les intérêts, jusqu'à concurrence du maximum de 2,000 francs.

Ce livret, accompagné de la demande de transfert, est adressé au chef du bureau de poste de la nouvelle résidence de l'intéressé.

Un avis est en même temps envoyé à domicile à celui-ci, pour le prévenir de l'émission du nouveau livret, lequel lui est ensuite remis en échange du récépissé qui lui a été délivré lors du dépôt de son ancien livret, et sur la production, au besoin, d'autres pièces pour établir son identité.

Les nouveaux livrets doivent être tenus à la disposition des intéressés, au plus tard dix jours après la date de la demande de transfert.

Art. 4. — Les livrets soumis à des conditions particulières de remboursement peuvent également faire l'objet d'un transfert de l'une des deux caisses sur l'autre, à moins que le donateur n'ait fait à cet égard des réserves expresses.

Il y a lieu, le cas échéant, de mentionner les conditions dans l'avis de transfert, afin qu'elles soient reproduites sur le nouveau livret à délivrer.

Art. 5. — Les intérêts de la somme transférée sont calculés, dans le livret nouveau, jusqu'à la fin du mois où le transfert a été demandé.

Toutefois, si un remboursement, total ou partiel, était réclamé avant la fin du même mois, il y aurait lieu à une réduction proportionnelle d'intérêts, à partir du 1er ou du 16 du mois avant le jour du remboursement.

Art. 6. — Le titulaire d'un livret qui, après avoir changé de résidence, demande le transfert, sur la Caisse d'épargne du pays de sa résidence actuelle, des fonds versés à la Caisse d'épargne de l'autre pays, est soumis aux règles et formalités prescrites par l'article 1er.

L'administration qui reçoit la demande de transfert, l'envoie, avec le livret, sous pli recommandé d'office, à l'administration qui a émis le livret, et celle-ci procède ensuite de la même façon que si la demande s'était produite dans un de ses bureaux.

Art. 7. — Pour obtenir en France le remboursement partiel ou total de sommes déposées à la Caisse générale d'épargne et de retraite de Belgique, et pour obtenir en Belgique le remboursement partiel ou total des sommes versées à la Caisse d'épargne postale de France, les intéressés doivent se rendre dans un bureau de poste chargé du service de la Caisse d'épargne, y déposer leur livret, contre récépissé (mod. B^1 et B^2), et souscrire une demande formulée d'après les modèles E^1 et E^2 ci-annexés.

Le livret et la demande sont envoyés directement et sous pli recommandé d'office par l'agent des postes à l'administration qui a émis le livret, et cette administration, après avoir vérifié le compte du déposant, délivre un ordre de payement pour la somme à rembourser (mod. F^1 et F^2).

Cet ordre de payement, accompagné du livret et des renseignements propres à faire constater l'identité du demandeur, est envoyé directement et sous pli recommandé d'office à l'agent des postes qui a reçu la demande.

Celui-ci en avise l'intéressé et acquitte l'ordre de payement, contre remise du récépissé de dépôt.

Art. 8. — Tout remboursement doit être inscrit au livret par le comptable chargé de l'effectuer. Ce livret est ensuite rendu à l'intéressé, à moins qu'il ne s'agisse d'un remboursement intégral.

L'ordre de payement, acquitté par la partie prenante, accompagné du livret soldé, s'il y a lieu, est envoyé à l'administration centrale dont relève le comptable.

Ces pièces sont ensuite renvoyées à l'administration qui les a émises, à l'appui du compte mensuel indiqué à l'article 10.

Art. 9. — Chaque administration se réserve la faculté de prescrire telles mesures qu'elle jugera utiles dans l'intérêt de sa responsabilité, pour la constatation de l'identité des titulaires des livrets, et d'appliquer au service international de la Caisse d'épargne les règles de son service intérieur, en tant que ces règles ne soient pas en opposition avec les dispositions de la Convention du 5 juin 1882 et du présent règlement.

ART. 10. — Les comptes mensuels à dresser, en exécution de l'article 5 de la convention, sont établis contradictoirement, sur des formules conformes aux modèles G[1] et G[2] ci-annexés.

Ces comptes, accompagnés des ordres de payement acquittés, des livrets dont il est parlé à l'article 8 et de toute autre pièce justificative, s'il y a lieu, sont échangés entre les deux administrations, dans les premiers jours du mois qui suit celui auquel ils se rapportent.

Si ces comptes se trouvent en parfaite concordance, l'administration débitrice se libère immédiatement, et sans autre avis, envers l'autre administration.

S'il existe une différence, l'administration débitrice s'acquitte de la somme la plus faible, sauf régularisation de la différence dans les comptes des mois suivants.

ART. 11. — L'Arrangement du 31 mai 1882 sera mis à exécution le 1er août prochain, ainsi que le présent règlement, lequel aura la même durée que cette convention ; à moins qu'il ne soit renouvelé ou modifié de commun accord entre les deux parties contractantes.

Loi du 3 août 1882

TENDANT A CRÉER DES TIMBRES SPÉCIAUX POUR LA CONSTATATION DES VERSEMENTS SUR LES LIVRETS DE LA CAISSE D'ÉPARGNE POSTALE [1]

ARTICLE PREMIER. — Le ministre des Postes et des Télégraphes est autorisé à créer des timbres spéciaux, dits *timbres-épargne*, de 1 à 1,000 francs, destinés à constater, sur les livrets des déposants à la Caisse d'épargne postale ou Caisse nationale d'épargne, les versements effectués dans les bureaux de poste en conformité de la loi du 9 avril 1881 et du règlement d'administration publique du 31 août suivant.

Au moment de chaque versement, il sera apposé sur le livret, en présence du déposant, le nombre de timbres nécessaires pour

[1] Modifié par l'arrêté du 16 février 1889.

représenter exactement la somme versée, laquelle continuera d'être inscrite en francs dans la colonne des sommes reçues.

Pour former titre envers la Caisse, les timbres-épargne devront être frappés du timbre à date du bureau de poste et être revêtus de la signature du receveur.

Art. 2. — L'époque de la mise à exécution de l'article précédent sera déterminée par décret.

Art. 3. — Les frais de composition, de gravure et d'impression des timbres-épargne seront avancés par le Trésor, jusqu'à concurrence de 40,000 francs, à titre de frais de premier établissement de la Caisse d'épargne postale ou Caisse nationale d'épargne, dans les conditions énoncées à l'article 5 de la loi de finances du 21 décembre 1881.

Décret du 30 novembre 1882

PORTANT AUTORISATION DE FAIRE A LA CAISSE NATIONALE D'ÉPARGNE DES VERSEMENTS EN TIMBRES-POSTE

Article premier. — Toute personne qui désire obtenir un livret de la Caisse nationale d'épargne, et tout déposant déjà titulaire d'un livret de ladite Caisse peuvent réaliser, au moyen de timbres-poste ordinaires de 5 et de 10 centimes, le versement minimum de 1 franc prescrit par l'article 8 de la loi du 9 avril 1881.

Art. 2. — Il sera délivré gratuitement, dans tous les bureaux de poste, à tous ceux qui en feront la demande, des formules dites *bulletins d'épargne*, sur lesquelles ils indiqueront eux-mêmes les nom de famille et prénoms de la personne qui doit en faire usage.

Les numéros du livret sur lequel le montant des bulletins d'épargne aura été porté comme versement seront indiqués sur ces bulletins par les soins du receveur des postes qui les aura reçus.

Art. 3. — Tout possesseur d'un bulletin d'épargne à son nom, quelle que soit sa qualité civile, tout représentant d'un mineur, notamment quand il s'agit des enfants des écoles primaires publiques ou privées, se borne à coller sur le bulletin les timbres-poste destinés à l'épargne. Lorsque ces timbres atteignent la somme de 1 franc, il peut faire le versement de ce bulletin à un bureau de poste, qui le reçoit *pour comptant*, pourvu que lesdits timbres ne soit ni altérés, ni maculés, ni déchirés.

Le versement fait en timbres-postes est ensuite inscrit *en francs* sur le livret du déposant, s'il est déjà titulaire d'un livret de la Caisse nationale d'épargne, ou, dans le cas contraire, donne lieu à la délivrance d'un livret.

Il ne pourra être versé, au moyen de timbres-poste, pour le compte d'une même personne, plus de 10 francs par mois.

Les timbres-poste employés à représenter l'épargne seront, après examen de leur état, oblitérés par les soins de la direction départementale des postes et des télégraphes.

Art. 4. — Tous les mois, le ministre des Postes et des Télégraphes remet au ministre des Finances un état, dûment certifié, des timbres-poste compris dans les versements à la Caisse nationale d'épargne. Le montant de cet état est déduit des produits budgétaires des postes du mois précédent et porté, dans les écritures de l'Administration centrale des finances, au crédit de la Caisse nationale d'épargne.

Toutefois cette opération n'a lieu que pour le *montant net* des timbres-poste, c'est-à-dire déduction faite de la remise réglementaire de 1 franc 0/0 allouée aux receveurs pour la vente des timbres; le montant de cette remise reste à la charge de la Caisse nationale d'épargne, qui l'impute sur ses frais de gestion et d'administration, conformément à l'article 9 du décret précité du 31 août 1881.

Art. 5. — Le ministre des Postes et des Télégraphes et le ministre des Finances sont chargés, chacun en ce qui le concerne, de l'exécution du présent décret, qui entrera en vigueur à partir du 1er janvier 1893 et sera inséré au *Journal officiel*, au *Bulletin mensuel des postes et des télégraphes* et au *Bulletin des lois*.

Décret du 10 mars 1883

FIXANT LA DATE DE LA MISE A EXÉCUTION DE LA LOI DU 3 AOUT 1882

Article premier. — Il sera fait usage, à partir du 1er avril 1883, des timbres-épargne dont la création a été autorisée par la loi précitée du 3 août 1882.

ART. 2. — Le ministre des Postes et des Télégraphes et le ministre des Finances sont chargés d'assurer, chacun en ce qui le concerne, l'exécution du présent décret, qui sera inséré au *Journal officiel* et au *Bulletin des lois.*

Circulaire de la Direction générale de la comptabilité publique du 29 juillet 1885, relatives aux retenues exercées sur le salaire des cantonniers.

... Les retenues exercées sur les salaires des cantonniers sont versées soit à la Caisse des retraites pour la vieillesse, soit aux Caisses d'épargne locales, soit enfin à la Caisse d'épargne postale. Les versements à la Caisse des retraites pour la vieillesse sont obligatoires pour tous les cantonniers n'ayant pas dépassé l'âge de 60 ans. Ce n'est qu'après cet âge, qui est fixé comme extrême limite pour la jouissance des pensions de retraite, que les versements ont lieu aux caisses d'épargne.

Décret du 29 octobre 1885

AUTORISANT LA CRÉATION DE SUCCURSALES DE LA CAISSE NATIONALE D'ÉPARGNE DANS LES VILLES, A L'ÉTRANGER, OU IL EXISTE UN BUREAU DE POSTE FRANÇAIS

ARTICLE PREMIER. — Des succursales de la Caisse nationale d'épargne pourront être ouvertes, par arrêté du ministre des Postes et des Télégraphes, sur l'avis conforme du ministre des Affaires étrangères et du ministre des Finances, dans les villes, à l'Étranger, où fonctionne un bureau de poste français.

ART. 2. — Chaque succursale sera gérée par le receveur des postes, sous la surveillance du consul ou vice-consul de France et dans les conditions déterminées par le présent décret.

Les opérations des succursales seront centralisées par l'agent comptable de la Caisse nationale d'épargne.

Art. 3. — Les versements et les retraits de fonds opérés dans les succursales seront constatés sur les livrets prescrits par l'article 6 de la loi du 9 avril 1881.

Ces livrets formeront des séries spéciales à chaque succursale et dénommées *séries étrangères.*

Les comptes courants de ces séries seront récapitulés par l'agent comptable sur des comptes divisionnaires spéciaux.

Art. 4. — Tout titulaire d'un livret de la Caisse nationale d'épargne en France pourra faire transférer son compte à une succursale étrangère, à la condition d'échanger le livret qu'il possède contre un livret de la série correspondante.

Cet échange aura lieu sans frais.

Tout titulaire d'un livret d'une série étrangère pourra redevenir titulaire, sur sa demande et sans frais, d'un livret d'une série départementale en France.

Art. 5. — Le receveur des postes fera établir les demandes de livrets par les déposants et leur délivrera les livrets.

Il recevra tous versements afférents aux livrets de la série, qui lui seront faits dans les conditions fixées par les articles 6, 8 et 13 de la loi du 9 avril 1881, et il constatera ces versements par l'indication de la somme reçue en chiffres et en toutes lettres et par l'apposition de sa signature.

Il pourra faire aux titulaires desdits livrets des remboursements partiels, c'est-à-dire inférieurs d'un franc au moins au crédit du livret en capital.

Ces remboursements, justifiés par la quittance de la partie, seront inscrits sur le livret en chiffres et en toutes lettres avec la signature du receveur.

Le receveur n'effectuera les remboursements intégraux que sur l'autorisation préalable du directeur de la Caisse nationale d'épargne.

Les remboursements seront effectués soit au siège de la succursale, soit, sur le visa du receveur des Postes, dans l'un des bureaux de distribution relevant de son propre bureau.

Art. 6. — Les demandes de remboursement, sur livrets de séries étrangères, seront toujours accompagnées du livret auquel elles se rapportent.

Les receveurs pourront exiger du déposant, au moment du remboursement, toutes pièces justificatives d'identité qu'ils jugeront nécessaires.

Art. 7. — Le receveur des postes transmettra à la Direction centrale, après en avoir pris note, les demandes de remboursement intégral, les demandes d'achats de rentes et toutes autres demandes auxquelles il n'aurait pas la faculté de donner suite.

Art. 8. — Le receveur des Postes tiendra des comptes courants en ce qui concerne les capitaux seulement, pour chacun des livrets appartenant à la série de sa succursale.

Il inscrira d'office sur les comptes courants les opérations concernant les livrets de la série étrangère que lui notifiera la Direction centrale, et notamment les intérêts capitalisés au 31 décembre de chaque année.

Les opérations prévues au paragraphe précédent devront être transcrites sur les livrets à la diligence du receveur.

Les déposants seront invités à présenter leur livret une fois l'an pour vérification de leur compte et inscription des intérêts échus au 31 décembre.

Art. 9. — A des époques périodiques, la Direction centrale de la Caisse nationale d'épargne enverra au consul ou vice-consul de France, dans la circonscription duquel se trouvera une succursale, des relevés individuels de compte pour chacun des titulaires de livret de la série étrangère correspondante.

Ces relevés de compte seront remis aux destinataires, sur leur demande, par les soins du consulat.

Toute réclamation concernant la Caisse nationale d'épargne sera reçue par le consul ou vice-consul, qui la transmettra, s'il y a lieu, au ministère des Postes et des Télégraphes, à Paris.

Le consul ou vice-consul se fera représenter les livrets des déposants toutes les fois qu'il le jugera utile.

Dans le cas où des irrégularités seraient reconnues dans le service de la Caisse nationale d'épargne, le consul ou vice-consul pourra prendre des mesures conservatoires.

Art. 10. — Des arrêtés du ministre des Postes et des Télégraphes détermineront les allocations qui seront accordées aux receveurs des postes sur les ressources de la Caisse nationale d'épargne, ainsi que le mode de règlement de ces allocations.

Art. 11. — Les règlements et instructions nécessaires pour l'application du présent décret seront concertés entre les ministres des Postes et des Télégraphes, des Affaires Étrangères et des Finances.

Art. 12. — Le ministre des Postes et des Télégraphes, le ministre des Affaires Étrangères et le ministre des Finances sont chargés, chacun en ce qui le concerne, de l'exécution du présent décret, qui sera inséré au *Journal officiel* et au *Bulletin des lois*.

Avis du Conseil d'État

SÉANCE DU 10 NOVEMBRE 1886

La femme qui s'est fait ouvrir un livret dans les conditions de l'article 6 de la loi du 9 avril 1881 peut, après la mort de son mari, retirer seule les fonds qu'elle a placés.

Circulaire du ministre de l'intérieur, en date du 16 novembre 1886

Monsieur le Directeur de la colonie d... Aux termes de l'article 92 du règlement général du 10 avril 1869, les sommes allouées aux pupilles doivent être déposées à la Caisse d'épargne, et le pupille, s'il en demande le remboursement avant sa majorité légale, ne peut l'obtenir qu'avec l'autorisation de mon Administration.

Le recours à l'Administration ne présente aucun inconvénient lorsqu'il s'agit des pupilles placés chez des particuliers ou confiés à leurs parents. Il n'en est pas de même pour les libérés admis à contracter un engagement dans l'armée. Il m'a paru que le concours de la *Société de protection des engagés volontaires* pouvait être utilisé...

Il conviendra que la mention suivante soit portée sur le livret de Caisse d'épargne : *Le remboursement ne pourra avoir lieu, en tout ou en partie, qu'à partir de la libération du service militaire, sauf autorisation du président de la Société de protection des engagés volontaires.*

Nous nous rapprocherons ainsi des intentions de l'auteur de la loi du 5 août 1850, quand il prescrivait, par l'article 19, que les jeunes détenus resteraient sous la tutelle administrative pendant trois années après leur libération.

Lorsque la demande de remboursement présentée par le pupille patronné aura pour objet une somme supérieure à 20 francs, il en sera référé à mon Administration.

Décret du 22 novembre 1886

PORTANT RÉORGANISATION DES SUCCURSALES NAVALES DE LA CAISSE NATIONALE D'ÉPARGNE

ARTICLE PREMIER. — Les succursales navales de la Caisse nationale d'épargne ouvertes dans chacune des divisions des équipages de la flotte et à bord de chacun des bâtiments de l'État sont gérées par le Conseil d'administration ou le commandant comptable, conformément aux règles établies par le présent décret.

Les opérations effectuées par les succursales navales sont centralisées par l'agent comptable de la Caisse nationale d'épargne.

ART. 2. — Les correspondances relatives aux opérations de la Caisse nationale d'épargne et aux rectifications matérielles qui s'ensuivent sont échangées directement entre les présidents des Conseils d'administration et les commandants comptables, d'une part, et le ministre des Postes et des Télégraphes, d'autre part.

Les infractions aux décrets et règlements concernant la Caisse nationale d'épargne relevées par le ministre des Postes et des Télégraphes sont notifiées aux intéressés par le ministre de la Marine et des Colonies.

ART. 3. — Les opérations des succursales navales sont constatées sur des livrets de plusieurs séries spéciales intitulées : *séries marines*.

Les comptes courants de ces séries seront récapitulés par l'agent comptable de la Caisse nationale d'épargne dans des comptes divisionnaires spéciaux.

Tout officier ou marin qui est titulaire d'un compte à la Caisse nationale d'épargne peut continuer ses opérations par l'intermédiaire des succursales navales, à la condition d'échanger le livret qu'il possède contre un livret d'une série marine. Cet échange a lieu sans frais.

ART. 4. — Tout titulaire d'un livret d'une série marine, en congé temporaire, peut continuer ses opérations par l'intermédiaire des bureaux de poste correspondants de la Caisse nationale d'épargne, sous la condition de produire son livret, sur lequel sa situation et son avoir net auront été certifiés par le délégué du Conseil d'administration ou le commandant comptable.

La même faculté est accordée :

1° A tout officier quand il n'est pas embarqué ;

2° A tout officier marinier ou marin régulièrement éloigné du bâtiment sur lequel il compte pour la solde, pourvu que sa situation spéciale ait été mentionnée sur son livret par le délégué du Conseil d'administration ou le commandant comptable.

Art. 5. — Tout titulaire d'un livret d'une série marine qui est libéré du service reçoit, sur sa demande et sans frais, un livret de la série du département qu'il désigne.

Les livrets des séries marines appartenant à des officiers mariniers ou à des marins en activité de service sont conservés par les capitaines de compagnie, le trésorier de la division, l'officier d'administration ou le commandant comptable du bâtiment ; ils sont mis tous les dimanches à la disposition des titulaires pour leur permettre de vérifier l'exactitude des inscriptions qui y sont portées.

Art. 6. — Les Conseils d'administration et les commandants comptables sont autorisés à recevoir les premiers versements et les versements ultérieurs de tous les officiers ou marins appartenant à la division ou au bâtiment.

Ils sont, en outre, autorisés à faire, sous leur responsabilité, des remboursements aux titulaires des séries marines dans la limite des sommes inscrites au crédit de chaque livret.

Art. 7. — Les tables de bord sont autorisées à se faire ouvrir un compte à la Caisse nationale d'épargne aux conditions fixées par l'article 13 de la loi du 9 avril 1881.

Art. 8. — Les remboursements effectués par la Direction centrale de la Caisse nationale d'épargne sous forme de payement de délégations et les versements opérés dans les bureaux de poste, en vertu de l'article 16 (§ 4 et 5) du présent décret, peuvent être inférieurs à 1 franc ou comprendre des fractions de franc.

Les fractions de franc ne produisent pas d'intérêts en faveur des déposants.

Art. 9. — Les opérations des succursales navales peuvent être effectuées tous les jours, sauf le dimanche, aux heures fixées par le commandant de la division ou du bâtiment.

Les sommes provenant des versements sont conservées dans la caisse du bâtiment ou de la division ; la même caisse paye les sommes réclamées par les titulaires des livrets.

Art. 10. — Les opérations de versement et de remboursement sont inscrites sur les livrets par le délégué du Conseil d'administration (capitaine de compagnie, trésorier, officier d'administration) ou par le commandant comptable, et signées par lui.

Elles sont, en outre, inscrites immédiatement sur les registres des premiers versements, des versements ultérieurs et des remboursements.

A titre exceptionnel et par délégation du Conseil d'administration ou du commandant comptable, les opérations mentionnées à l'article 26 ci-après, lorsqu'elles concernent un officier, officier marinier ou marin éloigné régulièrement du bâtiment sur lequel il compte pour la solde, peuvent être inscrites sur son livret par un officier ou fonctionnaire de la marine désigné à cet effet.

Art. 11. — Les demandes de remboursement par achat de rentes, par mandats-poste ou toutes autres demandes de remboursement auxquelles la Direction centrale de la Caisse nationale d'épargne peut seule satisfaire, sont transmises à cette direction par le président du Conseil d'administration ou le commandant comptable chargé de les faire établir.

Avant de transmettre une demande de l'espèce, le président du Conseil d'administration ou le commandant comptable la fait mentionner au livret du titulaire, avec l'évaluation présumée de la somme qui y sera employée. Cette somme se trouve rendue indisponible jusqu'à l'arrivée d'un avis de la Direction centrale, sur le vu duquel le remboursement est inscrit au livret pour sa valeur exacte.

Art. 12. — Les officiers, officiers-mariniers, quartiers-maîtres et marins titulaires de livrets de la Caisse nationale d'épargne (séries marines) sont autorisés à faire payer, sans frais, par cette caisse, des délégations à leur famille (père, mère, femme, enfants, frère et sœur).

Art. 13. — Les déclarations constatant le montant des délégations souscrites par les officiers et marins de l'État, au profit de leur famille, sont transmises à la Direction centrale de la Caisse nationale d'épargne par le président du Conseil d'administration ou le commandant comptable, qui les vise pour constater leur régularité.

Ces déclarations sont signées par l'intéressé, et indiquent la durée de la délégation; si le délégant ne sait pas signer, mention en est faite dans le visa du président du Conseil d'administration ou du commandant comptable.

Art. 14. — Les délégations sont payables par période de trois mois, à terme échu, du 16 au 25 du mois qui suit l'expiration de cette période trimestrielle.

Art. 15 — Le payement d'une délégation ne peut être retardé par le motif que le compte courant du délégant n'est pas crédité d'une somme suffisante.

Le ministre de la Marine est garant, vis-à-vis de la Caisse nationale d'épargne, des débets tant en capital qu'en intérêts, résultant du payement des délégations dont le montant serait supérieur aux sommes portées au crédit du délégant.

Art. 16. — Les registres tenus à bord ou dans les divisions ne comprennent que l'inscription des capitaux versés ou remboursés par l'intermédiaire des succursales navales, sans aucune mention des intérêts en cours.

Les Conseils d'administration ou les commandants comptables doivent inscrire sur les livrets, outre les opérations effectuées par eux, toutes les opérations effectuées en France et dont la Direction centrale de la Caisse nationale d'épargne leur donne avis, savoir :

1° Le report à un livret de série marine d'une somme transférée d'un livret préexistant de la Caisse nationale d'épargne ou d'une Caisse d'épargne privée;

2° Les intérêts capitalisés au 31 décembre, en vertu de l'article 3 de la loi du 9 avril 1881;

3° Les arrérages de titres de rente laissés en dépôt à la Caisse nationale d'épargne par les titulaires des livrets;

4° Les remboursements effectués par la Direction centrale, sous forme d'achat de rente, de mandat-poste ou de payement de délégation;

5° Des versements effectués dans un bureau de poste français correspondant de la Caisse nationale d'épargne au profit du titulaire d'un livret de série marine.

Art. 17. — Le trésorier, l'officier d'administration ou le commandant comptable reporte, pour chaque journée d'opération, sur des bordereaux distincts, les premiers versements, les versements ultérieurs et les remboursements inscrits sur ses registres.

Ces bordereaux sont arrêtés le 10 et le 25 de chaque mois, certifiés par le Conseil d'administration ou le commandant comptable, et expédiés, par le plus prochain courrier, au ministre des Postes et des Télégraphes, avec toutes les pièces justificatives à l'appui; ils sont accompagnés d'un bulletin d'envoi présentant la balance des versements et des remboursements opérés depuis le 11 du même mois ou le 26 du mois précédent.

Les mêmes opérations peuvent avoir lieu à d'autres dates, lorsque les départs des navires et des courriers ou les nécessités du service l'exigent.

Art. 18. — S'il ressort de la situation inscrite au bulletin d'envoi que les versements dépassent les remboursements, cet excédent reçoit les destinations suivantes :

Dans un port de France, d'Algérie ou des colonies, il est versé dans la caisse du trésorier-payeur général, du trésorier-payeur ou de leur préposé, qui en délivre un récépissé comptable sur la production d'un extrait du bulletin d'envoi.

Dans un port étranger, l'excédent est appliqué aux dépenses du bâtiment; il fait l'objet d'une traite marine tirée sur le caissier-payeur central du Trésor public, à l'ordre de l'agent comptable de la Caisse nationale d'épargne.

Art. 19. — Si, d'après le bulletin d'envoi, les remboursements excèdent les versements, le Conseil d'administration ou le commandant comptable se procure la différence au moyen d'un mandat tiré sur le caissier central du Trésor public pour le compte de l'agent comptable de la Caisse nationale d'épargne.

Dans un port de France, d'Algérie ou des colonies, ce mandat est payé, *à présentation*, soit par le trésorier-payeur général, par le trésorier-payeur, ou par leur préposé, soit par le trésorier des invalides de la marine.

Dans un port étranger, ce mandat est négocié sur place.

Les mandats émis par le Conseil d'administration des divisions ne sont signés que du trésorier, du major et du commandant.

Art. 20. — Les bénéfices de change sont acquis à la Caisse nationale d'épargne, et les pertes au change imputées sur ses frais d'administration.

Art. 21. — Le trésorier, l'officier d'administration ou le commandant comptable joint aux bordereaux prescrits par l'article 17 ci-dessus :

1° Dans le cas d'excédent des versements sur les remboursements, le récépissé comptable du trésorier-payeur général, ou du trésorier-payeur, lorsque cet excédent est versé dans un port de France, d'Algérie ou des colonies, ou la traite marine à l'ordre de l'agent comptable de la Caisse nationale d'épargne, lorsque les opérations s'accomplissent dans un port étranger;

2° Dans le cas d'excédent des remboursements sur les versements, un avis d'émission du mandat tiré sur le Trésor pour le compte de l'agent comptable de la Caisse nationale d'épargne.

Art. 22. — L'agent comptable de la Caisse nationale d'épargne établit, chaque jour, au moyen des bordereaux des succursales navales qui lui parviennent, une balance présentant, d'une part, le montant des dépôts reçus, et, d'autre part, le montant des remboursements effectués.

L'excédent de recette ou de dépense résultant de cette balance détermine le montant du versement ou du retrait de fonds à opérer le même jour à la Caisse des dépôts et consignations au crédit ou au débit du compte courant de la Caisse nationale d'épargne.

Art. 23. — L'intérêt dû aux déposants des succursales navales est calculé suivant les règles fixées par l'article 3 de la loi du 9 avril 1881.

En conséquence, un intérêt de 3 francs 0/0 par an est servi aux déposants [1].

Cet intérêt part du 1er ou du 16 de chaque mois après le jour du versement.

Il cesse de courir à partir du 1er ou du 16 qui précède le jour du remboursement.

Au 31 décembre de chaque année, l'intérêt acquis s'ajoute au capital et devient lui-même productif d'intérêts. Les fractions de franc ne produisent pas d'intérêts.

Art. 24. — Le présent décret sera mis à exécution le 1er janvier 1887.

Les règlements et instructions nécessaires pour son application seront concertés entre le ministre de la Marine et des Colonies, le ministre des Postes et des Télégraphes et le ministre des Finances.

Seront abrogés, à partir de la même date, les décrets des 18 mars et 27 avril 1885.

Art. 25. — Le ministre de la Marine et des Colonies, le ministre des Postes et des Télégraphes et le ministre des Finances sont chargés, chacun en ce qui le concerne, de l'exécution du présent décret, qui sera inséré au *Journal officiel* et au *Bulletin des lois*.

Arrêté du ministre de la guerre du 27 janvier 1887

Article premier. — A partir du 31 janvier 1887, des versements à la Caisse nationale des retraites seront effectués au profit des agents secondaires, ouvriers et ouvrières de l'administration centrale de la Guerre non commissionnés et n'acquérant aucun droit à une pension civile en vertu de la loi du 9 juin 1853.

Art. 13. — Les intéressés âgés de plus de 55 ans révolus au 1er janvier 1887 seront admis à demander que les dépôts qui les concernent soient faits à la Caisse d'épargne postale au lieu de l'être à la Caisse des retraites. Le livret de caisse d'épargne ou les fonds qui y sont déposés ne pourront leur être remis qu'au moment où ils quitteront définitivement l'Administration.....

[1] Modifié par la loi du 26 décembre 1892.

Circulaire du ministre de la guerre en date du 10 février 1888

Mon cher général, vous m'avez transmis une lettre par laquelle le Conseil d'administration du ... bataillon d'infanterie légère d'Afrique rendait compte qu'un certain nombre de livrets de la Caisse nationale d'épargne, délivrés au nom de militaires décédés, se trouvaient provisoirement en dépôt au corps, leurs héritiers étant inconnus ou partis sans laisser d'adresse.

Pour remédier à cette situation, qui pouvait dans certains cas engager la responsabilité du Conseil d'Administration, j'ai cru devoir en référer à mon collègue des Finances, qui vient de m'adresser la réponse ci-après, établissant nettement la doctrine à suivre dans le cas précité.

« Vous me demandez d'autoriser celui-ci (le Conseil d'adminis-« tration) à retirer de la Caisse nationale d'épargne le montant « des livrets dont la destination se trouve inconnue, à charge par « lui d'en opérer le versement à la Caisse des dépôts et consigna-« tions au nom des héritiers des militaires décédés.

« J'ai l'honneur de vous faire connaître que cette manière de « procéder, qui était indispensable lorsque les fonds particuliers « appartenant aux militaires étaient versés aux Caisses d'épargne « privées, me paraît inutile à l'égard de la Caisse d'épargne de « l'État.

« En effet, la Caisse nationale d'épargne, qui rembourse les « fonds dans tous les bureaux de poste de France, d'Algérie et de « Tunisie, substitue sa responsabilité à celle des Conseils d'admi-« nistration pour effectuer un paiement valable entre les mains « des héritiers du titulaire du livret. Elle dispense ainsi l'Adminis-« tration militaire d'intervenir en un règlement de compte qui ne « peut l'intéresser ; il suffit au Conseil d'administration de faire « parvenir le livret aux héritiers, en même temps que les objets « mobiliers ayant appartenu au militaire décédé, lorsque ces héri-« tiers sont connus.

« Dans le cas où les héritiers sont inconnus ou ont disparu, il « semble que le livret peut être déposé par le Conseil à la Caisse « des dépôts et consignations, ainsi qu'il est admis par la loi du « 28 juillet 1875 pour tous autres titres ou valeurs mobilières ; « ce dépôt dûment constaté par un récépissé sauvegarderait plei-« nement la responsabilité du Conseil d'administration.

« Je crois devoir ajouter que, conformément à l'article 14 de la « loi du 9 avril 1881, le compte d'épargne, dont le montant n'au-

« rait pas été réclamé dans un délai de trente ans serait, à l'expi-
« ration de ce délai, converti en un titre de rente sur l'État par la
« Caisse nationale d'épargne.

Décision du ministre des Finances du 11 juin 1888

L'exemption des formalités du timbre et de l'enregistrement accordée par l'article 20 de la loi du 9 avril 1881 aux actes nécessaires pour le service de la Caisse d'épargne postale doit être appliquée aux actes tels que les certificats de propriété et actes de notoriété, que produisent, en cas de décès du titulaire d'un livret, les héritiers du déposant.

Arrêté du 16 février 1889

MODIFIANT LA FORME DES TIMBRES-ÉPARGNE

ARTICLE PREMIER. — Les timbres-épargne mobiles, actuellement en usage, seront remplacés, à partir du 1er juillet 1889, par des timbres-épargne détachés d'un registre à souche et munis de nombres en toutes lettres représentant la valeur des versements depuis un franc (1 fr.) jusqu'à deux mille francs (2,000 fr.).

ART. 2. — Le Directeur général des postes et des télégraphes est chargé de l'exécution du présent arrêté.

Circulaire du ministre de l'Intérieur du 4 juin 1889

RELATIVE AUX FONDS APPARTENANT AUX ALIÉNÉS

Les fonds appartenant aux aliénés pourraient être placés à la Caisse nationale d'épargne... Pendant la durée de la séquestration, les remboursements partiels ou intégraux seraient effectués sur la demande de l'Administration provisoire.

Arrêté du ministre de la Guerre du 30 juillet 1889

ARTICLE PREMIER. — A partir du 1er janvier 1890, des versements à la Caisse nationale des retraites pour la vieillesse seront effectués au profit des commis, ouvriers et ouvrières des magasins administratifs de la Guerre (subsistances, habillement et campement, service de santé) n'acquérant aucun droit à une pension civile en vertu de la loi du 9 juin 1853.

ART. 8. — Les intéressés âgés de plus de cinquante-cinq ans révolus au 1er janvier 1890 seront admis à demander que les dépôts qui les concernent soient faits à la Caisse nationale d'épargne, au lieu de l'être à la Caisse nationale des retraites pour la vieillesse.

Décret du 14 décembre 1889

RELATIF A LA CRÉATION DE SUCCURSALES DE LA CAISSE NATIONALE D'ÉPARGNE DANS LES DÉPARTEMENTS

ARTICLE PREMIER. — Chacune des succursales est gérée, sous le contrôle du directeur des postes et des télégraphes du département, par un receveur des postes en qualité de caissier de la succursale.

ART. 2. — Le caissier tient, aux lieu et place de l'agent comptable de la Caisse nationale d'épargne, en ce qui concerne les comptes des déposants de la succursale, le livre des comptes courants, en capitaux et intérêts, prescrit par l'article 7 du décret du 31 août 1881.

Le registre matricule prescrit par l'article 7 du même décret est remplacé par une deuxième expédition des demandes de livret.

ART. 3. — Le directeur des postes et des télégraphes, chargé du contrôle d'une succursale, tient, par délégation du directeur de la Caisse nationale d'épargne, le double du livre des comptes courants prescrit par l'article 8 du même décret.

ART. 4. — L'agent comptable de la Caisse nationale d'épargne reprend, dans ses écritures, en des comptes divisionnaires spéciaux, les opérations de versements et de remboursements effectués par chaque succursale.

Art. 5. — Dans le cas où les opérations de la succursale prendraient une grande extension, les fonctions de caissier et la tenue du double des comptes courants pourraient être confiées à des agents spéciaux, ayant rang de receveur, le directeur continuant à être chargé du contrôle de la succursale.

Art. 6. — Tout déposant qui se présente pour faire un premier versement dans l'un des bureaux de poste du département où une succursale est établie reçoit un livret de la série spéciale à cette succursale.

En cas de changement de résidence, tout titulaire d'un livret de la Caisse nationale d'épargne peut faire transférer son compte, soit de la Direction centrale à une succursale et réciproquement, soit d'une succursale à une autre, sous la condition d'échanger le livret qu'il possède contre un livret de la série à laquelle son compte est transféré. La demande de transfert doit être déposée au bureau de poste de son nouveau domicile.

Les échanges de livret ont lieu sans frais.

La Caisse nationale d'épargne dispose d'un délai de dix jours pour opérer l'échange.

Art. 7. — Les versements ultérieurs peuvent être effectués par le titulaire d'un livret de succursale dans tous les bureaux de poste de plein exercice de la France ou de l'Algérie.

Art. 8. — Les demandes de remboursement partiel ou de remboursement intégral d'un livret de succursale sont adressées à la succursale qui a délivré le livret.

Les autorisations de remboursement sont émises par le directeur du département, par délégation du directeur de la Caisse nationale d'épargne et suivant les règles tracées par les articles 17 à 24 du décret du 31 août 1881.

Toute demande de remboursement intégral d'un livret de succursale doit être accompagnée du livret.

Art. 9. — Les succursales transmettent à la Direction centrale de la Caisse des demandes d'achat de rentes, dressées d'office ou présentées par les déposants, en les accompagnant d'un certificat constatant qu'une provision suffisante a été réservée sur le compte du déposant.

Art. 10. — En cas de perte de livret, le déposant adress à la succursale qui a délivré le billet une déclaration de perte, qui est traitée suivant les prescriptions de l'article 26 du décret du 31 août 1881.

ART. 11. — Les succursales de la Caisse nationale d'épargne seront créées par arrêtés du ministre du Commerce, de l'Industrie et des Colonies au fur et à mesure des besoins du service.

ART. 12. — Des arrêtés du ministre du Commerce, de l'Industrie et des Colonies détermineront les traitements, allocations et émoluments qui seront accordés aux divers agents des succursales sur le budget de la Caisse nationale d'épargne.

ART. 13. — Les règlements et instructions nécessaires pour l'application du présent décret seront arrêtés par le ministre du Commerce, de l'Industrie et des Colonies, de concert avec le ministre des Finances, en ce qui concerne les dispositions de comptabilité.

ART. 14. — L'article 10 du décret du 16 mars 1880 concernant les succursales de l'Algérie et de la Tunisie est abrogé.

ART. 15. — Le Président du Conseil, ministre du Commerce, de l'Industrie et des Colonies, est chargé de l'exécution du présent décret, qui sera inséré au *Journal officiel* et au *Bulletin des lois*.

Loi de finances du 26 décembre 1890

ART. 56. — Le taux de l'intérêt payé par le Trésor sur les fonds des caisses d'épargne nationale et privées, en compte courant, sera fixé par le ministre des Finances ; il ne pourra être supérieur au taux d'intérêt des bons du Trésor.

ART. 57. — A partir du 1er janvier 1891, le taux d'intérêt servi par la Caisse des dépôts et consignations à la Caisse nationale d'épargne pour ses fonds déposés en compte courant sera égal à celui servi par le Trésor en exécution de l'article précédent.

Loi de finances du 26 janvier 1892

ART. 45. — Les obligations créés en exécution des lois des 22 juillet et 8 août 1885, 2 mai et 17 juillet 1889, et existant dans le portefeuille de la Caisse des dépôts, de la Caisse nationale d'épargne et de la Caisse nationale des retraites pour la vieillesse, seront échangées, titre pour titre, contre des obligations du même type, mais rapportant un intérêt de 3 fr. 25 0/0 par an.

La présente disposition aura son effet à partir du payement du coupon venant à échéance le 16 juin 1892, lequel ne sera payé qu'à raison de 3 fr. 125 par obligation de 500 francs.

Décision du ministre de la Guerre du 31 mai 1892

Aux termes d'une décision ministérielle du 19 février 1877, les condamnés militaires libérés de leur peine ne peuvent obtenir le remboursement des fonds déposés aux Caisses d'épargne en leur nom, par application de la circulaire du 8 janvier 1859, qu'après libération et dans la localité où ils ont déclaré vouloir se retirer.

Or, pour toucher leurs fonds, ils sont obligés d'adresser leur demande de remboursement, pour examen, à la succursale d'origine du compte (art. 6 du décret du 16 mars 1886), et, en outre, de la faire viser par le chef du corps auquel ils appartiennent, s'ils ne justifient de leur sortie du service actif. Il en résulte des retards plus ou moins longs dont se plaignent généralement les intéressés.

Pour obvier à cet inconvénient, le ministre a décidé, sur la proposition de M. le ministre du Commerce et de l'Industrie (Direction générale des Postes et des Télégraphes), qu'à l'avenir les militaires libérés auront la faculté d'établir eux-mêmes, au corps ou à l'établissement où ils se trouvent, leur demande de retrait de fonds, le jour de leur libération, et de faire viser immédiatement cette demande par l'autorité militaire, sur place.

L'autorisation de remboursement sera adressée, poste restante, dans la localité fixée par l'autorité militaire pour le remboursement.

Loi du 26 décembre 1892

Art. 13. — L'intérêt à servir aux Caisses d'épargne ordinaires par la Caisse des dépôts et consignations est déterminé, en tenant compte du revenu des valeurs du portefeuille et du compte courant avec le Trésor, représentant les fonds provenant des Caisses d'épargne.

Les variations de ce taux d'intérêt auront lieu par fractions indivisibles de 0,25 0/0.

Pour l'année 1893, cet intérêt est fixé à 3 fr. 50 0/0. Lorsqu'il y aura lieu de modifier ce taux, le nouvel intérêt à bonifier aux Caisses d'épargne sera fixé, avant le 1er novembre, pour l'exercice suivant, par un décret rendu sur la proposition du ministre du Commerce et du ministre des Finances, après avis de la Commission de Surveillance de la Caisse des dépôts et consignations.

Art. 14. — L'intérêt à servir par la Caisse nationale d'épargne à ses déposants sera calculé et établi dans les conditions et suivant le mode déterminé à l'article 13.

Pour l'année 1893, cet intérêt est fixé à 2 fr. 75 0/0.

Loi du 3 février 1893

TENDANT A COMPLÉTER LES ARTICLES 419 ET 420 DU CODE PÉNAL

Article premier. — Sera puni des peines prévues par l'article 420 du Code pénal quiconque, par des faits faux ou calomnieux semés à dessein dans le public, ou par des voies ou moyens frauduleux quelconques, aura provoqué ou tenté de provoquer des retraits de fonds des Caisses publiques ou des établissements obligés par la loi à effectuer leurs versements dans les Caisses publiques.

Art. 2. — L'article 463 est applicable aux délits prévus et punis par la présente loi.

JURISPRUDENCE

Arrêt de la Cour de Bordeaux du 9 avril 1845

USUFRUIT

Attendu que les héritiers Pouget, débiteurs d'une rente perpétuelle dont l'usufruit appartenant à la veuve Casenave, et la nue propriété aux enfants de cette dernière, voulant opérer le remboursement du capital de cette rente, ont dû exiger le concours, dans la quittance qui devait leur être donnée, tout à la fois de la veuve Casenave et de ses enfants ; qu'il peut y avoir d'autant moins de doute à cet égard que le dernier acte souscrit par les héritiers Pouget, en renouvellement du titre constitutif, a été consenti en faveur de la veuve Casenave et de ses enfants ; que les héritiers Pouget n'ayant pu obtenir la quittance qu'ils avaient le droit d'exiger, ont été fondés à consigner dans la Caisse du receveur général la somme par eux offerte pour opérer le rachat de la rente perpétuelle dont ils étaient débiteurs ;

Attendu qu'en général l'usufruitier qui a fourni caution peut, sans le concours du propriétaire, toucher non seulement les capitaux des sommes prêtées, mais même les capitaux de rentes perpétuelles soumises à son usufruit ; que le propriétaire n'a aucun intérêt à s'y opposer, puisque le cautionnement fourni par l'usufruitier lui garantit suffisamment que les capitaux touchés par celui-ci seront représentés à l'extinction de l'usufruit :

Attendu qu'il doit en être autrement lorsque l'usufruitier a été affranchi de l'obligation de fournir caution, surtout lorsqu'il s'agit du remboursement d'un capital de rente perpétuelle, même dans le cas où l'usufruitier est un donateur;

Attendu, en effet, que s'il est un principe certain en droit, c'est qu'il n'est pas permis de donner et de retenir ; que, par conséquent, après s'être dépouillé, il n'est pas loisible au donateur de rendre illusoire sa libéralité ; que cela arriverait cependant si le donateur d'un capital de rente perpétuelle, n'offrant d'ailleurs qu'une solvabilité équivoque, et qui ne s'était réservé que le droit de toucher les arrérages, avait le droit d'exiger que le remboursement fut fait dans ses mains ;

Attendu, au surplus, qu'il résulte de l'ensemble des dispositions de l'acte du 8 mars 1838 que la donation qu'il renferme ne fut une pure libéralité de la part de la veuve Casenave au profit de ses enfants ; que des conditions onéreuses furent imposées à ces derniers ; que, notamment, il fut formellement stipulé par la veuve Casenave que ses enfants renonceraient à exiger d'elle aucun compte de la tutelle qu'elle aurait exercée, et à répéter les capitaux dont elle avait disposé après le décès de son mari ; qu'on remarque, en outre, dans cet acte du 8 mars, qualifié donation, que la veuve Casenave, qui paraît donner à ses enfants des capitaux s'élevant à la somme de 80,000 francs sous la réserve d'usufruit en sa faveur, est cependant assujettie à l'obligation de fournir hypothèque sur ses immeubles pour la sûreté du remboursement de cette somme à l'extinction de l'usufruit ;

Attendu que de cet ensemble de circonstances et de la nature spéciale du capital dont le remboursement est offert, il résulte qu'il n'est pas possible d'admettre que les parties qui ont figuré dans l'acte du 8 mars 1838 aient entendu que la veuve Casenave, simple usufruitière, ne s'étant réservé de percevoir que des arrérages, aurait le droit de toucher le capital, en cas de remboursement offert par les débiteurs ;

Attendu que les enfants de Casenave demandant que le capital de rente dont il s'agit reste provisoirement consigné, et offrant de payer à leur mère la somme nécessaire pour compléter l'intérêt à 5 0/0 du capital consigné, le droit, la raison et l'équité prescrivent d'accueillir cette mesure qui conserve à toutes les parties les positions qu'elles s'étaient volontairement faites par l'acte du 8 mars 1838 ; que, par conséquent, l'action récursoire dirigée par la veuve Casenave contre ses enfants doit être rejetée ;

Par ces motifs,

Le tribunal déclare valable et libératoire la consignation, opérée par les héritiers Pouget, de la somme de 6,500 francs, pour remboursement du capital de la rente perpétuelle dont ils étaient débiteurs ; ordonne la radiation des inscriptions prises sur la maison vendue, pour la conservation de ladite rente ; dit que la somme capitale ci-dessus restera provisoirement consignée, jusqu'à ce que la veuve et les enfants Casenave se soient entendus pour en opérer le placement à 5 0/0.

(Appel.)

ARRÊT :

La Cour, adoptant les motifs, confirme, etc...

Jugement du Tribunal de la Seine du 26 Janvier 1875

LIVRET PRIS PAR UNE FEMME MARIÉE. — REMBOURSEMENT AU MARI

Attendu que Gachon a assigné la Caisse d'épargne de Paris en délivrance d'un duplicata du livret n° 19222, 9e série, au nom de Louise-Flavie Chazal, femme Gachon, et en payement du montant de la somme portée audit livret;

Attendu que Gachon justifie qu'il est le mari de Louise-Flavie Chazal, et que son union avec elle n'a été précédée d'aucun contrat;

Que, par suite, il est marié avec elle sous le régime de la communauté légale de biens;

Attendu qu'il est établi par les documents produits que les sommes par lui réclamées à la Caisse d'épargne ont été versées par sa femme durant le cours de leur communauté légale de biens;

Attendu que, par suite, Gachon, comme chef de cette communauté, est fondé à retirer de la Caisse d'épargne le montant du livret susénoncé;

Sur la question des frais :

Attendu que c'est à bon droit que la Caisse d'épargne a refusé de remettre à Gachon, sur sa simple décharge, le montant du livret dont il s'agit;

Attendu qu'en effet elle ignorait si Gachon etait ou non encore marié et s'il était ou non séparé de biens ;

Attendu, d'un autre côté, qu'aux termes des règlements et statuts qui la régissent, la Caisse d'épargne n'est tenue de délivrer un duplicata d'un livret que selon des formes prévues et prescrites par lesdits règlements et statuts, notamment sur la demande signée par le titulaire du livret;

Attendu que Gachon articule dans sa demande que le livret délivré par sa femme a été conservé par elle ou perdu ;

Attendu que Gachon n'a pas justifié à la Caisse d'épargne de la perte de son livret, et qu'il n'a pu fournir la signature de la titulaire du livret;

Attendu qu'aux termes encore des règlements qui la régissent, la Caisse d'épargne, quand un livret est ouvert au nom d'une femme

14

qui s'est déclarée mariée lors du premier versement, ne doit remettre les fonds du premier comme des autres versements successifs qu'au mari et à la femme tous deux ou à l'un d'eux, mais dans ce cas avec le consentement de l'autre, lequel demeure annexé à la quittance;

Attendu que l'exécution par les déposants des clauses de ces règlements de la Caisse d'épargne doit être d'autant plus rigoureusement observée qu'elles sont mentionnées *in extenso* sur tous les livrets délivrés;

Attendu, d'un autre côté, qu'eu égard aux faits et circonstances de la cause, notamment de l'absence de la femme Gachon, partie pour l'Amérique depuis 1849, ainsi que le déclare Gachon lui-même, la Caisse d'épargne était encore fondée à s'opposer à la demande dudit Gachon;

Attendu enfin que la Caisse d'épargne n'est en rien la cause de la situation faite à Gachon; que, par suite, les frais de l'instance doivent demeurer à la charge dudit Gachon;

Par ces motifs,

Condamne l'agent général de la Caisse d'épargne à remettre à Gachon, sur sa simple quittance, le montant total en principal et intérêts des fonds portés au livret n° 19222, report du n° 11414, au nom de Mme Chazal Louise-Flavie, femme Gachon;

Et condamne Gachon aux dépens que l'agent général de la Caisse d'épargne et l'Administration des domaines sont autorisés à prélever et à retenir par préférence à tous autres sur le montant de la somme qui sera due à Gachon, et dont il est fait distraction au profit des avoués qui l'ont requise.

Jugement du Tribunal civil de première instance de la Seine du 16 novembre 1875

LIVRET PRIS PAR UNE FEMME MARIÉE. — REMBOURSEMENT AU MARI

Attendu qu'Auguste Berthier justifie qu'il a contracté mariage avec la demoiselle Louise-Ernestine Hutpin, le 9 mars 1864, à la mairie de Provins, et qu'il est marié sous le régime de la communauté; qu'au cours de la communauté, Louise-Ernestine Hutpin, épouse d'Auguste Berthier, a déposé à la Caisse d'épargne différentes sommes faisant l'objet d'un livret portant le numéro 60102;

Attendu que le montant de ce livret s'élevait, avec les intérêts servis par la Caisse d'épargne et de prévoyance jusqu'en 1882, à la somme de 709 fr. 65;

Attendu que le dernier versement a été fait le 11 avril 1869, et que le 9 juin suivant la dame Berthier a disparu sans que depuis il ait été possible au demandeur de savoir ce qu'elle était devenue;

Attendu qu'aux termes de l'article 1421 du Code civil le mari administre seul les biens de la communauté;

Attendu, en conséquence, que Berthier est en droit de se faire remettre par l'agent général de la Caisse d'épargne le montant du livret sus-énoncé, dont les versements ont été effectués des fonds de la communauté;

Sur la question des frais:

Attendu que c'est à bon droit que la Caisse d'épargne, tout en s'en rapportant à la justice sur le mérite de la demande, n'a pas cru pouvoir remettre à Berthier, sur sa seule décharge, le montant d'un livret dont il n'est pas titulaire;

Qu'elle n'avait pas en effet à se rendre juge du plus ou moins de fondement des prétentions de Berthier; que, par suite, les frais de l'instance doivent demeurer à la charge de Berthier;

Par ces motifs,

Dit que l'agent général de la Caisse d'épargne remettra à Auguste Berthier, sur sa simple quittance, le montant total en principal et intérêts des fonds portés au livret inscrit sous le numéro 60102, au nom de Louise-Ernestine Hutpin, épouse d'Auguste Berthier; quoi faisant, bien et valablement déchargé;

Et condamne Auguste Berthier aux dépens que l'agent général de la Caisse est autorisé à prélever sur le montant de la somme qu'il remettra au demandeur;

Et fait distraction desdits dépens à l'avoué qui l'a requise.

Jugement du Tribunal de première instance de Bordeaux du 27 mai 1878

USUFRUIT

Attendu que les sommes dont la veuve Vivès demande le remboursement à la Caisse d'épargne de Bordeaux sont la propriété de la veuve Vivès et des époux Jean Vivès; qu'aucun acte régulier n'a déterminé les droits des parties sur lesdites sommes et n'en a fait attribution à la veuve Vivès; que la Caisse d'épargne est fondée à exiger pour le payement le concours de toutes les parties intéressées;

Attendu que les époux Jean Vivès reconnaissent que ces sommes appartiennent pour les trois quarts à la veuve Vivès, et que, pour l'autre quart, dont ils sont propriétaires chacun pour moitié, la veuve Vivès a l'usufruit, sans être tenue de fournir caution, d'où il suit que la somme intégrale doit être payée à la veuve Vivès;

Attendu que la veuve Vivès a tort de ne pas faire régulariser sa situation par un partage, ou de ne pas offrir aux époux Jean Vivès *un titre constatant leur droit de nue propriété sur partie des sommes dont elle réclamait le remboursement à la Caisse d'épargne*, mais qu'à cet égard le présent jugement sera pour les époux Jean Vivès un titre suffisant;

Par ces motifs,

Le Tribunal, après délibéré, jugeant en premier ressort, ordonne qu'au vu du présent jugement la Caisse d'épargne remboursera à la veuve Vivès le montant des deux livrets, l'un au nom de Marie Montaussé, épouse Jean Vivès, l'autre au nom de Jean-Baptiste Vivès; condamne la veuve Vivès aux dépens envers toutes les parties; dit néanmoins que les dépens pourront être par elle prélevés, lors de la liquidation de la succession de Jean-Baptiste Vivès, comme frais de partage portés sur les valeurs dépendant de ladite succession.

Jugement du Tribunal de la Seine du 22 janvier 1887

LIVRET REMBOURSÉ SUR FAUX ACQUIT

Attendu que Coltée réclame à la Caisse d'épargne la somme de 500 francs qu'il y a déposée;

Attendu que la Caisse d'épargne conclut au débouté de la demande en excipant d'un payement de 300 francs qu'elle a fait, le 7 juin 1882, à la fille de Coltée, sur une procuration sous seings privés, revêtue de la fausse signature du demandeur, et d'un autre payement de 200 francs qu'elle a fait, le 21 août 1882, à un nommé Brécy, sous le faux nom et la fausse signature dudit Coltée;

Qu'elle soutient avoir pris toutes les précautions utiles pour effectuer les payements dont il s'agit, et ne pouvoir être dès lors rendue responsable des faux commis;

Mais, attendu qu'il n'est point exact que la Caisse d'épargne ait procédé avec toute la prudence possible; qu'il est, au contraire constant qu'elle a négligé de se conformer à certaines des mesures prescrites par ses règlements pour assurer la validité des payements;

Qu'aux termes de l'article 30 de l'instruction du 4 juin 1857, pour l'exécution du décret du 15 avril 1852, la signature, apposée sur la procuration qu'a présentée la fille Coltée, ainsi que celle apposée sur la quittance qu'a donnée Brécy, devaient être rapprochées de la signature de Coltée père sur le registre matricule;

Que, s'il a été satisfait à cette formalité, la différence des écritures aurait dû faire naître, sur la sincérité des signatures, des doutes très graves et de nature à motiver une information assez complète pour permettre de découvrir la fraude, tandis que, d'après ses propres explications, la Caisse d'épargne se serait bornée à un interrogatoire dont il ne demeure aucune trace ni justification, et qui, en tout cas, était insuffisant, ainsi que l'événement l'a montré;

Que la Caisse d'épargne a commis une faute plus certaine encore en n'exigeant pas la légalisation de la signature apposée sur la procuration produite par la fille Coltée, ainsi qu'elle en avait le devoir;

Qu'en effet le modèle n° 16 auquel renvoie l'article 24 de l'ordonnance du 4 juin 1857 comprend cette légalisation; qu'en outre son obligation résultait de l'extrait des règlements imprimé sur le livret remis à Coltée et formant par suite la loi du contrat;

Attendu que si, comme elle le plaide, la Caisse d'épargne ne réclame pas dans la pratique la légalisation des signatures des procurations, c'est à ses risques et périls qu'elle s'écarte des prescriptions sur la garantie desquelles les tiers ont traité avec elle; qu'elle ne peut utilement argumenter de ce que, postérieurement aux faits du procès, il a été attaché aux nouveaux livrets remis aux déposants des formules de procuration suivant lesquelles la légalisation serait, non plus toujours obligatoire, mais exigible seulement en cas de doute sur la sincérité des signatures; que, d'une part, un semblable changement aux formules des livrets n'est point susceptible de modifier rétroactivement les situations acquises; qu'ensuite, même dans la teneur actuelle des livrets, la légalisation demeure exigible lorsque, comme dans l'espèce, les doutes doivent résulter de la comparaison de la signature des pièces de remboursement et de celles du registre matricule; qu'enfin la légalisation reste obligatoire lorsque, comme dans l'espèce, il s'agit d'une procuration détachée du livret;

Attendu que, pour justifier la régularité des payements, la Caisse d'épargne ne peut davantage invoquer cette circonstance que la fille Coltée et Brécy se sont présentés porteurs du livret du demandeur; qu'aux termes de l'instruction du 4 juin 1857 (art. 14, 25 et suivants), si la production du livret permet d'effectuer régulièrement un versement, au nom du titulaire, cette production ne saurait tenir lieu de la remise des pièces réglementaires de décharge que la Caisse d'épargne a eu le tort de ne pas exiger en la forme et sous les conditions de régularité prescrites;

Attendu qu'il suit de ce qui précède que la Caisse d'épargne est mal fondée dans sa prétention de décliner la responsabilité des faux commis, et d'opposer au demandeur les payements qu'elle a faits sur pièces fausses;

Qu'elle est également mal fondée à soutenir que Coltée est sans intérêt légitime, et, comme tel, non recevable dans sa demande, parce qu'il aurait été remboursé par un tiers; qu'elle ne fournit pas à cet égard la preuve de ses allégations; qu'au contraire celles-ci sont démenties par les documents de la cause;

Par ces motifs,

Condamne les directeurs de la Caisse d'épargne de Paris à payer au demandeur la somme de 500 francs avec les intérêts de droit;

Les condamne aux dépens.

Arrêt de la Cour d'appel de Lyon du 24 mars 1888

DÉPOTS FAITS A TITRE DE LIBÉRALITÉ AU NOM DE TIERS

Attendu que les demandeurs réclament pour la succession de Claude-Gabriel Jal, afin que les fonds en soient partagés entre tous les héritiers au nombre desquels ils se trouvent, la propriété de six livrets de la Caisse d'épargne d'Amplepuis, qui sont au nom de Pierrette, d'Eugénie, de Mélanie, de Julie, de François et de Jean Jal, neveux et nièces du *de cujus;*

Attendu que Claude-Marie Coupy a formé une intervention en sa qualité d'héritier de Claude-Gabriel Jal, et se joint aux demandeurs et que la régularité de cette intervention n'est pas contestée;

Attendu qu'il est constant au procès, et au surplus reconnu par les défenseurs dans leurs conclusions, que les fonds de tous ces livrets ont été non seulement versés, mais fournis par le défunt; qu'il est constant aussi et ressort des documents jetés aux débats que ce dernier a seul signé sur le registre matricule de la Caisse d'épargne au moment de la création des livrets, qui ont été mis au nom de ses six neveux et nièces avec cette mention: *par leur oncle Gabriel Jal*, et que sur divers de ces livrets il a effectué lui-même et sous sa seule signature des retraits;

Attendu que dans ces conditions le *de cujus* devait être considéré comme seul et incontestable propriétaire des fonds composés des divers versements et de leurs intérêts courus qui constituaient ces six livrets et par suite de ces livrets eux-mêmes qui constituaient le titre de la créance sur la Caisse d'épargne, à moins qu'ils n'aient fait de sa part l'objet d'une donation manuelle au profit de ses neveux et nièces défendeurs au procès actuel, qui, pour repousser la prétention des demandeurs, soutiennent en effet qu'il les leur a remis à ce titre;

Sur les conclusions principales :

Attendu que, si bien les fonds manuels sont affranchis des formalités requises pour la validité des donations entre vifs, ils sont néanmoins soumis notamment à la triple condition d'une tradition réelle, de l'intention de transférer irrévocablement la propriété à un titre gratuit, et de l'intention de recevoir au même titre;

Attendu, en ce qui concerne l'intention de donner irrévocablement et de recevoir à titre gratuit, qu'il ne résulte nullement des faits et circonstances de la cause que le *de cujus* et ses neveux et nièces aient eu à un moment quelconque cette intention ; que, bien au contraire, de ce que Claude-Gabriel Jal a seul signé sur le registre matricule au moment des versements et de la création des livrets, alors que les instructions ministérielles et les usages généralement suivis dans les Caisses d'épargne lui permettaient de gratifier immédiatement et irrévocablement de ces livrets ses neveux et nièces, en les faisant signer avec lui sur ce registre, et de ce que, en outre, il a opéré plus tard sous sa seule signature aussi divers retraits, il ressort qu'on ne voit pas à quel moment il aurait entendu transférer gratuitement et irrévocablement ces livrets, et que même il n'a pas eu cette intention, puisqu'il n'a pas profité des facilités en son pouvoir pour mettre à exécution une intention de cette nature ;

Attendu, en ce qui concerne la tradition, qu'elle peut, à la vérité, selon une jurisprudence certaine, avoir lieu non seulement directement, mais même par l'entremise d'un tiers ; que néanmoins rien n'établit que le *de cujus* ait opéré cette tradition ; qu'au contraire il n'a pas profité du moyen qu'il avait de faire la tradition des fonds par l'entremise d'un tiers, la Caisse d'épargne, en profitant des facilités par les instructions ministérielles et les usages au moyen de la signature de ses neveux et nièces apposée avec la sienne sur le registre matricule au moment de la création des livrets, et n'a pas non plus effectué directement la tradition des livrets, puisqu'il a continué à les conserver et s'en est servi lui-même pour faire des retraits ;

Attendu qu'il importe peu que les défendeurs, en reconnaissant la possession qu'ils ont des livrets, invoquent l'indivisibilité de leur aveu, auquel se joint la prétention d'être en possession par suite d'un don manuel ;

Attendu, en effet, que ce n'est point aller à l'encontre des prescriptions de l'article 1356 du Code civil en divisant l'aveu, qu'examiner la valeur et la portée de l'une des deux parties qui constituent cet aveu, et, à la suite de cet examen, déclarer que toutes les conditions exigées par la loi pour l'existence d'un don manuel ne se rencontrent pas ; que cet examen et cette déclaration portent sur le caractère de la possession ; que si l'aveu est indivisible, c'est quant aux faits qu'il contient ; mais que l'appréciation de ces faits et les conséquences juridiques qui en résultent appartiennent aux juges appelés à prononcer sur le différend ;

Attendu qu'ils invoquent encore, il est vrai, l'article 2279 du même Code, en soutenant qu'ils sont dispensés de justification quelconque puisqu'ils sont en possession des livrets ;

Mais, attendu que, si bien il est aujourd'hui de jurisprudence certaine que cet article s'applique aux meubles incorporels, c'est à la condition qu'il s'agisse d'un titre au porteur et se transmettant sans formalités; que, quoique au nom des détenteurs actuels, ces livrets ne leur auraient pas permis, du vivant de Claude-Gabriel Jal, de toucher les fonds sans son autorisation et sa signature, à raison des circonstances rappelées ci-dessus dans lesquelles ces livrets avaient été créés; qu'ils ne peuvent dès lors être considérés comme des meubles incorporels dont la propriété pouvait être transmise *erga omnes* sans formalités, et dont le possesseur serait dispensé par l'article 2279 de toute autre justification;

Attendu qu'il importe peu encore, par les mêmes motifs, que les défendeurs prétendent que la tradition ait été effectuée par leur oncle peu de temps avant sa mort;

Attendu, au surplus, que l'article 2279 ne peut protéger qu'une possession *animo domini;* qu'il est constant que tous ou presque tous les neveux et nièces, défendeurs au procès, habitaient avec le *de cujus;* que les livrets se trouvaient dans son domicile au moment du décès; qu'ils lui avaient appartenu, et que même il avait effectué un retrait quelques mois avant sa mort; que dans ces conditions la possession invoquée devrait être considérée de précarité;

Que ce serait dès lors à eux à établir l'origine de leur possession en justifiant l'existence d'un don manuel, ce qu'ils ne font pas;

Sur les conclusions subsidiaires :

Attendu, en ce qui concerne celles prises par les demandeurs, que, par suite des motifs qui précèdent et de la décision qui va suivre, il n'y a plus lieu de s'arrêter;

Attendu, en ce qui touche celle des défendeurs, qu'elles viendraient uniquement, si les deux faits dont elles contiennent l'articulation étaient établis, à prouver que le *de cujus* aurait manifesté l'intention de gratifier ses neveux et nièces de libéralités; qu'elles sont dès lors sans portée au point de vue de l'existence d'un don manuel pour laquelle sont exigées trois conditions qui ne ressortiraient nullement des faits cotés, qui, manquant ainsi de pertinence, ne sauraient être admis en preuve;

Par ces motifs,

Le tribunal, jugeant contradictoirement, en premier ressort et matière ordinaire, dit que les livrets émanant de la Caisse d'épargne d'Amplepuis, sous les noms de :

1° Pierre Jal; 2° Eugénie Jal; 3° Mélanie Jal; 4° Julie Jal; 5° François Jal; et 6° Jean Jal, sont la propriété des héritiers de Claude-Gabriel Jal, et qu'en conséquence les fonds dont les versements sont constatés sur les livrets, ainsi que les intérêts, seront partagés entre eux dans la proportion de leurs droits;

Condamne les défendeurs aux dépens distraits à Mᵉ Marchand, avoué, aux offres de droit.
(Appel.)

ARRÊT :

La Cour confirme, etc.

Jugement du Tribunal civil de la Seine du 4 décembre 1888

LIVRET VOLÉ. — PAYEMENT NON LIBÉRATOIRE

Le Tribunal,

Attendu que la demande de la demoiselle Roblin tend au remboursement de la somme de 490 francs déposée à la Caisse d'épargne de Paris ;

Attendu qu'il résulte des documents de la cause qu'après le vol du livret dont la demanderesse était titulaire, le remboursement de la somme dont s'agit a été effectué par la Caisse d'épargne, le 20 mars 1885, non aux mains de la demoiselle Roblin et sur son acquit, mais aux mains d'une personne demeurée inconnue, malgré l'instruction criminelle qui a été ouverte et qui a abouti à un non-lieu, et sur quittance revêtue d'une fausse signature ;

Attendu que les défendeurs soutiennent cependant que ledit payement est libératoire, comme fait, d'une part, sur présentation du livret de la déposante, et, d'autre part, après observation de toutes les formalités réglementaires pour s'assurer de l'identité de la personne qui s'est présentée pour toucher ;

Attendu que le livret ne constitue pas un titre au porteur ; que si, d'après les règlements de la Caisse d'épargne, sa production permet d'effectuer un versement au nom du titulaire, cette production ne peut tenir lieu de la décharge régulière de ce dernier pour obtenir un remboursement ;

Attendu qu'aux termes de l'article 30 de l'Instruction ministérielle du 4 juin 1857 la signature apposée sur la quittance, si la personne qui se présente pour toucher déclare être le déposant lui-même, doit être rapprochée de la signature apposée par celui-ci sur le registre matricule; qu'en cas de doute sur la sincérité des signatures, il est procédé à un interrogatoire ou à une information, soit d'après les renseignements présentés par le registre matricule, soit d'après ceux que la personne fournit elle-même;

Attendu que les défendeurs prétendent que l'employé, sur le visa duquel a été fait le payement aujourd'hui critiqué, ne trouvant pas les signatures suffisamment conformes, a procédé à un interrogatoire de la personne qui s'est présentée sous le nom de la demanderesse;

Attendu qu'il ne reste aucune trace ni justification de cet interrogatoire; qu'en tout cas, s'il a été opéré, il a été insuffisant, ainsi que l'événement l'a montré; qu'il eût appartenu à la Caisse d'épargne de procéder à un interrogatoire ou à une information d'une façon assez complète pour s'assurer qu'elle payait bien à celui dont elle était débitrice;

Attendu que dans sa disposition précitée l'Instruction ministérielle du 4 juin 1857 a pour objet de prescrire les mesures à prendre pour assurer la régularité des remboursements, au lieu de s'en rapporter sur ce point à l'initiative individuelle des directeurs et agents de chacune des Caisses d'épargne de France; que l'autorité supérieure, sous le contrôle de laquelle lesdits établissements fonctionnent, a tracé des règles qui, bien appliquées, doivent constituer un ensemble de précautions suffisantes, tout en signalant, dans l'article 27 de l'ordonnance susvisée, la nécessité qu'il y a de concilier la sécurité de la Caisse, qui ne doit pas s'exposer à payer deux fois, avec l'intérêt des parties, auxquelles il convient d'éviter les frais et de simplifier les démarches; mais que les dispositions réglementaires en question n'ont ni pour but ni pour effet de déroger à cette règle de droit que, pour être libératoire, le payement doit être fait au créancier ou à quelqu'un ayant pouvoir de lui, ou autorisé par justice ou par la loi à recevoir pour lui;

Attendu qu'on ne peut considérer comme étant en possession de la créance, dans le sens de l'article 1420 du Code civil, celui qui n'est possesseur que du titre instrumentaire constatant cette créance, alors qu'il ne s'agit pas de titre au porteur; que le débiteur qui paye, même de bonne foi, sur titre faux, n'est pas libéré; que le payement n'est opposable au véritable créancier que s'il a commis une faute, et si l'erreur du débiteur est la conséquence de cette faute;

Attendu que tel n'est pas le cas dans l'espèce; qu'on ne trouve point, dans les circonstances où a été commis le vol du livret de la demanderesse, les éléments d'une faute à sa charge et dont elle doive répondre vis-à-vis des défendeurs; que dans les conditions où elle est logée et dans l'impossibilité où elle se trouvait de conserver chez elle des valeurs en sûreté, on ne saurait lui imputer à faute d'avoir confié la garde de son livret au parent dans l'habitation duquel a eu lieu le vol ;

Qu'en agissant ainsi, après avoir déposé ses fonds à la Caisse d'épargne, d'où ils ne devaient être régulièrement retirés que sur son acquit, la demoiselle Roblin prenait précisément toutes les précautions possibles pour mettre son modeste avoir à l'abri des risques d'une soustraction frauduleuse ; que sitôt celle-ci accomplie et connue d'elle, la demoiselle Roblin en a avisé la Caisse d'épargne, et que, de ce chef encore, bien que l'avis ne soit parvenu que quelques heures trop tard, aucune faute ne lui est reprochable ;

Attendu qu'il résulte de ce qui précède que la demande de la demoiselle Roblin est fondée, et qu'il y a lieu d'y faire droit en ce qui touche la restitution de 490 francs réclamés avec les intérêts de droit ;

Attendu, en ce qui touche les dommages-intérêts, que le préjudice allégué n'est pas établi ;

Par ces motifs,

Condamne les directeurs de la Caisse d'épargne de Paris à rembourser à la demoiselle Roblin la somme de 490 francs dont ils se sont indûment dessaisis à son détriment, et ce avec les intérêts de droit ;

Déclare la demoiselle Roblin mal fondée dans sa demande de dommages-intérêts, l'en déboute ;

Condamne les défendeurs aux dépens.

Jugement du Tribunal de Castres du 8 janvier 1889

PROPRIÉTÉ DES FONDS DÉPOSÉS SUR LIVRETS OUVERTS AU NOM DE TIERS

Attendu que Saul, caissier de la Caisse d'épargne de Castres, est décédé le 14 juin 1888, après avoir institué pour son héritier universel Guiraud, son cousin germain ;

Attendu que la dame Thérèse Malpas, épouse Holmière, demande à Guiraud la remise d'un livret de la Caisse d'épargne de Castres, n° 35,199, établi à son nom, et à défaut, la somme de 3,000 francs à titre d'indemnité ou de dommages-intérêts;

Attendu que le défendeur soutient que ledit livret, quoique mentionnant Thérèse Malpas comme titulaire, était la propriété de Saul et que, par suite, les sommes dont il constate le versement font partie de la succession de ce dernier;

Attendu qu'interpellée à l'audience, la demanderesse a reconnu qu'elle n'avait jamais opéré de versement à la Caisse d'épargne, ni retiré des sommes en capital ou intérêts, en vertu du livret dont il s'agit ou d'autres créés à son nom par Saul, ajoutant toutefois que, soit avant, soit après son mariage, remontant à l'année 1884, son oncle l'avait avisée de l'existence d'un livret à son nom, dont elle aurait la propriété après son décès ; qu'elle prétend, en conséquence, avoir droit au bénéfice du livret en litige, comme ayant été l'objet de la part de Saul d'une donation déguisée;

Attendu, sans doute, qu'une libéralité est valable, alors même que les formalités de l'article 931 n'auront pas été observées, pourvu que l'acte, dont la forme a été empruntée pour déguiser la donation, remplisse lui-même les conditions de régularité prescrites par la loi particulière qui le régit ; mais attendu que, pour qu'il y ait donation, il faut avant tout l'intention de gratifier, qu'il faut donc rechercher le mobile qui a inspiré Saul dans la création du livret n° 35,199;

Attendu qu'étant lui-même titulaire d'un livret constatant un versement de 2,000 francs, Saul ne pouvait, aux termes de la législation relative aux Caisses d'épargne, opérer un nouveau versement ou être titulaire de nouveaux livrets; que s'il voulait se soustraire à cette prohibition, il devait constater ses dépôts dans des livrets créés au nom de tiers; que c'est ainsi, en effet, qu'il a procédé, suivant, d'ailleurs, un usage abusif; qu'il était à son décès détenteur de six livrets de 2,000 francs chacun en capital, en son nom ou au nom de tiers; qu'une telle opération ne saurait, par elle seule, impliquer la volonté de donner aux titulaires apparents de ces livrets les sommes dont le dépôt y était consigné ; que les circonstances de la cause sont, au contraire, exclusives de cette intention, en ce qui touche Thérèse Malpas ; qu'elle est mentionnée au livret comme illettrée, ce qui permettait à Saul de retirer à son gré, et sans la participation de celle dont il empruntait le nom, le capital par lui versé ou les intérêts; qu'il a toujours gardé par devers lui ce même livret, de telle sorte que Thérèse Malpas était complètement désarmée pour faire valoir ses prétendus droits au bénéfice qu'il aurait pu lui procurer; qu'il n'a pas seulement perçu lui-même les intérêts, mais qu'il a par deux fois retiré l'entière somme par lui déposée, comme pour protester contre l'intention à lui attribuée par la demanderesse de lui faire une libéralité sous réserve d'usufruit; que le caractère essentiel d'une donation est d'être irrévocable et de créer une créance contre son auteur, quand l'exigibilité en est reportée après son décès; que la prétendue libéralité de Saul ne participait donc pas de ce caractère, et qu'en réalité elle n'existait pas; qu'entre l'extinction du premier livret Thérèse Malpas et la création du second il s'est écoulé un intervalle de plus de trois ans, de même qu'il s'est écoulé près de dix mois entre le solde du second et l'établissement du troisième; que ces agissements démontrent combien peu Saul était préoccupé d'assurer un avantage quelconque à Thérèse Malpas à l'aide de ces livrets; que, si l'on considère, en outre, que les remboursements coïncident avec divers placements faits en son nom, il faut en conclure que Saul recourait au procédé irrégulier des livrets au nom de tiers uniquement pour faire valoir ses fonds disponibles, comme il eût fait par un compte courant chez un banquier; qu'enfin il a laissé une note dans laquelle il énumère ses valeurs mobilières, et figure une somme provenant de plusieurs livrets à la Caisse d'épargne dont il était détenteur; que ce document éclaire encore sa pensée;

Que de tout ce qui précède il résulte que Saul n'a pas eu l'intention de gratifier la demanderesse des sommes versées à la Caisse d'épargne, suivant un livret dont elle n'était titulaire qu'en apparence; que ces sommes, au contraire, en capital et intérêts, sont une dépendance de sa succession; que dès lors l'action de Thérèse Malpas est mal fondée;

Attendu que la partie qui succombe est passible des dépens;

Par ces motifs,

Le Tribunal, jugeant publiquement en matière ordinaire en premier ressort, le ministère public entendu, démet Thérèse Malpas et Holmière, son mari, de leur demande; ce faisant, déclare que le livret de la Caisse d'épargne de Castres, portant le n° 35, 199, au nom de la demanderesse, était la propriété de Saul et appartient actuellement à Guiraud, son légataire universel; dit en conséquence que la Caisse d'épargne devra en acquitter le montant aux mains dudit Guiraud et qu'elle sera valablement libérée sur la seule quittance de ce dernier; condamne les époux Holmière aux dépens sans dommages.

Jugement du Tribunal de Saint-Étienne du 18 mai 1889

PROPRIÉTÉ DES FONDS DÉPOSÉS SUR LIVRETS OUVERTS AU NOM DE TIERS

Attendu que Alphonse Romeyer a fait assigner Jean-Baptiste Romeyer pour le faire condamner soit à lui restituer un livret de la Caisse d'épargne au nom de Alphonse Romeyer, au capital de 1,000 francs, avec les intérêts de 1,000 francs capitalisés pendant neuf années, soit, à défaut de restitution, à payer lesdites sommes;

Attendu que, subsidiairement, Alphonse Romeyer demande à être autorisé à prouver, tant par titre que par témoins, qu'il a été employé chez son père, Jean-Baptiste Romeyer, depuis l'âge de quinze ans et que, pendant ce temps, il a constamment travaillé;

Attendu que Jean-Baptiste Romeyer prétend être propriétaire des sommes versées à la Caisse d'épargne sous le nom d'Alphonse Romeyer, et qu'il les a toutes versées personnellement de ses deniers;

Attendu que la preuve de cette allégation résulte des circonstances exposées au débat et dans lesquelles le défendeur a placé des fonds à la Caisse d'épargne sous son nom et sous le nom de ses enfants;

Attendu que le livret d'Alphonse Romeyer mentionne qu'il est actuellement, à la Caisse d'épargne, créancier pour une somme supérieure à celle qui est énoncée dans l'exploit introductif d'instance;

Par ces motifs,

Le tribunal, jugeant en dernier ressort et en matière sommaire, dit Alphonse Romeyer non recevable en sa demande, et le condamne aux dépens.

Jugement du Tribunal de Corbeil du 5 décembre 1889

REMBOURSEMENT A UN ILLETTRÉ

Le Tribunal,

Attendu que l'arbitre nommé par le jugement du 19 octobre 1887, pour donner son avis sur les difficultés existant entre les parties, a fait une juste appréciation en fixant à 2,695 francs l'indemnité due à Martinet pour frais de logement et nourriture à la charge de la succession de la dame Gasdeloup ;

Qu'à ce chiffre il y a lieu d'ajouter une somme de 40 francs réservée par l'expert Martinet, ayant apporté les justifications qui lui étaient réclamées ;

Que de ces deux sommes réunies il faut déduire celle de 2,000 francs que Martinet reconnaît avoir reçue, ensemble les intérêts desdites sommes depuis le 1er mai 1884 pour la moitié, et depuis le 11 avril 1884 pour l'autre moitié ;

Mais, attendu que Gasdeloup prétend à tort que Martinet doit restituer la somme de 2,064 francs 16 centimes, touchée par lui, de la Caisse d'épargne de Corbeil, pour le compte de la défunte, le 10 janvier 1886 ;

Qu'en effet on ne saurait soutenir sérieusement que Martinet en signant le reçu de cette somme remboursée par la Caisse d'épargne ait rempli un véritable mandat dont il aurait à rendre compte ;

Qu'en accompagnant comme il l'a fait la dame Gasdeloup et en apposant sa signature, cette dernière ne sachant signer, il n'a fait que lui prêter son assistance pour accomplir cette formalité, comme il est d'usage de le faire en pareil cas ;

Que dans ces conditions on ne saurait s'étonner de l'impossibilité où il se trouve de justifier par un reçu signé de la dame Gasdeloup de la remise faite par lui à cette dernière, séance tenante, des fonds provenant de ce remboursement ;

Que ce serait exposer à des frais considérables les personnes illettrées retirant les dépôts faits par elles à la Caisse d'épargne en exigeant des quittances notariées ;

Par ces motifs,

Entérinant le rapport de l'arbitre, déposé au greffe le 3 avril dernier,

Condamne Gasdeloup à payer à Martinet la somme de 735 francs avec les intérêts de droit;

Fait masse des dépens qui seront supportés pour moitié par chacune des parties, avec distraction aux avoués qui l'ont requise.

Jugement du Tribunal civil de Lavaur du 22 janvier 1890

PROPRIÉTÉ DES FONDS DÉPOSÉS AU NOM DE TIERS

Attendu que le sieur Etienne-Célestin Guiraud, caissier de la Caisse d'épargne de Castres, agissant en sa qualité d'héritier général et universel du sieur Etienne-Célestin Saul, en son vivant caissier de la Caisse d'épargne de Castres, où il est décédé le 14 juin 1888, a actionné devant le tribunal Marie Graves et Julien Malpas, son mari, agent de police à Lavaur, ce dernier pris tant pour autoriser son épouse que comme administrateur légal de la personne et des biens de son fils mineur Arthur;

Attendu que Guiraud prétend que deux livrets de Caisse d'épargne de 2,000 francs chacun et portant l'un le n° 36052 au nom de Marie Graves, l'autre le n° 35482 au nom de Arthur Malpas, font dépendance de la succession de Saul et doivent par conséquent être déclarés sa propriété ;

Attendu que Marie Graves et Julien Malpas, ès qualités, résistent à cette demande alléguant que les sommes portées sur lesdits livrets leur ont été données par Saul ; qu'il s'agit dès lors d'apprécier le mérite de cette prétention;

Attendu qu'en fait il est constant que les fonds n'ont pas été versés par Marie Graves ni par Arthur Malpas, mais par Saul, de ses propres deniers; qu'il est constant aussi que les livrets ont été trouvés dans les papiers de la succession, et que les Malpas ne les ont jamais possédés ;

Attendu que le registre matricule de la Caisse d'épargne de Castres contient la fausse mention que Marie Graves et Arthur Malpas sont illettrés, alors qu'il est certain que l'un et l'autre sachant signer auraient pu apposer leur signature sur ledit registre ;

Attendu qu'au moyen de cette fausse mention et en omettant,

ainsi qu'il l'a fait, de désigner Marie Graves comme étant mariée et Arthur Malpas comme mineur, Saul pouvait plus facilement retirer les sommes qu'il inscrivait sur le livret à leur nom; qu'il le pouvait sans leur participation;

Attendu que le *de cujus*, déjà titulaire d'un livret portant la somme de 2,000 francs, ne pouvait, aux termes de la loi, faire à la Caisse d'épargne un dépôt excédant cette somme;

Attendu que tout démontre dans la cause que Saul a voulu éluder les dispositions prohibitives de la loi et abuser de sa situation de caissier pour faire des dépôts dépassant le chiffre déterminé par le législateur; qu'à une époque, en outre de son livret, il était détenteur de cinq autres livrets; que c'est lui qui, de ses deniers, avait versé toutes les sommes qui y étaient consignées; qu'on le voit tantôt retirer ces fonds de la caisse, tantôt les y reporter; que c'est lui seul qui en touche les intérêts;

Attendu que dans ces circonstances les défendeurs sont mal fondés à prétendre que Saul a voulu les gratifier des sommes qu'il a inscrites à leur nom sur les livres de la Caisse d'épargne; que des faits ci-dessus exposés il résulte que l'intention de donner n'est rien moins que certaine, et qu'il apparaît au contraire que Marie Graves et Arthur Malpas ne sont que les titulaires apparents des livrets portant leurs noms, et qu'en réalité Saul, se réservant, par des procédés abusifs, la disposition des fonds, a voulu, pour son seul intérêt, faire des placements ou des dépôts;

Attendu qu'en admettant hypothétiquement que Saul eût l'intention de donner, il n'en est pas moins vrai que la validité de la donation dont les Malpas auraient été l'objet ne saurait être soutenue; qu'il est certain que cette donation ne remplirait pas les conditions prescrites par la loi; qu'il n'y a pas eu de la part de Saul dessaisissement actuel et irrévocable, pas plus qu'acceptation de la part des défendeurs; qu'il résulte des faits de la cause que Saul ne s'était nullement dessaisi des fonds, puisqu'il pouvait toujours, grâce aux irrégularités dont il ne se faisait pas scrupule, disposer des fonds à son gré; que vainement on prétend que les deux livrets en litige se sont trouvés dans les papiers de la succession enveloppés dans une bande de papier, avec cette suscription : *appartenant à la famille Malpas;* du moment que ce fait n'est pas démontré et que l'on n'offre pas d'en rapporter la preuve; que rien, non plus, n'établit la prétendue acceptation qu'auraient faite les Malpas; que ceux-ci allèguent bien qu'un jour Saul leur aurait dit qu'ils trouveraient dans la succession deux livrets à leur profit, mais que c'est là de leur part une pure allégation, et qu'ils n'offrent même pas de faire la preuve du fait invoqué;

Attendu que de tout ce qui précède il résulte que la demande de Guiraud doit être accueillie, et les prétentions des époux Malpas-Graves rejetées;

Attendu que la partie qui succombe doit supporter les dépens;

Par ces motifs,

Le Tribunal, jugeant publiquement en matière ordinaire et en premier ressort, et vidant le renvoi au Conseil, déclare que les deux livrets de la Caisse d'épargne de Castres, portant les numéros 36052 et 35482, le premier au nom de Marie Graves, l'autre au nom de Arthur Malpas, sont la propriété de Étienne Guiraud; dit en conséquence que la Caisse d'épargne de Castres sera valablement libérée sur la seule quittance de ce dernier, dit n'y avoir lieu d'allouer des dommages-intérêts au sieur Guiraud qui ne justifie d'aucun préjudice éprouvé;

Condamne la dame Marie Graves, épouse Malpas et le sieur Julien-Étienne Malpas, ès qualités, aux dépens.

Jugement du Tribunal civil d'Épinal du 6 février 1890

LIVRET PRIS PAR UNE FEMME MARIÉE. — OPPOSITION DU MARI

Le Tribunal,

Attendu que le mari a l'administration des biens de la communauté; que la loi du 9 avril 1881 n'a rien innové à cet égard, puisqu'elle ne permet à la femme de retirer des fonds déposés à la Caisse d'épargne que sauf opposition du mari;

Que Jeandin s'est opposé, le 7 octobre 1889, à ce qu'aucun versement d'argent ne soit fait à sa femme sans son autorisation;

Par ces motifs, parties ouïes en leurs conclusions et plaidoiries, ensemble le ministère public qui s'en est rapporté à la prudence, après en avoir délibéré conformément à la loi, jugeant en matière sommaire et en dernier ressort, autorise Jeandin à toucher, sur sa simple quittance et sans la participation de sa femme, la somme de 1,030 francs restant déposée à la Caisse d'épargne d'Épinal (succursale de Bains); condamne la femme Jeandin à tous les dépens de l'instance, liquidés à 97 fr. 65, dont distraction est accordée à Me Nizet qui affirme en avoir fait les avances.

Jugement du Tribunal de Blois du 30 avril 1890

DÉCHÉANCE TRENTENAIRE

Le Tribunal, après en avoir délibéré, jugeant en dernier ressort :

Sur la fin de non-recevoir tirée du défaut de qualité de l'Assistance publique et du jugement du 10 novembre 1888, qui a nommé M. Lebrun séquestre de valeurs diverses appartenant à des assistés ;

Attendu que l'Assistance publique de Paris, représentée par son directeur, est, aux termes de la loi de 1849, tutrice des enfants assistés ; que si aujourd'hui les propriétaires des livrets sont absents, elle n'en a pas moins un compte de tutelle à leur rendre : qu'en cette qualité elle a donc droit de demander le remboursement de ces livrets, remboursement dont elle est responsable ;

Attendu que la loi du 7 mai 1853 est une loi d'ordre intérieur concernant les Caisses d'épargne, mais qui ne saurait en rien atteindre les droits de l'Assistance publique de Paris ;

Attendu, d'un autre côté, que l'Assistance publique est créancière des enfants assistés ; qu'elle les place chez des cultivateurs, chez des artisans ou des industriels et qu'elle a payé pour eux ; qu'à ce point de vue encore elle a le droit d'obtenir des garanties qu'elle trouve dans la possession de titres de rente, de l'argent restant en compte à la Caisse d'épargne de Blois, au nom de ces enfants ;

Attendu que l'article 112 du Code civil autorise, s'il y a nécessité, de pourvoir à l'administration de tout ou partie des biens laissés par une personne présumée absente et qui n'a point laissé de procureur fondé, et décide, en outre, qu'il y sera statué par le tribunal de première instance sur la demande des parties intéressées ;

Attendu que cet article a un caractère de généralité qui s'applique à toute personne qui n'est point présente, qui n'a pas laissé de procuration et dont les biens sont abandonnés ;

Attendu, d'autre part, que le mandat donné par le tribunal s'impose à l'égard de tous comme pourvoyant à une situation que la loi a envisagée dans un but d'intérêt général ;

Attendu que l'Assistance publique de Paris avait, ainsi qu'il est dit ci-dessus, intérêt à provoquer la nomination d'un séquestre : qu'à ce double point de vue la fin de non-recevoir invoquée par la Caisse d'épargne de Blois n'est pas fondée ;

Au fond, relativement aux onze livrets que la Caisse d'épargne de Blois prétend atteints par la déchéance trentenaire, même avant la nomination de M. Lebrun séquestre ;

Attendu que l'Administration de l'Assistance publique est détentrice de ces livrets ; qu'elles les a envoyés à l'Administration de la Caisse d'épargne de Blois pour y inscrire les intérêts et les ajouter au capital ;

Qu'à défaut de dépôt ou de retrait il était impossible d'interrompre la prescription, autrement que ne l'a fait l'Assistance publique ; que la Caisse d'épargne de Blois a, d'un autre côté, reconnu sa dette, en faisant une opération qui avait pour conséquence d'en augmenter le montant ; que c'est donc à bon droit que Lebrun réclame le montant des livrets dont il s'agit;

En ce qui concerne le livret n° 8207, attendu que la Caisse d'épargne fournit la preuve de sa libération;

Relativement aux vingt-neuf autres livrets, sur lesquels la Caisse d'épargne prétend que trois ont été prescrits depuis le 31 décembre 1889 :

Attendu, relativement à ces trois derniers livrets, qu'il y a lieu de décider que la dette de la Caisse d'épargne n'est pas prescrite ainsi qu'il a été dit ci-dessus pour les onze livrets et par les mêmes motifs; que pour vingt-six autres livrets, Lebrun ès noms, ayant qualité comme créancier et comme ayant un compte à rendre aux enfants assistés, a également le droit d'en réclamer le montant à la Caisse d'épargne de Blois,

Par ces motifs,

Dit que le montant du livret n° 8,207 a été légitimement remboursé par la Caisse d'épargne de Blois;

Condamne ladite Caisse d'épargne de Blois à effectuer entre les mains du demandeur ès qualités le remboursement des livrets dont il s'agit, soit à lui verser les sommes ci-après pour le montant des comptes arrêtés sur chacun desdits livrets par la Caisse elle-même aux dates énoncées au tableau suivant, plus les intérêts au taux et dans les conditions de ladite Caisse d'épargne depuis ces dates jusqu'au jour du payement ;

Autorise, en outre, M. Lebrun à retirer de la Caisse des dépôts et consignations les titres de rente qui y ont été déposés au nom des enfants assistés par la Caisse d'épargne de Blois ;

Et attendu que la résistance de la Caisse d'épargne de Blois était sérieuse ; que la question soulevée par elle présentait de sérieuses difficultés dont elle ne pouvait se faire juge, condamne Lebrun ès qualités aux dépens.

Jugement du tribunal civil de Langres du 11 mars 1891

REMBOURSEMENT SUR FAUSSE SIGNATURE CERTIFIÉE VÉRITABLE, PAR UN MAIRE, SUR UNE PROCURATION. — PAYEMENT NON LIBÉRATOIRE

Le Tribunal,

Sur la demande principale : considérant qu'elle n'est et ne peut être contestée;

Qu'en effet un payement n'est libératoire qu'à la condition d'être fait au créancier ou à quelqu'un ayant pouvoir de recevoir pour lui, à moins que le débiteur ne démontre que l'erreur par lui commise procède d'une faute dudit créancier;

Que dans l'espèce aucune faute n'est imputée à Journée;

Que c'est à bon droit qu'il demande à la Caisse d'épargne de Langres de lui tenir compte, avec intérêts de droit, de 750 francs par erreur versés à Dégalisse qui, après avoir frauduleusement soustrait son livret, se présentait en son nom porteur d'une procuration fausse.

Sur la demande en garantie : considérant qu'il est soutenu au nom de la Caisse d'épargne que si, bien que le caissier se soit ponctuellement et rigoureusement conformé aux règlements, elle a été victime des agissements criminels de Dégalisse, c'est par l'imprudence, la négligence, en tous cas par la faute de Flocard, maire de Courcelles-Val-d'Esnoms, qui aurait certifié véritable la fausse signature de Journée, mise au bas de la procuration produite par Dégalisse avec apposition du cachet de la mairie, soit par lui-même, soit par la dame Flocard;

Que de leur côté les sieur et dame Flocard, appelés en cause par la Caisse d'épargne, repoussant la demande en garantie dirigée contre eux et demandant acte de ce qu'ils dénient, savoir : Flocard avoir signé la pièce fausse pour légaliser la signature Journée, et tous deux y avoir l'un ou l'autre apposé le cachet de la mairie de Courcelles ;

Considérant que les explications fournies par les parties, lors de leur comparution à l'audience publique du 26 février dernier, n'ont mis en évidence aucun nouveau renseignement dont il puisse èrt etiré argument ;

Qu'en l'état il reste constant que la fausse procuration dont il s'agit porte une mention de légalisation signée *Flocard* et revêtue du cachet de la mairie;

Qu'il est incontestable qu'en l'absence de cette mention de légalisation le caissier de la Caisse d'épargne n'aurait rien versé à Dégalisse ;

Qu'en principe et par application des articles 1382 et 1383 du Code civil elle doit donc engager la responsabilité du magistrat qui en serait l'auteur;

Que Flocard, il est vrai, désire qu'elle puisse lui être attribuée, mais qu'il ne saurait tout au moins soutenir sérieusement, comme il a été dit lors de la comparution des parties, que l'empreinte mise à côté de la signature *Flocard* ne soit pas celle du cachet de la mairie de Courcelles;

Que par suite il serait sans intérêt d'ordonner, à la diligence de l'une ou l'autre des parties, la vérification de la signature *Flocard*, laquelle, du reste, n'est demandée ni par Flocard ni par la Caisse d'épargne ;

Qu'en effet, lors même qu'il serait certain, ce qui n'est pas, que ladite signature ne serait pas la sienne, ainsi qu'il le prétend, l'apposition du cachet de la mairie qui, en donnant à cette signature l'apparence de l'authenticité, a surtout contribué à surprendre la confiance du caissier, n'en serait pas moins explicable que par une imprudence ou une négligence imputable à Flocard, dépositaire et gardien exclusif du cachet, en sa qualité de maire, soit que ledit cachet ait été apposé sur une pièce dont il n'aurait pas pris connaissance, soit que laissé en évidence dans sa maison ou non enfermé, ledit cachet ait pu se trouver ainsi irrégulièrement à la disposition de Dégalisse ou de toute autre personne;

Mais quant à la dame Flocard,

Considérant qu'elle doit être mise hors de cause, sans qu'il y ait lieu d'autoriser la preuve du fait allégué par la Caisse d'épargne; qu'en admettant, contrairement à son affirmation, que le cachet ait été apposé par ladite dame, elle n'aurait évidemment agi que par l'ordre ou avec l'autorisation de son mari;

Considérant que les dépens sont à la charge des parties qui succombent ;

Par ces motifs,

Le Tribunal, jugeant publiquement en matière sommaire et en dernier ressort,

Condamne la Caisse d'épargne de Langres à payer à Journée la somme de 750 francs versée à tort à Dégalisse, avec intérêts au taux de ladite Caisse à compter du jour du versement; la condamne aussi aux dépens envers ledit Journée ;

Condamne Flocard à garantir et à indemniser ladite Caisse

d'épargne de la condamnation qui précède, met la dame Flocard hors de cause;

Et condamne Flocard aux dépens exposés par la Caisse d'épargne, sauf ceux relatifs à la mise en cause de ladite dame Flocard, lesquels resteront à la charge de ladite Caisse; fait distraction de ces dépens au profit des avoués de la cause qui ont régulièrement requis cette distraction.

Jugement du tribunal civil de Lons-le-Saunier du 1er juin 1891

LIVRET PRIS PAR UNE FEMME MARIÉE. — OPPOSITION DU MARI

Le Tribunal,

Attendu que la loi du 9 avril 1881 sur les Caisses d'épargne n'a rien dérogé aux principes du Code civil en ce qui concerne l'autorité maritale;

Qu'en sa qualité de mari administrateur des biens de la communauté légale, sous le régime de laquelle il se trouve, le demandeur est en droit, aux termes de l'article 1421 du Code civil, d'opérer le retrait en son nom du livret de la somme de 1,600 francs, ouvert sous le numéro 47769, au nom de Marie-Delphine Joly, sa femme;

Attendu, toutefois, que c'est à bon droit que la défenderesse, tout en s'en rapportant à la justice, n'a pas cru pouvoir remettre au demandeur, sur sa seule décharge, le montant d'un livret dont il n'est pas titulaire;

Qu'elle n'a pas qualité pour juger du plus ou moins de fondement des prétentions du demandeur;

Par ces motifs,

Le Tribunal dit et ordonne que la Caisse d'épargne de Lons-le-Saunier sera tenue de remettre au demandeur la somme de 1,600 francs avec les intérêts y afférents, ladite somme montant d'un livret inscrit sous le numéro 47769, au nom de Marie-Delphine Joly, sa femme;

Qu'ainsi le sieur Renard pourra opérer lui-même le retrait dudit livret;

En conséquence, dit que ce livret sera la propriété du demandeur comme administrateur légal et maître des biens de la communauté, et qu'il en disposera en pleine propriété; dit que les frais seront prélevés sur ladite somme.

Jugement du Tribunal civil de Romorantin du 13 juin 1891

LIVRET PRIS PAR UNE FEMME MARIÉE. — OPPOSITION DU MARI

Le Tribunal, après en avoir délibéré, jugeant en matière sommaire et en dernier ressort;

Attendu que Parfu, agissant en sa qualité de mari et de chef de la communauté, demande à Lefeu, caissier de la Caisse d'épargne de Romorantin, de lui délivrer la somme de 1,117 francs 51 centimes, qui a été déposée par sa femme et à son insu;

Attendu que Parfu demande encore qu'il lui soit donné acte de ce qu'il déclare mettre hors de cause sa femme, qu'il avait à tort appelée dans l'instance;

Attendu que Lefeu déclare s'en rapporter à droit sur ladite demande, mais conclut à ce que les frais soient employés en frais privilégiés sur la somme déposée, parce que les règlements de la Caisse d'épargne s'opposent à ce que les sommes versées par la femme soient retirées sans le concours de cette dernière, à moins qu'il n'en soit autrement ordonné par justice;

Attendu, en fait, qu'il est certain que le dépôt a été fait par la femme du demandeur, qu'il est encore constant que les époux Parfu se sont mariés sans faire de contrat et se trouvent soumis, en conséquence, au régime de la communauté légale;

Attendu qu'aux termes de l'article 1421 du Code civil le mari administre seul les biens de la communauté; que, suivant l'article 1940 du même Code, le dépôt doit être restitué à la personne qui administre les biens du déposant;

Attendu qu'il suit de ce que dessus qu'il y a lieu de faire droit à la demande de Parfu;

Attendu, en ce qui concerne les dépens, qu'ils doivent être supportés par le demandeur, puisque l'instance a été introduite dans son intérêt, et que le procès s'est produit par son fait, puisqu'il a laissé sa femme administrer les biens de la communauté, alors qu'il en avait, en droit, la gestion exclusive;

Par ces motifs,

Donne acte à Parfu de son désistement de la procédure de mise en cause de sa femme;

Donne acte à Lefeu de son rapport à droit;

Dit que Lefeu devra payer le montant de la somme déposée entre les mains de Parfu;

Emploie les dépens en frais privilégiés sur la somme déposée, dont distraction au profit des avoués qui l'ont requise conformément à la loi.

Arrêt de la Cour d'appel de Paris du 24 juillet 1891

REMBOURSEMENT A UN TIERS. — PAYEMENT NON LIBÉRATOIRE

Le Tribunal,

Attendu que la demoiselle Roux réclame à la Caisse d'épargne le remboursement de la somme de 1,095 francs qu'elle y a déposée;

Que la Caisse d'épargne conclut au débouté de la demande en excipant de ce qu'elle aurait, le 8 août 1887, délivré un duplicata du livret de la demoiselle Roux, sur une demande qui lui a été adressée à cet effet, et de ce qu'elle aurait ensuite, et sur la présentation dudit duplicata du livret, effectué divers remboursements;

Qu'elle prétend avoir pris toutes les précautions prescrites par ses règlements pour la délivrance du duplicata de livret et pour les remboursements qui ont suivi; qu'elle soutient dès lors que, si lesdites opérations ont, comme cela résulte des documents de la cause, été effectuées sur fausses signatures, elles n'en sont pas moins opposables à la demoiselle Roux et constituent envers elle un titre de libération;

Attendu que la question n'est pas de savoir si les prescriptions réglementaires dont argumente la Caisse d'épargne ont été observées; que lesdites prescriptions n'ont d'autre objet que d'indiquer les mesures à prendre par les administrateurs et agents de la Caisse pour assurer la régularité des remboursements au lieu de s'en rapporter sur ce point à l'initiative individuelle de chacun d'eux, mais que ces dispositions réglementaires n'ont ni pour but ni pour effet de déroger à cette règle de droit que, pour être libératoire, le payement doit être fait au créancier ou à quelqu'un ayant pouvoir de lui ou autorisé par la loi ou par justice à recevoir pour lui;

Attendu que l'action de la demoiselle Roux a pour objet le remboursement d'une créance, et non la réparation du préjudice résultant d'une faute à établir à l'encontre de la Caisse d'épargne; que c'est à cette administration qu'il incomberait de démontrer que l'erreur commise en payant à une personne autre que la créancière procède d'une faute de celle-ci, pour être fondée à lui en faire supporter les conséquences, et que cette preuve n'est pas rapportée;

Que, les dépôts à la Caisse d'épargne étant essentiellement nominatifs, le seul fait que le tiers auquel ladite Caisse a payé connaissait le chiffre de la créance de la demoiselle Roux, parce qu'elle l'avait révélé ou laissé voir sur son livret, ne suffit pas à constituer de la part de celle-ci une faute devant avoir pour effet de valider à son égard le payement effectué, pas plus d'ailleurs qu'il n'eût suffi à motiver ce payement;

Qu'en réalité, et d'après les explications mêmes des administrateurs de la Caisse d'épargne, si ledit payement a eu lieu, c'est par suite du concours de circonstances auxquelles la demoiselle Roux est demeurée étrangère, et dont il est impossible dès lors de la rendre responsable; qu'ainsi on ne saurait incontestablement trouver les éléments d'une faute à sa charge ni dans le fait de la certification par son commissaire de police de la signature de la demande de duplicata de livret, ni dans cette circonstance que la signature du tiers qui a réclamé le remboursement ressemblait à la sienne, ni dans cette autre que ledit tiers se trouvait en situation de fournir sur son état civil, en réponse aux questions posées pour contrôler son identité, des renseignements qu'il pouvait avoir en dehors d'elle et sans qu'elle ait eu à les lui donner.

Attendu qu'il résulte de ce qui précède que la demande de la demoiselle Roux est fondée, et qu'il y a lieu d'y faire droit en ce qui touche la restitution des 1,995 francs avec les intérêts de droit;

Attendu, en ce qui concerne les dommages-intérêts, que le préjudice allégué n'est pas justifié;

Par ces motifs,

Condamne les directeurs de la Caisse d'épargne de Paris à rembourser à la demoiselle Roux la somme de 1,995 francs avec les intérêts de droit;

Déclare la demoiselle Roux mal fondée dans sa demande de dommages-intérêts, l'en déboute;

Condamne les défendeurs aux dépens.

(Appel.)

ARRÊT :

La Cour, considérant que, si la fille Roux s'est fait, contrairement aux règlements de la Caisse d'épargne, délivrer, dans une succursale, un second livret en son nom, il n'existe aucune relation entre ce fait dont la conséquence serait une simple déchéance du droit aux intérêts et le payement du capital qui a été fait indûment à la sœur de la fille Roux sur une fausse signature;

Que le fait par celle-ci d'avoir donné communication à sa sœur du livret dont elle était régulièrement titulaire ne peut être considéré comme une faute de nature à relever la Caisse de sa responsabilité comme dépositaire;

Considérant que si, aux termes de l'article 1240 du Code civil, le payement fait de bonne foi au possesseur d'une créance est valable, cette disposition n'est point applicable au cas où le titre de la créance est un titre faux; que même la possession de l'acte instrumentaire régulier constatant l'existence d'une créance ne pourrait être considérée comme équivalent dans les termes de l'article 1240 à la possession même de la créance;

Adoptant au surplus les motifs des premiers juges, met l'appellation au néant, ordonne que ce dont est appel sortira effet.

Jugement du Tribunal civil de Louviers du 5 mars 1892

LIVRET PRIS PAR UNE FEMME MARIÉE. — OPPOSITION DU MARI

Attendu que la seule question soumise au Tribunal est celle de savoir si c'est à bon droit que la Caisse d'épargne d'Évreux a refusé au demandeur, le sieur Groult, une somme de 950 fr. 64 qui lui aurait été versée par la femme Grault, sans l'assistance de son mari;

Attendu que le législateur ayant refusé d'insérer dans la loi des 9-10 avril 1881 l'amendement Bozérian, aux termes duquel les maris n'auraient pu retirer les sommes déposées par leurs femmes qu'avec le consentement de celles-ci, il est hors de doute que cette loi n'a porté aucune atteinte au principe de la puissance maritale, et que tout homme marié sous le régime de la communauté réduite aux acquêts, ainsi que l'est le demandeur, peut, en vertu des principes généraux, toucher sans le consentement de sa femme et arrière d'elle toutes créances tombant dans la communauté et toutes sommes déposées par sa femme dans une Caisse d'épargne, puisque le législateur n'a pas voulu déroger aux principes de notre droit et donner à la femme un droit exclusif sur ces dépôts ;

Attendu que la Caisse d'épargne d'Évreux, en refusant de remettre au sieur Groult la somme de 950 fr. 64 sans une autorisation de justice, a entraîné le demandeur dans une procédure inutile dont les frais doivent rester à sa charge, car rien dans la loi n'autorisait la Caisse d'épargne à exiger du demandeur cette permission de justice, même au cas où il ne rapporterait pas le consentement de sa femme au retrait du dépôt ;

Attendu que la mise en cause de la dame Groult a été nécessitée par les prétentions de la Caisse d'épargne ;

Attendu que cette mise en cause était inutile, contraire aux principes du droit, puisque le mari, chef de la communauté, n'a pas d'autorisation à demander à sa femme ; que, par conséquent, les frais de cette mise en cause doivent être à la charge de la Caisse d'épargne ;

Par ces motifs,

Dit que la Caisse d'épargne devra remettre au sieur Groult la somme de 950 fr. 64 ;

Met hors de cause la dame Groult ;

Condamne la Caisse d'épargne d'Evreux aux dépens, dont distraction est accordée au profit de Mes Caron et Mallet, avoués, sur leur affirmation d'en avoir fait l'avance.

Jugement du Tribunal de Dax du 24 mars 1892

MINEUR. — LIVRET A REMBOURSEMENT DIFFÉRÉ. — PAYEMENT DES INTÉRÊTS AU TUTEUR

Le Tribunal,

Attendu que Trouilh, tuteur de la demoiselle Marguerite Trouilh, demande que la Caisse d'épargne de Dax soit condamnée à lui payer les intérêts courus jusqu'à ce jour d'une somme de 1,000 francs versée au profit de ladite mineure, le 31 décembre 1882 ;

Attendu que Lomné, caissier de ladite Caisse, soutient que ladite somme n'ayant été versée que sous la condition que le remboursement ne pourra être opéré qu'à la majorité ou à l'époque du mariage de la demoiselle Trouilh, bénéficiaire du livret, la demande en condamnation formée par le tuteur doit être repoussée; mais, attendu que la condition sous laquelle le versement a été fait et accepté ne concerne pas les intérêts; qu'elle ne concerne que la restitution du capital; que la propriété du capital repose sur la tête de la mineure et que le tuteur a le droit de percevoir les intérêts des capitaux pour les appliquer aux besoins de la mineure;

Attendu qu'indépendamment de la somme de 1,000 francs, versée le 31 décembre 1882, il a été versé encore au profit de la mineure, le 1er juillet 1883, une autre somme de 50 francs ;

Par ces motifs,

Statuant en matière sommaire et en dernier ressort,

Condamne Lomné, pris en qualité de caissier de la Caisse d'épargne de Dax, à payer à Trouilh, ès qualités, les intérêts échus des capitaux versés, lesquels intérêts s'élèvent à 407 francs au 31 décembre dernier, et ceux courus depuis cette date jusqu'au jour du payement; le condamne aux dépens taxés à la somme de 25 francs.

Jugement du Tribunal civil de Prades du 14 mars 1893

LIVRET PRIS PAR UNE FEMME, ANTÉRIEUREMENT A SON MARIAGE. — OPPOSITION DU MARI

Attendu qu'il est constant en fait qu'avant son mariage Louise Meya avait déposé à la Caisse d'épargne postale établie à Bourg-Madame une somme de 660 francs et qu'il lui avait été délivré à son nom personnel un livret de pareille somme sous le n° 66-7483;

Que Louise Meya s'est mariée avec Sauveur Julia devant l'officier de l'état civil de Dorres, le 25 avril 1891, sans avoir fait de contrat de mariage;

Que l'acte de mariage des époux Julia fut aussitôt notifié au caissier de la Caisse d'épargne;

Que le 27 décembre 1891, il fut fait un versement nouveau de 1,100 francs;

Que les époux Julia retirèrent sur le montant dudit livret, savoir : le 8 février 1892, 60 francs, et le 12 mai suivant, 150 francs; de telle sorte qu'il est dû actuellement sur ledit livret la somme de 1,650 francs, sauf liquidation;

Attendu que le receveur de Bourg-Madame, caissier ou agent comptable de la Caisse d'épargne, ne consent à rembourser le montant dudit dépôt à Sauveur Julia que moyennant le consentement de sa femme, motivant son refus sur les dispositions du dernier paragraphe de l'article 6 de la loi du 9 avril 1881;

Attendu qu'au vœu de l'article 1401 du Code civil, les sommes déposées à la Caisse d'épargne par Louise Meya, soit avant, soit pendant son mariage, étaient entrées dans la communauté existant entre elle et son mari;

Qu'aux termes de l'article 1421, le mari, seul administrateur de la communauté, disposant des biens qui la composent, disposait par cela même des sommes dont il s'agit, et que l'acte de mariage ayant été notifié au caissier de la Caisse d'épargne, celui-ci était suffisamment avisé des droits du mari sur lesdites sommes;

Attendu que la loi du 9 avril 1881 n'a en rien dérogé aux principes de notre droit civil en ce qui touche l'autorité maritale; que, si le dernier paragraphe de l'article 6 de cette loi permet de se faire ouvrir des livrets sans l'assistance de leurs maris et de retirer sans cette assistance les sommes inscrites auxdits livrets, c'est là véritablement une dérogation aux principes du Code civil, relativement aux droits des femmes mariées, mitigée aussitôt, toutefois, par la faculté d'opposition donnée au mari ; mais que cette disposition exorbitante entendue comme elle doit l'être dans un sens strictement restreint ne porte nulle atteinte aux droits du mari puisqu'elle ne lui interdit pas de retirer lui-même et sans le concours de sa femme les sommes déposées par les deux époux ensemble ou par l'un d'eux séparément ;

Qu'il résulte même de la discussion qui a précédé le vote de cette loi, au Parlement, que c'est bien dans ce sens qu'il faut en entendre les dispositions ;

Attendu que c'est donc à bon droit que, dans l'espèce, le mari, chef de la communauté, réclame à la Caisse d'épargne postale le remboursement de la somme de 1,650 francs comme faisant partie des biens de la communauté ;

Attendu toutefois que le refus du caissier, quoique non justifié, s'explique par cette circonstance que le livret, étant resté entre les mains de la femme, n'a pu lui être représenté, et que le mari, ayant à s'imputer de n'avoir point ce livret en sa possession, doit être tenu des dépens de l'instance introduite, suivant exploit de Fort, huissier à Saillagouse, en date du 20 décembre 1892, enregistré ;

Par ces motifs,

Le Tribunal, jugeant contradictoirement et en premier ressort,

Dit que Julia, comme mari et maître de la communauté, a le droit de toucher à la Caisse d'épargne postale, sur sa simple quittance, les sommes déposées à ladite Caisse par lui ou par sa femme ou par les deux simultanément, et qui font partie de ladite communauté;

Dit que le livret n° 66-7483 délivré à Louise Meya et constatant le dépôt desdites sommes, ne pouvant être représenté par le mari, sera annulé ;

Condamne l'Administration des Postes et pour elle le caissier ou agent-comptable de la Caisse d'épargne postale, receveur des postes et des télégraphes à Bourg-Madame, à payer à Sauveur Julia, sur sa simple quittance, dans la quinzaine de la signification du présent jugement, la somme de 1,650 francs, solde des dépôts d'argent mentionnés audit livret, avec tous intérêts à liquider au taux de la caisse, et ce à peine de tous dépens et dommages-intérêts ;

Condamne Julia aux entiers dépens et autorise le caissier à prélever ceux par lui exposés sur la somme qu'il devra payer.

APPENDICE I

Clauses relatives aux pouvoirs des consuls en matière de succession, renfermées dans les conventions consulaires et les traités conclus par la France avec l'Étranger.

TRAITÉ D'AMITIÉ ET DE COMMERCE CONCLU, LE 17 NOVEMBRE 1844, ENTRE LA FRANCE ET LES ÉTATS DE MASCATE

(Du 22 juillet 1846.)

Art. 7. — Les biens d'un Français décédé dans les États de Son Altesse le Sultan de Mascate ou d'un sujet de Son Altesse décédé en France seront remis aux héritiers ou exécuteurs testamentaires ou, à défaut, au consul ou agent consulaire de la nation à laquelle appartenait le décédé.

Art. 8. — Si un Français fait faillite dans les Etats du Sultan, le consul de France prendra possession de tous les biens du failli et les remettra à ses créanciers pour être partagés entre eux.

TRAITÉ D'AMITIÉ ET DE COMMERCE CONCLU, LE 15 SEPTEMBRE 1846 ET LE 7 OCTOBRE 1849, ENTRE LA FRANCE ET LE CHILI

(Du 8 août 1853.)

Art. 23. — Les consuls seront de plein droit les représentants de ceux de leurs nationaux qui pourraient être intéressés dans une succession et qui, ne se trouvant pas sur les lieux où la succession est ouverte, n'auraient pas constitué de mandataire. En cette qualité, ils exerceront les mêmes droits que l'héritier aurait pu exercer lui-même, *moins celui de recevoir les fonds* ou effets provenant de la succession. Pour les recevoir, il sera nécessaire qu'ils soient porteurs d'une procuration spéciale.

TRAITÉ D'AMITIÉ ET DE COMMERCE CONCLU, LE 12 JUILLET 1855, ENTRE LA FRANCE ET LA PERSE

(Du 14 février 1857.)

ART. 6. — En cas de décès de l'un de leurs sujets respectifs sur le territoire de l'un ou de l'autre État, sa succession sera remise intégralement à la famille ou aux associés du défunt, s'il en a. Si le défunt n'avait ni parents ni associés, sa succession, dans l'un comme dans l'autre pays, serait remise à la garde de l'agent ou du consul de la nation du sujet décédé, pour que celui-ci en fasse l'usage convenable, conformément aux lois et coutumes de son pays.

CONVENTION CONSULAIRE CONCLUE, LE 24 OCTOBRE 1856, ENTRE LA FRANCE ET LA RÉPUBLIQUE DE VÉNÉZUÉLA

(Du 12 août 1857.)

ART. 8. — Les consuls respectifs pourront, au décès de leurs nationaux morts sans avoir testé ni désigné d'exécuteurs testamentaires, administrer et liquider personnellement la succession, ou nommer, sous leur responsabilité, un agent pour administrer et liquider ladite succession.

TRAITÉ D'AMITIÉ, DE COMMERCE ET DE NAVIGATION CONCLU, LE 22 FÉVRIER 1856, ENTRE LA FRANCE ET LA RÉPUBLIQUE DE HONDURAS

(Du 17 octobre 1857.)

ART. 22. — Les consuls respectifs pourront, au décès de leurs nationaux morts sans avoir testé ni désigné d'exécuteurs testamentaires, administrer et liquider personnellement la succession, ou nommer, sous leur responsabilité, un agent pour administrer et liquider ladite succession.

TRAITÉ D'AMITIÉ, DE COMMERCE ET DE NAVIGATION, CONCLU LE 25 AOUT 1856, ENTRE LA FRANCE ET LE ROYAUME DE SIAM

(Du 28 décembre 1857.)

ART. 12. — Si un Français fait faillite dans le royaume de Siam, le consul de France prendra possession de tous les biens du failli, et les remettra à ses créanciers pour être partagés entre eux.

Art. 14. — Les biens d'un Français décédé dans le royaume de Siam ou d'un Siamois décédé en France seront remis aux héritiers ou exécuteurs testamentaires ou, à leur défaut, au consul ou agent consulaire de la nation à laquelle appartenait le décédé.

TRAITÉ D'AMITIÉ, DE COMMERCE ET DE NAVIGATION, CONCLU LE 29 OCTOBRE 1857, ENTRE LA FRANCE ET LES ILES SANDWICH

(Du 21 janvier 1860.)

Art. 20. — Les consuls respectifs pourront, au décès de leurs nationaux morts sans avoir testé ni désigné d'exécuteurs testamentaires, administrer et liquider personnellement la succession, ou nommer, sous leur responsabilité, un agent pour administrer et liquider ladite succession.

CONVENTION CONSULAIRE CONCLUE, LE 10 DÉCEMBRE 1860, ENTRE LA FRANCE ET LE BRÉSIL.

(Du 17 mars 1861.)

Art. 7. — En cas de décès de leurs nationaux morts sans avoir laissé d'héritiers ou d'executeurs testamentaires ou dont les héritiers ne seraient pas connus, seraient absents ou incapables, les consuls généraux, consuls ou vice-consuls pourront administrer ou liquider en personne la succession, ou bien nommer, sous leur responsabilité, un agent pour administrer ou liquider ladite succession.

CONVENTION CONSULAIRE CONCLUE, LE 7 JANVIER 1862, ENTRE LA FRANCE ET L'ESPAGNE

(Du 18 mars 1862.)

Art. 20. — Quand un Français en Espagne ou un Espagnol en France sera mort sans avoir fait de testament, ni nommé d'exécuteur testamentaire, ou si les héritiers soit naturels, soit désignés par le testament, étaient mineurs, incapables ou absents, ou si les exécuteurs testamentaires nommés ne se trouvaient pas dans le lieu où s'ouvrira la succession, les consuls généraux, consuls et vice-consuls ou agents consulaires de la nation du défunt auront le droit d'administrer et liquider eux-mêmes ou par une personne qu'ils nommeront, sous leur responsabilité, la succession testamentaire ou *ab intestat*.

CONVENTION CONSULAIRE CONCLUE, LE 26 JUILLET 1862, ENTRE LA FRANCE ET LE ROYAUME D'ITALIE

(Du 24 septembre 1862.)

ART. 9. — Quand un Français en Italie ou un Italien en France sera mort sans avoir fait de testament ni nommé d'exécuteur testamentaire, ou si les héritiers, soit naturels, soit désignés par le testament, étaient mineurs, incapables ou absents, ou si les exécuteurs testamentaires nommés ne se trouvaient pas dans le lieu où s'ouvrira la succession, les consuls généraux, consuls et vice-consuls ou agents consulaires de la nation du défunt auront le droit d'administrer et liquider eux-mêmes, ou par une personne qu'ils nommeront sous leur responsabilité, la succession testamentaire ou *ab intestat*

CONVENTION CONCLUE, LE 11 DÉCEMBRE 1866, ENTRE LA FRANCE ET L'AUTRICHE, POUR LE RÈGLEMENT DES SUCCESSIONS LAISSÉES DANS L'UN DES DEUX ÉTATS PAR DES SUJETS DE L'AUTRE PAYS.

(Du 19 décembre 1866.)

ART. 3, § 5. — Les consuls généraux, consuls ou vice-consuls de la nation du défunt auront le droit d'administrer eux-mêmes, ou par une personne qu'ils nommeront sous leur responsabilité, la partie mobilière de la succession, et même liquider les successions purement mobilières.

CONVENTION CONSULAIRE CONCLUE, LE 11 JUILLET 1866, ENTRE LA FRANCE ET LE PORTUGAL

(Du 27 juillet 1867.)

ART. 8. — Quand un sujet de l'une des parties contractantes sera décédé sur le territoire de l'autre sans laisser des héritiers, ou si, au nombre des héritiers, soit naturels, soit désignés par le testament, quelqu'un était inconnu, absent, mineur ou incapable, les consuls généraux, consuls, vice-consuls ou agents consulaires de la nation du défunt, auront le droit d'administrer eux-mêmes, ou par une personne qu'ils nommeront sous leur responsabilité, la succession testamentaire ou *ab intestat*.

CONVENTION CONCLUE, LE 15 JUIN 1869, ENTRE LA FRANCE ET LA SUISSE SUR LA COMPÉTENCE JUDICIAIRE ET L'EXÉCUTION DES JUGEMENTS EN MATIÈRE CIVILE.

(Du 3 juillet 1869.)

ART. 6. — La faillite d'un Français ayant un établissement de commerce en Suisse pourra être prononcée par le tribunal de sa résidence en Suisse, et, réciproquement, celle d'un Suisse ayant un établissement de commerce en France pourra être prononcée par le tribunal de sa résidence en France.

La production du jugement de faillite dans l'autre pays donnera au syndic ou représentant de la masse, après toutefois que le jugement aura été déclaré exécutoire, le droit de réclamer l'application de la faillite aux biens meubles et immeubles que le failli possédera dans ce pays.

En ce cas, le syndic pourra poursuivre contre les débiteurs le remboursement des créances dues au failli; il poursuivra également, en se conformant aux lois du pays de leur situation, la vente des biens meubles et immeubles appartenant au failli.

CONVENTION CONCLUE, LE 1er AVRIL 1874, ENTRE LA FRANCE ET LA RUSSIE, POUR LE RÈGLEMENT DES SUCCESSIONS LAISSÉES DANS L'UN DES DEUX ÉTATS PAR DES NATIONAUX DE L'AUTRE PAYS.

(Du 17 juin 1874.)

ART. 6. — Le consul aura le droit de prendre, à l'égard de la succession mobilière ou immobilière du défunt, toutes les mesures conservatoires qu'il jugera utiles dans l'intérêt des héritiers. Il pourra l'administrer, soit personnellement, soit par des délégués choisis par lui et agissant en son nom, et il aura le droit de se faire remettre toutes les valeurs appartenant au défunt qui pourraient se trouver déposées soit dans les caisses publiques, soit chez des particuliers.

CONVENTION CONSULAIRE CONCLUE, LE 7 JANVIER 1876, ENTRE LA FRANCE ET LA GRÈCE

(Du 2 mars 1878.)

ART. 14. — Si parmi les héritiers et légataires universels ou à titre universel, il s'en trouve dont l'existence soit incertaine ou le domicile inconnu, qui ne soient pas présents, ni dûment représentés, qui soient mineurs ou incapables, ou si, étant tous majeurs et présents, ils ne sont pas d'accord sur leurs droits et qualités, le consul, après que l'inventaire aura été dressé, sera, comme séquestre des biens de toute nature laissés par le défunt, chargé de plein droit d'administrer et de liquider la succession.

CONVENTION CONSULAIRE CONCLUE, LE 5 JUIN 1878, ENTRE LA FRANCE ET LA RÉPUBLIQUE DU SALVADOR

(Du 3 août 1879.)

Art. 14. — Si, parmi les héritiers et légataires universels ou à titre universel, il s'en trouve dont l'existence soit incertaine ou le domicile inconnu, qui ne soient pas présents ni dûment représentés, qui soient mineurs ou incapables, ou si, étant tous majeurs et présents, ils ne sont pas d'accord sur leurs droits et qualités, l'autorité consulaire, après que l'inventaire aura été dressé, sera, comme séquestre des biens de toute nature laissés par le défunt, chargée de plein droit d'administrer et de liquider la succession.

TRAITÉ D'AMITIÉ ET DE COMMERCE CONCLU, LE 24 JANVIER 1873, ENTRE LA FRANCE ET LA BIRMANIE

(Du 28 mai 1884.)

Art. 5. — Dans le cas de décès d'un Français en Birmanie ou d'un Birman en France, les biens du décédé seront remis à ses héritiers et, à leur défaut, au consul de la nation, qui se chargera de les faire parvenir aux ayants droit.

CONVENTION CONSULAIRE CONCLUE, LE 25 OCTOBRE 1882, ENTRE LA FRANCE ET LA RÉPUBLIQUE DOMINICAINE

(Du 23 juin 1887.)

Art. 14. — Si parmi les héritiers et légataires universels ou à titre universel du défunt, il s'en trouve dont l'existence soit incertaine ou le domicile inconnu, qui ne soient pas présents ni dûment représentés, qui soient mineurs ou incapables, ou si, étant tous majeurs et présents, ils ne sont pas d'accord sur leurs droits et qualités, l'autorité consulaire, après que l'inventaire aura été dressé, sera, comme séquestre des biens de toute nature laissés par le défunt, chargée de plein droit d'administrer et de liquider la succession.

APPENDICE II

EXTRAIT D'OPPOSITION

N°

Vu le (*date du visa de l'opposition*) 189

Exploit du de Me huissier.

Opposition, à la requête de (*nom et qualité du requérant*), demeurant à domicile élu à , chez , sur (*indiquer les noms, qualité et demeure de la partie saisie*), en vertu (*énoncer le titre en vertu duquel l'opposition est faite*), au payement des sommes qui sont dues par la (Caisse nationale d'épargne ou Caisse d'épargne de...)

Pour la sûreté de la somme de (*indiquer en toutes lettres la somme pour laquelle l'opposition est formée, ainsi que celle des intérêts, frais ou autres accessoires, dont le montant doit toujours être déterminé ou du moins évalué dans l'opposition même.*)

APPENDICE III

FORME DES CERTIFICATS DE PROPRIÉTÉ DÉLIVRÉS PAR LES NOTAIRES

Livret n° de la Caisse nationale d'épargne (ou de la Caisse d'épargne de), au nom de .

Je soussigné ., notaire à .

Attendu le décès dudit sieur , inscrit au registre de l'état civil de , le .

Vu (*énumération des actes et des dispositions légales desquelles découle l'attribution de propriété*).

Certifie, conformément à la loi du 28 floréal, an VII, que le livret dont le libellé figure en tête du présent appartient à

En foi de quoi, etc.

(*Sceau du notaire.*) (*Signature du notaire.*)

(*Légalisation, s'il y a lieu.*)

APPENDICE IV

FORME DES CERTIFICATS DE PROPRIÉTÉ DÉLIVRÉS PAR LES JUGES DE PAIX

Livret n° de la Caisse nationale d'épargne (ou de la Caisse d'épargne de), au nom de .

Nous , juge de paix du canton de , arrondissement de .

Certifions, en vertu de la loi du 28 floréal an VII, et sur l'attestation de MM. , demeurant tous deux à

Que M. , titulaire du livret ci-dessus désigné, est décédé *ab intestat* à , commune de notre canton, le .

Qu'après son décès il n'a pas été fait d'inventaire ;

Et que ses seuls héritiers sont :

(*Énumération des héritiers*) ;

Qu'en conséquence le livret d'épargne dont le libellé est ci-dessus figuré appartient à .

En foi de quoi, etc.

(*Sceau de la justice de paix.*)

(*Signature du juge de paix.*)

(*Légalisation, s'il y a lieu.*)

APPENDICE V

FORME DES CERTIFICATS DE PROPRIÉTÉ DÉLIVRÉS PAR LES GREFFIERS

Livret n° de la Caisse nationale d'épargne (ou de la Caisse d'épargne de), au nom de .

Je, soussigné , greffier du tribunal de

Vu :

1° La minute du jugement rendu par le

Par lequel jugement le livret dont le libellé est ci-dessus a été attribué à .

2° Le certificat de signification dudit jugement délivré par

3° Et le certificat de non-opposition ni appel délivré par moi le .

Certifie, conformément à la loi du 28 floréal an VII, que le livret désigné ci-dessus appartient à

En foi de quoi, etc.

(*Sceau.*) (*Signature du greffier.*)

(*Légalisation.*)

APPENDICE VI

FORME DES CERTIFICATS DE PROPRIÉTÉ DÉLIVRÉS PAR LES MAIRES

Livret n° de la Caisse nationale d'épargne (ou de la Caisse d'épargne de), au nom de .

Nous, soussigné , maire de la commune de , arrondissement de .

Certifions sur l'attestation de MM. , demeurant tous deux à .

Que M. , titulaire du livret ci-dessus désigné, est décédé à , le , et que ses seuls héritiers sont .

Qu'en conséquence le livret d'épargne dont le libellé est ci-dessus appartient à .

En foi de quoi, etc.

(*Sceau de la mairie.*) (*Signature du maire.*)

(*Légalisation.*)

APPENDICE VII

MODÈLE DE PROCURATION SOUS SEING PRIVÉ

Je soussigné,
(Nom) :
(Prénoms) :
(Profession) :
(Demeure) :
titulaire du livret n°
pris dans le département d
donne pouvoir à M.
(Nom) :
(Prénoms) :
(Profession) :
(Demeure) :
dont la signature est apposée ci-dessous, de, pour moi et en mon nom [1]
promettant l'avouer et ratifier le tout au besoin.

Fait à , le . 189

(*Signature du fondé de pouvoir.*) (*Signature du Titulaire du livret.*)

Nous { Maire d
Commissaire de police d
certifions véritable la signature de M.
titulaire du livret, apposée ci-dessus.

Fait à , le 189

(Timbre de la mairie ou du commissariat de police.)

[1] Indication des principales dispositions à insérer, selon le cas, dans la procuration par le constituant :

(*a*) Retirer de la Caisse d'épargne la somme de (en toutes lettres) ;

(*b*) Retirer de la Caisse d'épargne, en une ou plusieurs fois, la totalité de mon avoir ;

(*c*) Demander l'achat de (en toutes lettres) francs de rentes (nature de la rente) p. 0/0 sur l'État, à valoir sur les sommes qui sont inscrites à mon compte ;

(*d*) Demander la conversion en rentes sur l'État de tout ou partie de mon avoir ;

(*e*) Recevoir toute inscription de rentes achetée par l'intermédiaire de la Caisse d'épargne, et en donner décharge ;

(*f*) Donner tous reçus, signer toutes quittances et décharges valables, et généralement tout ce qui sera nécessaire dans mon intérêt.

Dans le cas de procuration générale, le constituant devra reproduire les dispositions énoncées sous les indicatifs *B*, *D*, *E* et *F*.

APPENDICE VIII

MODÈLE DE PROCURATION PAR-DEVANT LE MAIRE

Nous, Maire d
certifions que M.
(Nom) :
(Prénoms) :
(Profession) :
(Demeure) :
titulaire du livret n°
pris dans le département d
s'est présenté devant nous cejourd'hui, et qu'il nous a délaré que, ne sachant signer, il donnait pouvoir à M.
(Nom) :
(Prénoms) :
(Profession) :
(Demeure) :
de, pour lui et en son nom [1]
ayant promis l'avouer.

Fait à, le 189

(*Signature du fondé de pouvoir.*) (*Signature du Maire.*)

Timbre de la mairie.)

[1] (*a*) Retirer de la Caisse d'épargn[illegible]me de (en toutes lettres);

(*b*) Retirer de la Caisse d'épargne, en une ou plusieurs fois, la totalité de son avoir;

(*c*) Demander l'achat de (en toutes lettres) francs de rente (nature de la rente) p. 0/0 sur l'Etat, à valoir sur les sommes qui sont inscrites à son compte;

(*d*) Demander la conversion en rentes sur l'État de tout ou partie de son avoir;

(*e*) Recevoir toute inscription de rente achetée par l'intermédiaire de la Caisse d'épargne, et en donner décharge;

(*f*) Donner tous reçus, signer toutes quittances et décharges valables, et généralement tout ce qui sera nécessaire dans son intérêt.

Dans le cas de procuration générale, on devra reproduire les dispositions énoncées sous les indicatifs *B*, *D*, *E* et *F*.

APPENDICE IX

MODÈLE D'ACTE DE NOTORIÉTÉ RECTIFICATIF

Par-devant nous [1] de
ont comparu les sieurs [2]
tous deux domiciliés et demeurant à , rue
, n°

Lesquels ont, par ces présentes, attesté pour vérité et notoriété, à tous ceux à qui il appartiendra, qu'ils connaissent parfaitement le sieur [3]
, domicilié à , propriétaire du livret n° de la Caisse d'épargne de délivré le
; que c'est à tort et par erreur que, sur la demande de livret qui a été établie lors de son premier versement (ou sur le registre matricule), M
a été désigné comme étant né à
le au lieu de né à
le , ainsi que le constate l'acte de naissance dudit, inscrit aux registres de la commune de
le dont une copie délivrée par le
nous a été présentée.

En foi de quoi, et de la présente déclaration, le présent certificat a été délivré à M pour servir ce que de droit.

Et, après lecture faite aux comparants, lesdits témoins requis ont signé avec nous.

Fait à , le 189 .

(*Signature des témoins.*) (*Signature du Maire ou du Commissaire de police.*)

(*Signature du requérant.*)

(*Sceau.*)

[1] Maire ou commissaire de police.
[2] Noms, prénoms et professions des deux témoins.
[3] Nom et prénoms du requérant.

APPENDICE X

MODÈLE D'ACTE DE NOTORIÉTÉ RECTIFICATIF[1]

Par-devant nous, [2],
de ont comparu les sieurs [3],
tous deux domiciliés et demeurant à
rue , n°

Lesquels ont, par ces présentes, attesté pour vérité et notoriété, à tous ceux à qui il appartiendra, qu'ils connaissent parfaitement le sieur [4] domicilié à , propriétaire du livret n° de la Caisse d'épargne de délivré le , et s'élevant à la somme de [5]
; que c'est à tort et par erreur que, sur le livret ci-dessus mentionné, M.
a été désigné sous les noms de [6]
au lieu de [7] qui sont ses véritables nom et prénoms, ainsi que le constate l'acte de naissance dudit, inscrit aux registres de la commune de
le dont une copie délivrée par le nous a été présentée, et qu'il y a identité de personne entre M. [6]
titulaire du livret ci-dessus relaté, de M. [7]
propriétaire dudit livret.

En foi de quoi, le présent certificat a été délivré à M.
pour servir ce que de droit.

Et, après lecture faite aux comparants, lesdits témoins requis ont signé avec nous,

Fait à , le 189 .

(*Signature des témoins.*) (*Signature du Maire ou du Commissaire de police.*)

(*Signature du requérant.*)

(*Sceau.*)

[1] Lorsque la somme est supérieure à 150 francs, le présent acte doit être délivré en brevet par un notaire.

[2] Maire ou commissaire de police.

[3] Noms, prénoms et profession des deux témoins.

[4] Nom et prénoms du requérant,

[5] En toutes lettres.

[6] Nom et prénoms altérés.

[7] Nom et prénoms vrais.

APPENDICE XI

MODES DE REMBOURSEMENT DES FONDS DÉPOSÉS A LA CAISSE NATIONALE D'ÉPARGNE

Remboursements par voie postale. — Tout déposant peut se faire rembourser, dans un bureau de poste *quelconque*, soit la *totalité*, soit seulement une portion de son compte courant. A cet effet, il adresse directement, et *sans affranchir*, au Directeur général des postes et des télégraphes à Paris, une demande de remboursement rédigée sur une des formules spéciales qui sont mises, *gratuitement*, à la disposition du public dans tous les bureaux de poste. Le remboursement est autorisé, autant que possible, par le retour du courrier.

Dans le cas de force majeure, des décrets rendus, le Conseil d'État entendu, peuvent autoriser la Caisse nationale d'épargne à n'opérer les remboursements que par *acomptes de 50 francs* au minimum et par quinzaine.

Remboursements par voie télégraphique. — Tout déposant peut demander et obtenir, par télégraphe, un remboursement à valoir sur son compte d'épargne, aux conditions ci-après :

La taxe du télégramme de demande et de la réponse est à la charge du déposant. Si celui-ci acquitte seulement le prix du télégramme de demande, l'autorisation de remboursement lui est envoyée, *sans frais*, par la poste.

Remboursements par la voie des tubes pneumatiques, à Paris. — Tout déposant peut demander et obtenir à Paris, par la voie des tubes pneumatiques, le remboursement de tout ou partie de son compte d'épargne, au moyen de cartes-télégrammes spéciales, du prix de 60 centimes, mises en vente dans tous les bureaux télégraphiques de Paris.

Le déposant doit, au moment de l'envoi de la carte-télégramme, produire son livret et justifier de son identité.

Remboursements à vue, à Paris. — A Paris, un service de remboursements à vue est établi au bureau de poste, situé rue Saint-Romain, nº 6, *de 10 heures du matin à 4 heures du soir, les jours ordinaires, et de 10 heures du matin à midi, les dimanches et jours fériés.*

Les déposants en résidence ou de passage à Paris, qui ne veulent pas recourir aux deux modes de remboursement qui précèdent, conservent, bien entendu, la faculté de demander et d'obtenir dans n'importe quel bureau le remboursement de tout ou partie de leur compte, en se conformant aux règles tracées pour les remboursements ordinaires.

Le bureau de poste de la rue Saint-Romain délivre et paye les mandats-poste.

Remboursements par mandats-poste. — Tout déposant peut demander que le remboursement d'une somme à valoir sur son compte soit effectué au moyen d'un mandat-poste émis à son profit ou au profit d'une autre personne résidant en France, en Algérie, en Tunisie ou dans un pays étranger avec lequel la France a conclu une convention pour l'échange des mandats-poste.

Le déposant qui voyage dans un de ces pays peut ainsi disposer constamment du crédit de son compte, soit qu'il se fasse délivrer à son nom même un mandat, soit que le mandat soit émis au profit de toute autre personne par lui désignée.

APPENDICE XII

MODÈLE DE LIQUIDATION D'UN COMPTE

attribué pour un cinquième en pleine propriété à une personne et pour quatre cinquièmes en usufruit à une autre personne.

Le titulaire est décédé le 3 juillet 1890. Le remboursement de la part attribuée en pleine propriété est demandé dans le courant de la même année. — Intérêts à 3 0/0.

DATES	NOMS DES BUREAUX ET DES DÉPARTEMENTS où les opérations ont été effectuées	NATURE DES OPÉRATIONS	DÉBIT		CRÉDIT		AVOIR NET	
			CAPITAUX	INTÉRÊTS	CAPITAUX	INTÉRÊTS	CAPITAUX	INTÉRÊTS
1	2	3	4	5	6	7	8	9
			f. c.	f. c.	f. c.	f. c.	f. c.	f. c.
	Solde créditeur au 1er janvier 1890.		»	»	1,500 00	45 00	1,500 00	45 00
9 octobre 1890.	Virement partiel au compte n° , valeur 3 juillet 1890........	Résultat.	304 50	4 50	»	»	304 50	4 50
9 octobre 1890.	Virement intégral au compte n° , valeur 3 juillet 1890........		304 50	4 50	1,500 00	45 00	1,195 50	40 50
			1,195 50	18 00	»	»	1,195 50	18 00
		Résultat.	1,500 00	22 50	1,500 00	45 00	»	22 50
	Décompte :		22 50	22 50	22 50	»	»	22 50
		Résultat.	1,522 50	45 00	1,522 50	45 00	»	»
	Capitaux... 1,195 fr. 50 Intérêts capitalisés.. 22 50 TOTAL... 1,218 00	Résultat.						
		Résultat.						
		Résultat.						

Au jour du décès, la balance des capitaux est de 1,500 francs avec 22 fr. 50 d'intérêts rétrogrades et 22 fr. 50 d'intérêts capitalisés. Le compte s'élève donc à 1,522 fr. 50 ;

La part libre est de $\frac{1522,50}{5} = 304$ fr. 50 :

La part réservée est de $\frac{1522,50 \times 4}{5}$ ou 1,522 fr. 50 — 304 fr. 50 = 1,218 fr.

Les intérêts rétrogrades à porter en regard du virement partiel et en regard des capitaux du virement intégral devant ensemble égaler la somme de 22 fr. 50 qui a été établie sur la balance primitive des capitaux (1,500 fr.), cette somme de 22 fr. 50 est divisée dans la même proportion que le total du compte, ainsi :

La somme de 304 f. 50 comporte comme intérêts rétrogrades $\frac{22,50}{5} = 4$ f. 50 ;

La somme de 1,195 fr. 50 comporte comme intérêts rétrogrades $\frac{22,50 \times 4}{5}$ ou 22 fr. 50 — 4 fr. 50 = 18 francs.

APPENDICE XIII

MODÈLE DE LIQUIDATION D'UN COMPTE

attribué pour un cinquième en pleine propriété à une personne et pour quatre cinquièmes en usufruit à une autre personne.

Le titulaire est décédé le 3 juillet 1890. Le remboursement soit de la part attribuée en pleine propriété, soit des intérêts acquis à l'usufruitier est demandé le 20 juillet 1891. — Intérêts à 3 0/0.

DATES	NOMS DES BUREAUX ET DES DÉPARTEMENTS où les opérations ont été effectuées	NATURE DES OPÉRATIONS	DÉBIT CAPITAUX	DÉBIT INTÉRÊTS	CRÉDIT CAPITAUX	CRÉDIT INTÉRÊTS	AVOIR NET CAPITAUX	AVOIR NET INTÉRÊTS
1	2	3	4	5	6	7	8	9
			f. c.	f. c.	f. c.	f. c.	f. c.	f. c.
	Solde créditeur au 1er janvier 1890.		»	»	1,500 00	45 00	1,500 00	45 00
			»	»	45 00	»	45 00	»
1er janv. 1891.	Solde	Résultat.	»	»	1,545 00	46 35	1,545 00	46 35
25 juillet 1891.	Virement partiel au compte n° (1), valeur 20 juillet 1891 ...		304 50	4 17	»	»	304 50	4 17
		Résultat.	304 50	4 17	1,545 00	46 35	1,240 50	42 18
Idem.	Virement partiel au compte n° (2), valeur 20 juillet 1891 ...		1,218 00	16 74	»	»	1,218 00	16 74
		Résultat.	1,522 50	20 91	1,545 00	46 35	22 50	25 44
Idem.	Remboursement intégral (3). Bal. des capitaux.		22 50	» 30	»	»	22 50	» 30
		Résultat.	1,545 00	21 21	1,545 00	46 35	»	25 14
	Remboursement intégral (3). Bal. des intérêts.		25 14	25 14	25 14	»	»	25 14
	Décompte :	Résultat.	1,570 14	46 35	1,570 14	46 35	»	»
	Capital........ 22 f. 50							
	Intérêts capitalisés......... 25 14							
	TOTAL..... 47 64							

(1) La somme de 304 fr. 50 représente la part attribuée en pleine propriété : soit le cinquième de 1,522 fr. 50, montant du compte en capital et intérêts au 3 juillet 1890, date du décès du titulaire.

(2) La somme de 1,218 francs, formée des quatre cinquièmes du montant du compte en capital et intérêts, à l'époque du décès du titulaire, représente la part grevée d'usufruit.

(3) Le remboursement intégral comprend :
1° La somme de 22 fr. 50, montant des intérêts dus à l'usufruitier pour la période du 3 juillet au 31 décembre 1890 ;
2° La somme de 25 fr. 14, montant des intérêts dus au même pour la période du 1er janvier au 25 juillet 1891, date à laquelle le compte est soldé.

Comme dans l'exemple donné à l'appendice XII, il faut d'abord établir l'actif du compte au jour du décès, puis répartir cet actif au prorata des droits de chacun.

Le calcul donne 304 fr. 50 + 1,218 fr. = 1,522 fr. 50.

Les intérêts rétrogrades à chacune des parts sont calculés d'après le barème et suivant la date de valeur du virement.

TABLE DES LOIS

DÉCRETS, ARRÊTÉS ET CIRCULAIRES

CONCERNANT LES CAISSES D'ÉPARGNE

Pages.

Ordonnance du 3 juin 1829 147
Ordonnance du 16 juillet 1833 148
Loi du 5 juin 1835 relative aux Caisses d'épargne 149
Loi du 31 mars 1837 sur les Caisses d'épargne 150
Loi du 22 juin 1845 relative aux Caisses d'épargne 152
Loi du 30 juin 1851 sur les Caisses d'épargne 153
Décret du 15 avril 1852, qui détermine le mode de surveillance de la gestion et de la comptabilité des Caisses d'épargne 155
Loi du 7 mai 1853 relative aux Caisses d'épargne 161
Circulaire du ministre de la Guerre du 8 janvier 1859 162
Circulaire du ministère de la Guerre du 27 novembre 1874 163
Loi du 9 avril 1881, qui crée une Caisse d'épargne postale 164
Loi du 29 juillet 1881 168
Décret du 31 août 1881 portant règlement d'administration publique sur le contrôle de la Caisse d'épargne postale 169
Loi du 21 décembre 1881 180
Loi du 10 juin 1882 180
Décret du 12 juin 1882, approuvant l'arrangement franco-belge du 31 mai 1882 181
Règlement de détail et d'ordre du 4 juillet 1882 183
Loi du 3 août 1882 tendant à créer des timbres spéciaux pour la constatation des versements sur les livrets de la Caisse d'épargne postale 186
Décret du 30 novembre 1882 portant autorisation de faire à la Caisse nationale d'épargne des versements en timbres-poste... 187
Décret du 10 mars 1883 189
Décret du 29 octobre 1885 189
Avis du Conseil d'État du 10 novembre 1886 192
Circulaire du ministre de l'Intérieur du 16 novembre 1886 192
Décret du 22 novembre 1886 portant réorganisation des succursales navales de la Caisse nationale d'épargne 193
Arrêté du ministre de la Guerre du 27 janvier 1887 198

Pages.

Circulaire du ministre de la Guerre du 10 février 1888.......... 199
Décision du ministre des Finances du 11 juin 1888.............. 200
Arrêté du 16 février 1889...................................... 200
Circulaire du ministre de l'Intérieur du 4 juin 1889............ 200
Arrêté du ministre de la Guerre du 30 juillet 1889.............. 201
Décret du 14 décembre 1889 relatif à la création de succursales de la Caisse nationale d'épargne dans les départements....... 201
Loi de finances du 26 décembre 1890............................ 203
Loi de finances du 26 janvier 1892.............................. 204
Décision du ministre de la Guerre du 31 mai 1892................ 204
oi du 26 décembre 1892 relative au taux de l'intérêt............ 205
Loi du 3 février 1893 tendant à compléter les articles 419 et 420 du Code pénal.. 205

TABLE

DES ARRÊTS ET JUGEMENTS

Pages.

Arrêt de la Cour de Bordeaux du 9 avril 1845 (Usufruit)........ 207

Jugement du Tribunal de la Seine du 26 janvier 1875 (Livret pris par une femme mariée. — Remboursement au mari.).......... 209

Jugement du Tribunal civil de première instance de la Seine du 16 novembre 1875 (Livret pris par une femme mariée. — Remboursement au mari.).. 210

Jugement du Tribunal de première instance de Bordeaux du 27 mai 1878 (Usufruit.)........ 212

Jugement du Tribunal de la Seine du 22 janvier 1887 (Livret remboursé sur faux acquit.).. 213

Arrêt de la Cour d'appel de Lyon du 24 mars 1888 (Dépôts faits à titre de libéralité au nom de tiers.).......................... 215

Jugement du Tribunal civil de la Seine du 4 décembre 1888 (Livret volé. — Payement non libératoire.).......................... 218

Jugement du Tribunal de Castres du 8 janvier 1889 (Propriété des fonds déposés sur livrets ouverts au nom de tiers.)........... 220

Jugement du Tribunal de Saint-Étienne du 18 mai 1889 (Propriété des fonds déposés sur livrets ouverts au nom de tiers.)....... 223

Jugement du Tribunal de Corbeil du 5 décembre 1889 (Remboursement à un illettré.).. 224

Jugement du Tribunal civil de Lavaur du 22 janvier 1890 (Propriété des fonds déposés au nom de tiers!)................... 225

Jugement du Tribunal civil d'Épinal du 6 février 1890 (Livret pris par une femme mariée. — Opposition du mari.)............... 227

Jugement du Tribunal de Blois du 30 avril 1890 (Déchéance trentenaire.).. 228

Jugement du Tribunal civil de Langres du 11 mars 1891 (Remboursement sur fausse signature certifiée véritable, par un maire, sur une procuration. — Payement non libératoire.)..... 230

Jugement du Tribunal civil de Lons-le-Saunier du 1er juin 1891 (Livret pris par une femme mariée. — Opposition du mari.)... 232

Jugement du Tribunal civil de Romorantin du 13 juin 1891 (Livret pris par une femme mariée. — Opposition du mari.)........... 233

Arrêt de la Cour d'appel de Paris du 24 juillet 1891 (Remboursement à un tiers. — Payement non libératoire.)................ 234

Jugement du Tribunal civil de Louviers du 5 mars 1892 (Livret pris par une femme mariée. — Opposition du mari.).......... 236

Jugement du Tribunal de Dax du 24 mars 1892 (Mineur. — Livret à remboursement différé. — Payement des intérêts au tuteur.).. 238

Jugement du Tribunal de Prades du 14 mars 1893 (Livret pris par une femme, antérieurement à son mariage. — Opposition du mari.). 239

TABLE DES APPENDICES

Pages.

I. — Clauses relatives aux pouvoirs des consuls en matière de succession, renfermées dans les conventions consulaires et les traités conclus par la France avec l'Étranger........ 241

II. — Extrait d'opposition........ 247

III. — Forme des certificats de propriété délivrés par les notaires. 248

IV. — Forme des certificats de propriété délivrés par les juges de paix........ 249

V. — Forme des certificats de propriété délivrés par les greffiers. 250

VI. — Forme des certificats de propriété délivrés par les maires. 251

VII. — Modèle de procuration sous seing privé........ 252

VIII. — Modèle de procuration par-devant le maire........ 253

IX. — Modèle d'acte de notoriété rectificatif (Lieu et date de naissance erronés.)........ 254

X. — Modèle d'acte de notoriété rectificatif (Nom et prénoms erronés.)........ 255

XI. — Modes de remboursement des fonds déposés à la Caisse nationale d'épargne........ 256

XII. — Modèle de liquidation d'un compte grevé d'usufruit (Remboursement dans l'année du décès du titulaire.)........ 258

XIII. — Modèle de liquidation d'un compte grevé d'usufruit. (Remboursement demandé postérieurement à l'année du décès du titulaire.)........ 259

TABLE ALPHABÉTIQUE DES MATIÈRES

LES NUMÉROS INDIQUÉS DANS LA PRÉSENTE TABLE SONT CEUX DES ARTICLES

A

Pages.

Absents. — Présomption d'absence, 3 1
— Déclaration d'absence, 4 2
— Envoi en possession provisoire, 4 2
— Envoi en possession définitif, 5 2
— Cession de droits, 6, ... 2
— Absence du mari, 7, 8 3
— Femme mariée présumée absente ou déclarée absente, 9 3
— Disparition du représentant légal, 10 3
— Héritier absent 4
Actes authentiques. — Définition, 99 27
Actes de notoriété. — Objet, 12 4
— Constatation des droits des héritiers, à défaut d'intitulé d'inventaire, 13 5
— Énonciations, 14 et 15 5
— Rectification de noms, prénoms, 17 5
Actes notariés. — Objet, forme et légalisation, 18 à 20 6
Actes sous seing privé. — Définition 27
Administration légale. — Étendue des pouvoirs, 21 et 22 7
Agents et ouvriers de la Guerre. — Versement des retenues exercées sur leur salaire, 23 8
— Mode des versements, 24 8
— Remboursements, 25 8
— Peuvent être titulaires de deux livrets, 26 8
Aliénés non interdits. — Aliénés internés dans un asile public, 27 et 28 9
— Fonds de pécule et fonds en dépôt, 29 et 30 9
— Remboursements, 31, 32 et 34 10
— Étrangers, 33 10
— Aliénés non internés, 35 11
Altération de livrets d'épargne, 36 11
Associations. — (Voir *Sociétés.*) 120
Autorisation maritale, 188 52

B

Biens paraphernaux, 8 3
Brevet (Actes délivrés en) 16 5

C

Pages.

Cantonniers. — Versement des retenues exercées sur leur salaire. 37 ... 12
— Mode des versements, 38 ... 12
— Remboursements, 39 ... 12
— Peuvent posséder deux livrets, 40 ... 12
Caractère juridique des Caisses d'épargne, 41 et 42 ... 13
— Contestations avec leurs déposants, 43 ... 13
Catégories de remboursements. — Partiels, 44 et 45 ... 13
— Intégraux, 46 à 47 ... 14
Certificat de propriété. — Délivrés par les notaires, 52 à 72. 15
— Délivrés par les juges de paix, 73 à 77 ... 21
— Délivrés par les greffiers, 78 et 79 ... 22
— Délivrés par les maires, 80 et 81 ... 23
— Délivrés par les magistrats étrangers et les consuls, 82 à 86 .. 23
— Règles communes à tous les certificats de propriété, 87 à 97 .. 24
Cession de livret par le titulaire au profit d'un tiers, 98 à 103. 27
Changement de qualité. — Fille mineure ou majeure qui se marie, 105 ... 28
— Femme devenue veuve, 106 ... 28
— Femme divorcée, 106 ... 28
— Changement de tutelle, 107 ... 28
— Émancipation, 108 ... 29
— Titulaire atteint d'aliénation mentale, 109 ... 29
— Nomination d'un conseil judiciaire, 110 ... 29
— Interdiction légale, 111 ... 30
— Interdiction ordinaire, 112, 113 ... 30
— Contumaces, 114 ... 30
Clause de sauvegarde. — Remboursement des dépôts par acompte de 50 francs, 115 et 116 ... 31
Communes. — (Voir *Sociétés*.) ... 120
Conseil judiciaire. — Actes interdits à la personne pourvue d'un conseil judiciaire, 118 ... 32
— Remboursement des capitaux, 119 ... 32
— Remboursement des intérêts, 120 ... 32
Consignation de livrets d'épargne à la Caisse des dépôts et consignations, 121 ... 32

D

Décharge des documents ayant plus de 30 ans de date, 122. 33
Déchéance trentenaire des comptes dormants, 123 à 127 33
Délits tendant à provoquer les retraits de fonds des Caisses d'épargne. Pénalité, 128 et 129 34

Pages.

Dépôts conditionnels. — Livret incessible ou à remboursement différé, 130 à 132 35
— Clauses inadmissibles, 133 36
— Indication de la qualité de la partie versante, 134 36
— Les clauses ne peuvent être modifiées qu'en faveur du titulaire, 135 36
— Les sommes versées à titre de libéralité sont définitivement acquises aux bénéficiaires ou à leurs héritiers, 138, 139 et 140 37
— Retour au donateur ascendant, 141 38
— Dépôt effectué postérieurement au décès du donataire, 143 39
— Remboursement des intérêts au père ou à la mère du mineur, 144 39
— Tuteur non usufruitier légal, 144 39
— Intérêt des sommes remboursables au mariage, 145 39
— Mineur émancipé, 146 39
— Dépôt à titre de libéralité refusé par le donataire, 147 40
— Livrets disponibles après un certain délai, 148 40
Dépôts effectués en vertu de dispositions testamentaires, 150 et 151 41
Donation entre vifs. — Femme mariée, mineur, 152 et 153 42

E

Enfants abandonnés. — Tutelle, 154 et 155 42
— Remboursement, 156 43
— Décès, 157 43
— Envoi en possession, 157 et 158 43
Enregistrement et timbre. — Exemption, 159 à 162 44
— Réclamations, 163 45
Expédition. — Définition, 4 2
Extrait. — Définition, 489 136

F

Faillite. — Remboursement au syndic, 164 et 165 45
— Fonds versés au nom de la femme du failli, 166 45
— Administration des biens de la femme et des enfants du failli, 167 46
— Failli rétabli à la tête de ses affaires, 168 46
— Concordat, 169 46
Femmes. — Premier versement, 170 à 172 47
— Versement direct, 173 et 174 48
— La femme doit agir personnellement pour se faire ouvrir un compte, 175 48

Pages.

Femmes. — Versements proposés par des tiers, 176 48
— Remboursements : Versement direct, 177.................... 48
— Femme assistée, 177.................... 48
— Opposition, 178 et 181.................................... 49
— Femme mariée titulaire d'un compte ouvert avant son mariage, 179..................................... 49
— Femme séparée de biens, 180, 182 et 183................... 50
— Cessation de séparation de biens, 184...................... 51
— Femme divorcée, 185....................................... 51
— Droits de la femme divorcée sur les dépôts de ses enfants mineurs, 186 51
— Décès du mari : Versement direct, 187...................... 52
— Sommes échues par succession à la femme mariée, 188 à 192. 52

G

Grosse. — Définition, 5..................................... 2

I

Identité. — Justification d'identité des titulaires, 194 à 196.... 53
Illettrés. — Premiers versements, 197........................ 55
— Remboursements, 198 à 200.................................. 55
Interdiction aux agents des Caisses d'épargne d'opérer pour des tiers, 201 et 202.. 56
Interdits. — Dispositions de droit commun, 203 à 206........ 56
— Premiers versements, 207.................................. 57
— Remboursements, 208 et 209................................ 57
— Femme mariée interdite, 210................................ 57
— Mari interdit, 211... 58
— Mainlevée d'interdiction, 212.............................. 58
— Interdiction légale, 213, 214 et 215....................... 58
Intérêts servis aux déposants, 216 à 220.................. 59
Inventaire. — Objet, 221.................................. 60
— Doit être effectué par les notaires, 222.................... 60
— Extrait d'intitulé d'inventaire, 223........................ 60

J

Jeunes détenus. — Premiers versements, 224 à 226.......... 61
— Remboursements, 227 62
Jugements. — Contradictoires, 228 et 229................... 63
— Par défaut, 230 à 233...................................... 64
— Rendus contre les tuteurs, 234............................. 65
— Arrêts de Cours d'appel, 235............................... 65
— Exécutoires de dépens et ordonnances de fixation de taxe, 236. 66

Pages.

Jugements. — Pourvoi en cassation, 237.................... 66
— Justifications à produire par l'Administration des domaines qui demande le remboursement d'un compte d'épargne saisi-arrêté, 238.................... 66
— Frais de procédure, 239.................... 67
— Remboursements sans production du livret, 240.................... 67

L

Légalisation. — Objet, 241.................... 68
— Actes notariés, 242.................... 68
— Actes non judiciaires des juges de paix, 243.................... 68
— Extraits des registres de l'état civil, 244.................... 69
— Certificats de propriété délivrés par les maires, 245.................... 69
— Certificats de propriété délivrés par les notaires, 71.................... 20
— Certificats de propriété délivrés par les juges de paix, 77.... 22
— Certificats de propriété délivrés par les magistrats étrangers et les consuls, 86 et 246.................... 69
— Certificats de propriété délivrés par les greffiers, 79.................... 23
— Actes notariés délivrés en Alsace-Lorraine, 20 et 248.................... 69
— Jugements, arrêts et autres actes passés en France et produits aux consulats, 249.................... 70
— Légalisations non sujettes à l'enregistrement, 250.................... 70
Législation. — Lois et décrets concernant la Caisse nationale d'épargne, 251.................... 70
— Lois et décrets concernant les Caisses d'épargne ordinaires, 252. 71
Liquidation. — Objet, 253.................... 72
— Acte à viser dans les certificats de propriété, 254.................... 72
Liquidation judiciaire. — Déposant en état de liquidation judiciaire, 255 et 256.................... 73
Livrets détenus par des tiers, 257 et 258.................... 73
Livrets perdus. — Formalité à remplir par le titulaire, 259... 74
— Trouvés sur la voie publique, 260.................... 74
— Remplacement, 261.................... 74
Livrets pris sous un d'emprunt ou supposé, 262 et 263.... 75

M

Marins disparus. — Remboursement des dépôts, 264 et 265... 76
Militaires. — Vaguemestres, 267 et 268.................... 77
— Militaires provenant des établissements pénitentiaires et réintégrés aux corps, 269 à 272.................... 77
— Militaires libérés, 273.................... 79
— Militaires condamnés aux travaux forcés, 274.................... 79
— Militaires décédés au corps, 275 et 276.................... 79

Pages.

Mineurs. — Premiers versements, 277 80
— Versement direct, 278 et 279 81
— Mineurs âgés de moins de seize ans ou ayant versé avec l'assistance de leur représentant légal, 280 81
— Tutelle, 281 à 284 81
— Mineurs enfants naturels, 285 82
— Cotutelle, 286 82
— Gestion des dépôts d'épargne des mineurs, 287 82
— Mineurs émancipés, 288 83
— Tutelle des enfants naturels, 289 83
— Sommes échues à un mineur par succession, 290 83
— Remboursement au nom d'un mineur qui doit atteindre sous peu sa majorité, 291 84

N

Nantissements. — Règles y relatives, 292 à 296 84
Notoriété. — (Voir *Actes de notoriété.*) 4
Nue propriété. — Remboursement des capitaux, 297 et 298 85

O

Oppositions. — Réception, 299 à 319 86
— Certificats à délivrer aux saisissants, 320 à 325 91
— Défaut de dénonciation, 326 et 327 94
— Mainlevée et radiation des oppositions, 328 à 335 94
— Comptes dépassant le maximum frappés d'opposition, 336 et 337 96

P

Partage. — Objet, 338 96
— Partage entre majeurs, 339 97
— Partage judiciaire, 340 97
Payements. — Précautions à prendre. Forme des quittances, 341 à 346 97
Payements par délégation des titulaires de livrets de séries marines, 347 à 353 98
Pénalité applicable aux titulaires de plusieurs livrets, 354 à 358 100

Pages.

Premiers versements. — Renseignements à fournir par le déposant, 359 à 362.......... 102
— Versements anonymes, 363.......... 102
— Livrets collectifs, 364.......... 103
— Modifications aux renseignements concernant l'état civil d'un déposant, 365.......... 103
— Constatation des premiers versements, 366 et 367.......... 103
Privilège du Trésor. — En matière de douanes et de contributions indirectes, 368 et 369.......... 104
— Recouvrement des frais de justice, 370 et 371.......... 104
— Contributions directes, 372.......... 105
— Droits et amendes de timbre, 373.......... 106
— Recouvrement des droits de mutation, 374.......... 106
Procurations. — Objet, forme, révocation, 375 à 385.......... 106

Q

Quotité des versements. — Minimum et maximum des versements, 386 à 390.......... 108

R

Remboursements après décès. — Justifications, 391.......... 109
— Montant du compte inférieur à 50 francs, 392.......... 109
— Signatures que doivent contenir les demandes de remboursements après décès, 393.......... 110
— Certification des signatures, 394.......... 110
— Héritier illettré, 395.......... 110
— Procuration, 396.......... 110
— Inscriptions de rente, 397.......... 110
— Exécuteurs testamentaires, 398.......... 111
— Legs aux communes, églises, etc., 399.......... 111
— Frais funéraires et de dernière maladie, 399 *bis*.......... 111
— Héritier non présent, 400.......... 111
— Héritier non présent représenté par un notaire, 401.......... 112
— Succession gérée par un administrateur provisoire, 402.......... 112
Renseignements demandés par des tiers. — Réquisitoires, 404 à 406.......... 113
— Demandés par le mari, le représentant légal ou le créancier d'un déposant, 407.......... 113
— Demandés par les syndics de faillites, 408.......... 113
— Demandés par les agents consulaires, 409.......... 115
— Demandés par les titulaires ou leurs héritiers, 407 et 410.......... 115
— Demandés par les notaires, 411.......... 115

Pages.

Renseignements. — Demandés par les avoués, 412.......... 115
— Demandés par le mari ou le père qui effectue un premier dépôt au nom de sa femme ou de ses enfants, 413.............. 115
— Demandés par un tiers en vue de découvrir le domicile d'un déposant, 414.................................... 115
— Demandés par l'enregistrement, 415 et 416.................. 116
Rentes. — Personnes qui peuvent en acquérir, 417............ 116
— Rentes au porteur, 418.................................. 117
— Mininum et maximum des achats de rente, 419.............. 117
— Libellé des demandes d'achat, 420........................ 117
— Femmes mariées, 421...................................... 117
— Mineurs, 422 et 423...................................... 117
— Interdits 118
— Achats de rente d'office, 425............................ 118
— Achats de rente d'office au nom d'une fabrique paroissiale, 426 118
— Prescription trentenaire, 427............................ 119
— Modification à apporter aux titres de rente postérieurement à leur remise, 429...................................... 119
— Les Caisses d'épargne ne souscrivent pas aux émissions pour le compte des déposants, 430.............................. 119

S

Saisie-arrêt. — (Voir *Oppositions.*)........................ 86
Secret professionnel. — (Voir *Renseignements.*)............ 113
Séquestres judiciaires. — Pouvoirs, 431..................... 120
Sociétés. — Ouverture d'un compte, 432....................... 120
— Groupes ou sections, 433 120
— Pièces à fournir, 435, 436 et 437........................ 121
— Maximum des versements, 438, 439, 440 et 441............. 123
— Sociétés politiques ou religieuses, 442.................. 124
— Communes, 444.. 124
— Mandataires des sociétés, 445 à 448...................... 124
— Sociétés suspendues ou dissoutes, 449.................... 125
Successions. — Définition, 451 à 453........................ 126
— Déférées aux descendants, 454 à 456....................... 126
— Déférées aux ascendants, 457 à 459........................ 127
— Successions collatérales, 460 à 462...... 127
— Droits du conjoint survivant, 463 à 467................... 128
— Succession aux enfants naturels, 468 à 470................ 130
— Successions étrangères, 471 à 476......................... 131
— Successions vacantes et en déshérence, 477 à 485.......... 132
— Successions échues aux mineurs, aliénés, interdits, etc., 486 à 490 135
— Successions gérées par un administrateur provisoire, 491.... 136
Surveillance des Caisses d'épargne, 492 et 493.............. 137

T

Pages.

Titulaires de plusieurs livrets (Voir *Pénalités applicables aux*).. 100
Transferts, 494 à 500............ 137
Tutelle. — Après la dissolution du mariage, 501 et 502........ 139
— Père détenu, 503.......... 140
— Dégradation civique, 504.......... 140

U

Usufruit. — Définition, 505.......... 140
— Concours du nu propriétaire pour le remboursement des capitaux, 506.......... 140
— Partie du livret revenant en pleine propriété à l'usufruitier, 507. 140
— Conversion en rentes des capitaux avec le concours du nu propriétaire, 508.......... 141
— Liquidation d'un compte partiellement grevé d'usufruit, 509 à 511.......... 141

V

Versements en timbres-poste, 512 à 517.......... 143
Versements ultérieurs. — Réception et constatation, 518 à 521 145

Tours, imprimerie Deslis Frères, rue Gambetta, 6.

Documents manquants (pages, cahiers...)

NF Z 43-120-13

www.ingramcontent.com/pod-product-compliance
Ingram Content Group UK Ltd.
Pitfield, Milton Keynes, MK11 3LW, UK
UKHW021904260726
13966UKWH00006B/508

9 782011 950277